Franz X. Rohrhofer / Helmut Wagner (Hgg.)

Ein **Bischof** für die **Welt**

Erinnerungen an Erzbischof Dr. Alois Wagner (1924 – 2002)

Dr. Alois Wagner zum 100. Geburtstag

Gesamtredaktion: Franz X. Rohrhofer

Wagner Verlag

Gedruckt mit freundlicher Unterstützung von:
Diözese Linz
Katholischer Pressverein der Diözese Linz
Domkapitel der Diözese Linz
Amt der Oö. Landesregierung, Direktion Kultur und Gesellschaft, Abteilung Kultur

Bilder Umschlag Innenseite:
Vorne: Erzbischöfliches Wappen Dr. Alois Wagner
Der Wappenschild ist der Länge nach zweigeteilt. Die vom Besucher aus gesehene linke Hälfte zeigt oben ein Rad mit fünf Speichen. Das weiße Rad soll neben der vielseitigen Symbolkraft auf den Namen „Wagner" (Wagenrad) hindeuten. Die Sektoren, die durch die Speichen entstehen, erinnern an die fünf Kontinente. Das in der linken unteren Hälfte gezeigte rote Herz auf weißem Hintergrund soll an die Funktion (als Vizepräsident) im Päpstlichen Rat Cor Unum erinnern. Zusammen soll der rot-weiße Hintergrund der linken Schildhälfte an die Farben des Bundeslandes Oberösterreich erinnern. Die rechte Schildhälfte ist dem Wappen des Marktes Leopoldschlag entnommen. Die gezeigte Szene mit dem Bären bezieht sich auf die Sage von der Entstehung des Ortsnamens, derzufolge ein Jäger, von einem bei der Jagd verwundeten Bären verfolgt, sich nach dem Anruf seines Gefährten „Leopold schlag" aus der ihm drohenden Gefahr rettete. Der Wappenspruch „Caritas vobis in Christo Jesu" (1 Kor 16,24) unterhalb des Wappenschildes entstammt Alois Wagners Wahlspruch „Meine Liebe gehört euch allen in Christus Jesus".

Hinten: Ölgemälde Weihbischof Dr. Alois Wagner
Das Bild zeigt das in der Bildergalerie der Bischofsaula (Priesterseminar) befindliche Ölbild von Weihbischof Dr. Alois Wagner. Ein zweites öffentlich gezeigtes und in erkennbar expressionistischerem Stil gestaltetes Gemälde befindet sich in der Galerie der Bischöfe im Bischofshof (EG).

Bibliografische Information der Deutschen Bibliothek
Die Deutsche Bibliothek verzeichnet diese Publikation in der Deutschen Nationalbibliografie; detaillierte bibliografische Daten sind im Internet über http //dnb.de abrufbar.

Wagner Verlag, DDr. Helmut Wagner, Harrachstraße 7, A-4020 Linz
office@wagnerverlag.at, http://www.wagnerverlag.at
Fotoredaktionelle Beratung: Wolfgang Katzböck
Layout und Grafik: Eva Moder, Nußböckstraße 51a, A-4060 Leonding, E-Mail: moder@aon.at
Lektorat: Wort-Treffpunkt, Mag. Dr. Eva Drechsler, Schießstättengang 16, A-4060 Leonding
Druck: Mittermüller Druck, Gmunden

ISBN 978-3-903040-77-9

Linz 2024

Manfred Scheuer, Bischof von Linz

Eine andere Welt ist möglich

Projekt Eine Welt

Diözesanbischof Dr. Manfred Scheuer

Alois Wagner hat die Weltkirche nach Oberösterreich gebracht und die Diözese Linz in die Welt. Das beginnt mit seiner römischen Studienzeit im Germanicum beziehungsweise an der Gregoriana, das hat sich entwickelt in seiner Zeit als diözesaner Jugendseelsorger, in der er 1958 Mitbegründer des Österreichischen Entwicklungsdienstes ÖED wurde. EntwicklungshelferInnen waren ihm zeitlebens freundschaftlich verbunden, und Alois Wagner war auch als Erzbischof bei den regelmäßigen Treffen der „Ehemaligen" dabei. „Wie hoffen weiterhin auf deine Solidarität", so war auf einem Transparent bei der Bischofsweihe im Linzer Mariendom am 26. Oktober 1969 zu lesen. Mitkonsekrator bei dieser Bischofsweihe war neben dem Linzer Bischof Franz Sales Zauner und dem St. Pöltener Bischof Franz Zak der Bischof von Tororo, James Odongo. Bischof Wagner hat viele Priester vor allem aus Afrika zum Sprachstudium und zur Seelsorgeaushilfe in die Diözese Linz gebracht. Und sehr oft hatte er bei Festen und Feiern, bei Besuchen und Begegnungen einen afrikanischen Gast mit dabei.

Alois Wagner war Zeit seines Lebens Jugendseelsorger. Auch vor dem Hintergrund der eigenen Kriegserfahrungen wollte die damalige Generation an einer besseren und gerechteren Welt bauen und das Reich Gottes verwirklichen. Die Kirche als „Volk Gottes auf einer Pilgerschaft" war das eindrucksvolle Bild bei einem Landesjugendtag in Linz 1963. Wagners Kontaktfähigkeit, seine Hilfsbereitschaft, die ich auch persönlich erfahren durfte, seine Sprachbegabung ermöglichten es ihm, sich mit Menschen verschiedener Herkunft und Ideologie zu verständigen. Er konnte Menschen auch über religiöse, politische und kulturelle Grenzen hinweg die Hand reichen. Alois Wagner hat entscheidend dazu beigetragen, dass das „Wir" des Glaubens in der Diözese Linz nicht zu eng gefasst wird. Und er hat mit seiner Dynamik und Zuversicht vermittelt, dass eine bessere und gerechtere Welt möglich ist.[1]

Vorwort

Das „Wir“ des Glaubens

Von Oberösterreich sind in den vergangenen Jahrzehnten und Jahrhunderten viele Missionare und Entwicklungshelfer, Männer und Frauen, in die Eine Welt aufgebrochen. Die weltkirchliche Verbundenheit unserer Diözese zeigt sich in der Pflege vielfältiger Partnerschaften: zum Beispiel im Projekt 3. Welt Gunskirchen, in der Solidaritätsaktion „Sei so frei“ (früher „Bruder und Schwester in Not“), bei der Dreikönigsaktion, Missio, beim Familienfasttag, der Missions-Verkehrs-Arbeitsgemeinschaft MIVA oder in der Caritas, die jedes Jahr zahlreiche sozialpastorale Projekte in ihren Schwerpunktländern unterstützen. Unsere Partner sind vor Ort Verkünder der Frohen Botschaft wie auch Helfer in der Not, wenn Hunger, Krankheiten, Ungerechtigkeiten oder andere Sorgen die Menschen belasten.

Wann sagen wir „Wir“ und wen meinen „wir“ damit? Es gibt es schon, dieses „Wir“-Gefühl der Oberösterreicher oder auch das selbstbewusste „Wir“ in der Diözese Linz, vielleicht etwas weniger das „Wir“ der Österreicher. Zum „Wir“ gehört eine gewisse Sympathie, eine Zusammengehörigkeit, das Gefühl der Heimat und auch des Selbstwertes und der Freiheit. Das „Wir“ ist eine Solidargemeinschaft in schweren Phasen der Geschichte, eine Schicksalsgemeinschaft und auch eine Gebetsgemeinschaft. – Vielleicht auch das Gehabe: „Mir san Mir“ – „Wir sind Wir“, teilweise in Abgrenzung gegenüber den Wienern und Deutschen, gegenüber Brüssel und Europa. – Wann und in welchen Gemeinschaften sagen wir „Wir“? – Und wo erfahren wir dieses „Wir“ dankbar als Zugehörigkeit und wann als beklemmend?

„Der Katholizismus ist ... die einzige Wirklichkeit, die, um zu sein, es nicht nötig hat, sich entgegenzusetzen, also alles andere als eine ‚geschlossene Gesellschaft‘. ... Die Kirche ist überall zu Hause und jeder soll sich in der Kirche zu Hause fühlen können. So trägt der auferstandene Herr, wenn er sich seinen Freunden kundtut, das Gesicht aller Rassen, und jeder hört ihn in seiner eigenen Sprache.“[2] (Henri de Lubac). Das Zweite Vatikanische Konzil bestimmt die Identität der Kirche von Christus her als eine Identität in Kommunikation und Dialog. Es wäre ein großes Unglück, den Katholizismus gegen jemanden gelernt zu haben. „Ja selbst die Feindschaft ihrer Gegner und Verfolger, so gesteht die Kirche, war für sie sehr nützlich und wird es bleiben.“ (GS 44)

Wir dürfen uns nicht selbstgenügsam in uns selbst abschließen und können auch nicht nur um den eigenen Kirchturm, das heißt um die eigenen Bedürfnisse und Probleme kreisen. Wir brauchen als Individuum ebenso wie als Ortskirche den lebendigen Austausch mit anderen Ländern und Kontinenten. Es geht um ein gegenseitiges Geben und Empfangen im Glauben und auch von materiellen Gütern, von Bildung, von Begabungen und Zeit. Angesichts vieler Ermüdungserscheinungen, angesichts von Resignation und Perspektivenlosigkeit bei uns in Kirche und Gesellschaft können wir von den Ländern des Südens wieder mehr Zuversicht, mehr Glaubens- und Lebensfreude wie auch Gastfreundschaft, Hoffnung und Solidarität lernen. Die Kirche ist Sakrament, das heißt „Zeichen und Werkzeug für die innigste Vereinigung mit Gott wie für die Einheit der ganzen Menschheit". (Lumen gentium 1) „Die Gnade der Erneuerung kann in den Gemeinschaften nicht wachsen, wenn nicht eine jede den Raum ihrer Liebe bis zu den Grenzen der Erde hin ausweitet und eine ähnliche Sorge für jene trägt, die in der Ferne leben, wie für jene, die ihre eigenen Mitglieder sind." (Ad Gentes, Nr. 37)

Von der Westkirche zur Weltkirche

Wir sind eine Sympathie- und Schicksalsgemeinschaft, eine Solidargemeinschaft mit den Tschechen und Weißrussen, mit den Rumänen und Bosniern, mit den Kroaten und den Polen. In der Kirche sind das ja nicht Fremde oder Ausländer. Die Reichweite des Liebesgebotes endet nicht in Wullowitz oder Mondsee. Gibt es dieses „Wir" des Glaubens mit den Menschen in Lateinamerika, Indien, Vietnam, Korea oder Afrika? Die Katholische Kirche hat sich in den letzten hundert Jahren grundlegend verändert. Die Gesamtkirche überwand die vorwiegend europäische Prägung. Das Christentum bekam mehr und mehr eine universale Gestalt.

Das ist eine große Bereicherung, und wir können viel von den jungen Kirchen lernen und empfangen. Das kann aber auch als Kränkung empfunden werden. „Wir" in der Diözese Linz oder auch in Europa sind nicht mehr das Maß der Dinge. Tut es nicht auch weh, wenn der Glaube anderswo lebendiger, das Evangelium unverbrauchter ist? Weltweit zählt die katholische Kirche heute über eine Milliarde Mitglieder. Zwei Drittel der Christenheit finden sich in den Ländern der so genannten Dritten Welt, den Ländern mit den Auf- und Umbrüchen in den letzten Jahrzehnten. Das II. Vatikanum kennzeichnete somit „nicht bloß eine Wende für ein paar Jahre, sondern den Beginn einer eigentlichen Großperiode ... der Periode der Weltkirche". Die Kirche entwickelte sich von der Westkirche zur Weltkirche. Sie ist erst in der zweiten Hälfte des 20. Jahrhunderts wirklich Weltkirche geworden. Dass heute zwei Drittel – bald werden es drei Viertel oder vier Fünftel aller Katholiken sein – außerhalb Europas leben, ist Frucht der von Europa ausgegangenen Evangelisierung.

Weltkirche ereignet sich nicht, wenn von Europa aus andere Ortskirchen mit Strategie und Macht unterworfen und beherrscht werden. Weltkirche entsteht auch nicht einfach durch Globalisierung, sofern diese mit einem Verrat aller konkreten Kulturen verbunden ist. Das Internet kann das konkrete Anschauen, den Kuss, den Händedruck, das gemeinsame Gehen, die Sprache und Kultur, die leiblichen Werke der Barmherzigkeit und auch die Feier der Sakramente nicht wegrationalisieren.

Johann Baptist Metz[3] fordert von einer Kirche, die reale Weltkirche werden will, ohne das Erbe des Judentums und der europäisch abendländischen Geschichte abzustreifen, die Verwirklichung von zwei Grundzügen des biblischen Erbes: Dass sie im Namen ihrer Sendung Freiheit und Gerechtigkeit für alle sucht; das heißt, dass sie eine Option für die Armen trifft, und dass sie sich als Kultur der Anerkennung der Anderen in ihrem Anderssein entfaltet. In dieser Hinsicht ist Weltkirche ein Lernraum, Katholizität ein Lernprinzip. Solche Lernschritte hatte die Kirche als Ganze immer wieder zu setzen: Das begann mit dem so genannten Apostelkonzil bei der Frage, ob man beschnitten werden müsse, um das Heil zu erlangen.

Auch die altkirchlichen Konzilien waren Lernschritte der Katholizität im Einlassen auf die Philosophie als Mittel zur Auseinandersetzung in der Gottesfrage und als Hilfe für die Antworten des Glaubens auf an ihn gestellte Fragen. Schmerzliche Lernschritte für die Kirche waren die Frage der Menschenwürde, der Menschenrechte zu Beginn der Neuzeit und das damit verbundene Verbot der Sklaverei. Lernprozesse im 20. Jahrhundert waren und sind etwa die ökumenische Bewegung, der interreligiöse Dialog, die Neubestimmung der Beziehung respektive des Verhältnisses der Kirche zu Israel oder die Frage der Inkulturation, der Kampf um Gerechtigkeit, die Option für die Armen, der Friedensauftrag der Kirche.

Katholisch sein bedeutet: Christen unterschiedlichster Kulturen und Traditionen können sich als Schwestern und Brüder im Glauben entdecken. Sie können miteinander erfahren, wie sehr unser Glaube befreien, zu Solidarität inspirieren und die Welt verändern kann. Wir dürfen und sollen einander sagen, was für uns selbst geistlicher Lebensreichtum geworden ist. Wir können uns gegenseitig zur Quelle zurückführen, die diesen Reichtum immer neu speist: Das Evangelium, Jesus Christus selbst. Wir dürfen zeigen und uns zeigen lassen, was wir lieben: Wir können einander Jesus zeigen, von dem wir sicher sein dürfen, dass er uns liebt.

Eine andere Welt ist möglich

Darüber hinaus gilt es aber auch eine politisch-ethische Kultur ins Leben zu rufen, in der Friede, Gerechtigkeit und die Bewahrung der Schöpfung nachhaltig und zukunftsfähig gesucht werden. Deshalb unterstützen wir den „Global Marshall Plan für eine Ökosoziale Marktwirtschaft". Dieser will einen Beitrag gegen die immer bedrohlicher werdende Schieflage in der Entwicklung der Menschheit leisten, wie sie sich zum Beispiel in der Schere zwischen Arm und Reich oder in den Auswirkungen des Klimawandels zeigt. Wirtschaftliche Globalisierung soll nicht auf Kosten der Umwelt, nicht auf Kosten der Armen und auch nicht auf Kosten kommender Generationen gehen.

Für uns Christen gibt es einen grundlegenden Zusammenhang von Glauben und Gerechtigkeit. Wer bei der Kommunion den Leib des Herrn empfängt, so Papst Benedikt XVI. in seinem Schreiben zur Eucharistie, wird selbst zum „gebrochenen Brot" für andere und setzt sich für eine gerechtere und menschenwürdigere Welt ein, zum Beispiel auch für Flüchtlinge und Asylanten. Wer die Erde als Schöpfung Gottes betrachtet, der kann sie nicht kurzfristigen Bedürfnissen und Interessen unterwerfen und nicht die natürlichen Ressourcen auf Kosten kommender Generationen ausbeuten. Der Glaube an den Mensch gewordenen Sohn Gottes drängt besonders jene, die miteinander im Konflikt sind, ihre Versöhnung zu beschleunigen.[4]

Ein Bischof von Welt

Erzbischof Alois Wagner war nicht so sehr der intellektuelle Theologe. Dafür war er zu sehr Seelsorger, Reisender und auch politisch agierender Kirchenmann. Viele der oben genannten Aspekte: Das weltkirchliche „Wir des Glaubens", der Glaube an eine gerechtere Welt, die Überzeugung von der „Einen Welt" stehen für das Kirchenbild und für das Verständnis des Christentums von Erzbischof Wagner. Ja, er war vermutlich durch sein Wirken ein Kundschafter und Vorreiter von Entwicklungen, die theologisch und auch politisch erst später durch die Reflexion eingeholt wurden. Aus diesem Grund scheint es angemessen, diesen „Bischof von Welt" anlässlich seines 100. Geburtstags der Kirche ins Gedächtnis zu rufen.

1 *Die folgenden Ausführungen sind die überarbeitete Fassung einer Predigt im „Gedenken an EB Alois Wagner und Edi Ploier" in Fallsbach/Gunskirchen am 19. Juni 2016.*

2 *Henri de Lubac, Glauben aus der Liebe. Catholicisme. Einsiedeln [3]1992, 263; vgl. Roman Siebenrock, Identität als Weite. Die Idee der Katholizität nach Henri de Lubacs „Catholicisme" (1938) in einer ratlosen Zeit – eine Relecture, in: Peter Reifenberg (Hg.): Gott für die Welt. Henri de Lubac, Gustav Siewerth und Hans Urs von Balthasar in ihren Grundanliegen. Festschrift für Walter Seidel. Mainz 2001, 56–72.*

3 *Johann B. Metz, Zum Begriff der neuen Politischen Theologie 1967–1997, Mainz 1997, 120; Timo R. Peters, Johann Baptist Metz. Theologie des vermissten Gottes, Mainz 1998,114–124.*

4 *Benedikt XVI., Sacramentum caritatis. Nachsynodales Apostolisches Schreiben über die Eucharistie, Quelle und Höhepunkt von Leben und Sendung der Kirche, Rom 2007.*

Ein Wort zum Buch

Jeder Mensch, der diese irdische Welt verlässt, hinterlässt Spuren, der eine mehr, der andere weniger. Wenn 53 Persönlichkeiten sich bereitfinden, ihre Erinnerungen an Kurien-Erzbischof Alois Wagner zu Papier zu bringen, so zeigt dies, wie tief die Spuren dieses Oberösterreichers auch mehr als 20 Jahre nach seinem Tod noch spürbar sind. Freunde, Mitarbeiter, Zeitzeugen oder Zufallsbekanntschaften und nicht zuletzt Wagners Familie erinnern sich in vielfältiger Weise, sei es wissenschaftlich, emotional oder ganz einfach persönlich.

Den Anstoß zu diesem Buch gaben em. Diözesanbischof Dr. h.c. Maximilian Aichern und em. Pfarrer Wilhelm Kern (Sandl), der auch in der Pfarre Leopoldschlag, der Geburtspfarre Alois Wagners, immer wieder aushilfsweise tätig ist. Beiden war die Realisierung des „Jubiläumsbuches“ zu Alois Wagners 100. Geburtstag ein großes Anliegen.

Am Anfang stand die Frage nach dem Konzept für das Buch. Eine wissenschaftliche Biografie schied aus mehreren Gründen aus. Der Nachlass Alois Wagners, der im Diözesanarchiv aufliegt, ist wissenschaftlich nicht aufgearbeitet. Dieser Aufwand alleine hätte den verfügbaren Zeitrahmen gesprengt. Hinzu kommt, dass wichtige Archive, wie z. B. in Rom, zu essenziellen biografischen Themen wie der Frage, warum die erwartete Ernennung zum Linzer Diözesanbischof ausgeblieben ist, auf Grund von Sperrfristen noch keinen Zugang ermöglichen. Wir haben uns daher für das Konzept einer „Historischen Erinnerung“ entschieden, in dem möglichst viele Zeitzeuginnen und Zeitzeugen möglichst frei mit ihren persönlichen Erlebnissen und Gedanken an Alois Wagner zu Wort kommen.

Dieser Zugang ergibt ein buntes Lebensbild, das in einem Buch aber nur zu fassen ist, wenn man ihm eine klare Struktur zu Grunde legt. Wir haben die Erinnerungen daher nach den einzelnen Lebensabschnitten gegliedert und manche auch zu einem größeren Thema zusammengefasst. Die Jugend des Wagner Lois wurde noch nie so umfassend dargestellt. Weihbischof Wagner als Präsident der Diözesansynode wurde von mehreren Autoren behandelt, wir haben ihre Aussagen gebündelt. Spannend ist nach wie vor die Frage, warum der Weihbischof und Generalvikar Alois Wagner 1982 nicht Bischof von Linz wurde. Die teils divergierenden Meinungen wurden in einem großen Kapitel unter dem Titel „Der logische Nachfolger“ zusammengefasst. Dies bedeutet, dass wir manchmal in die sorgsam aufgebauten Artikel unserer Autoren eingreifen mussten, um einzelne zutreffende Passagen in diese Sonderthemen einbauen zu können. Für diese Eingriffe in die Autoren-Hoheit bitten wir um Verständnis.

Die Erinnerungen an diesen „Bischof für die Welt" zeichnen ein vielfältiges Lebensbild von Alois Wagner, sie bleiben aber wie erwähnt persönlich gehaltene Erinnerungen und ersetzen keine Biografie. Diese wartet noch auf eine Aufarbeitung des umfangreichen Archivmaterials, das im Linzer Diözesanarchiv verwahrt wird.

Im Anhang befindet sich ein Verzeichnis der Autorinnen und Autoren. Über die Auflistung der Personen hinaus gibt das Verzeichnis Auskunft sowohl über ihre konkrete Verbindung mit Alois Wagner als auch über ihre spätere persönliche Berufslaufbahn. Nicht zuletzt wird aus der Liste auch deutlich, dass alle sich bis heute der Kirche verbunden fühlen und viele sich dort noch aktiv engagieren.

Die beiden Herausgeber des vorliegenden Bandes kennen einander von anderen einschlägigen diözesangeschichtlichen Publikationen. Eine Zusammenarbeit war daher naheliegend und hat sich bewährt.

Unser besonderer Dank gilt Diözesanbischof Manfred Scheuer, der die Arbeit an diesem Buch wohlwollend begleitet und auch die Finanzierung der Drucklegung gesichert hat, und Altbischof Maximilian Aichern, der über den Anstoß zum Buch hinaus seine persönlichen Erinnerungen und zahlreiche Dokumente beigesteuert hat. Vielen Dank allen Autorinnen und Autoren, die bereitwillig und pünktlich ihre Beiträge geliefert haben, aber auch redaktionelle Eingriffe durch die Herausgeber bereitwillig akzeptiert haben. Die Beiträge der Autorinnen und Autoren geben so unter anderem auf lebendige Weise die kirchliche Aufbruchstimmung der 1960er- und 1970er-Jahre wieder und rufen wichtige Akteurinnen und Akteure von damals in Erinnerung. Hervorheben möchten wir den Dank an Dr. Klaus Birngruber, den Leiter des Linzer Diözesanarchivs für den Zugang zu wichtigen Archivalien und Artefakten aus dem Nachlass Alois Wagners, an Wolfgang Katzböck, ehemals Leiter der Diözesan-Pressestelle, für die wertvolle Unterstützung bei der Bild-Redaktion, an Mag. Dr. Eva Drechsler für das umsichtige Lektorat und an Eva Moder, die Manuskript und Bildmaterial gekonnt grafisch umgesetzt hat.

Franz X. Rohrhofer, Helmut Wagner (Herausgeber)

EINE BEWEGTE JUGEND

„Ich danke Gott heute von Herzen, dass er mich durch diese Lebensschule geschickt hat, denn ich konnte auch etwas näher in die wirkliche Not der Menschen blicken“

Alois Wagner

Franz X. Rohrhofer, Publizist

Alois Wagner erinnert sich ...

Zeitzeugen, die den späteren Erzbischof Alois Wagner noch als Kind oder Jugendlichen gekannt haben, sind heute verständlicherweise kaum mehr zu finden. Es gibt aber Schriftstücke, die ein Licht auf die frühen Jahre Wagners und seinen Werdegang werfen. Im Diözesanarchiv Linz liegen zwei „Lebensläufe" aus frühen Jahren auf, die Alois Wagner persönlich verfasst hat, in denen er sich also an sein eigenes bisheriges Leben erinnert ...

Abb. 1: Die Familie vor dem Elternhaus in Leopoldschlag. Alois steht vor dem Vater (ca. 1928)

Der erste Lebenslauf ist mit 10. Mai 1969 datiert. Am 1. September dieses Jahres wurde Alois Wagner zum Weihbischof bestellt. Der Text weist keinen Adressaten auf. Es ist aber anzunehmen, dass dieser Rückblick auf seinen bisherigen Werdegang mit der bevorstehenden Bischofsweihe zusammenhängt. Der Schwerpunkt liegt daher bei seiner Ausbildung, seinen zahlreichen Aktivitäten als Seelsorger, als Pastoralprofessor und als Weltreisender in Sachen Entwicklungshilfe. Der Rückblick auf die Jugendzeit fällt in diesem Lebenslauf eher knapp aus: Am 20. März 1924 in Leopoldschlag als ältestes von fünf Kindern eines Landwirte-Ehepaares geboren, Volksschule daheim, Hauptschule in Freistadt, zwei Jahre Petrinum in Linz, 1938 Übersiedlung in das Gymnasium Ried, Kriegsmatura 1944 und Einberu-

Abb. 2: Familie mit den fünf Kindern. Alois links. Ca. 1936/38

Abb. 3: Die Großfamilie mit den Enkelkindern. Die Schwestern sind bereits Franziskanerinnen von Vöcklabruck (o. J.)

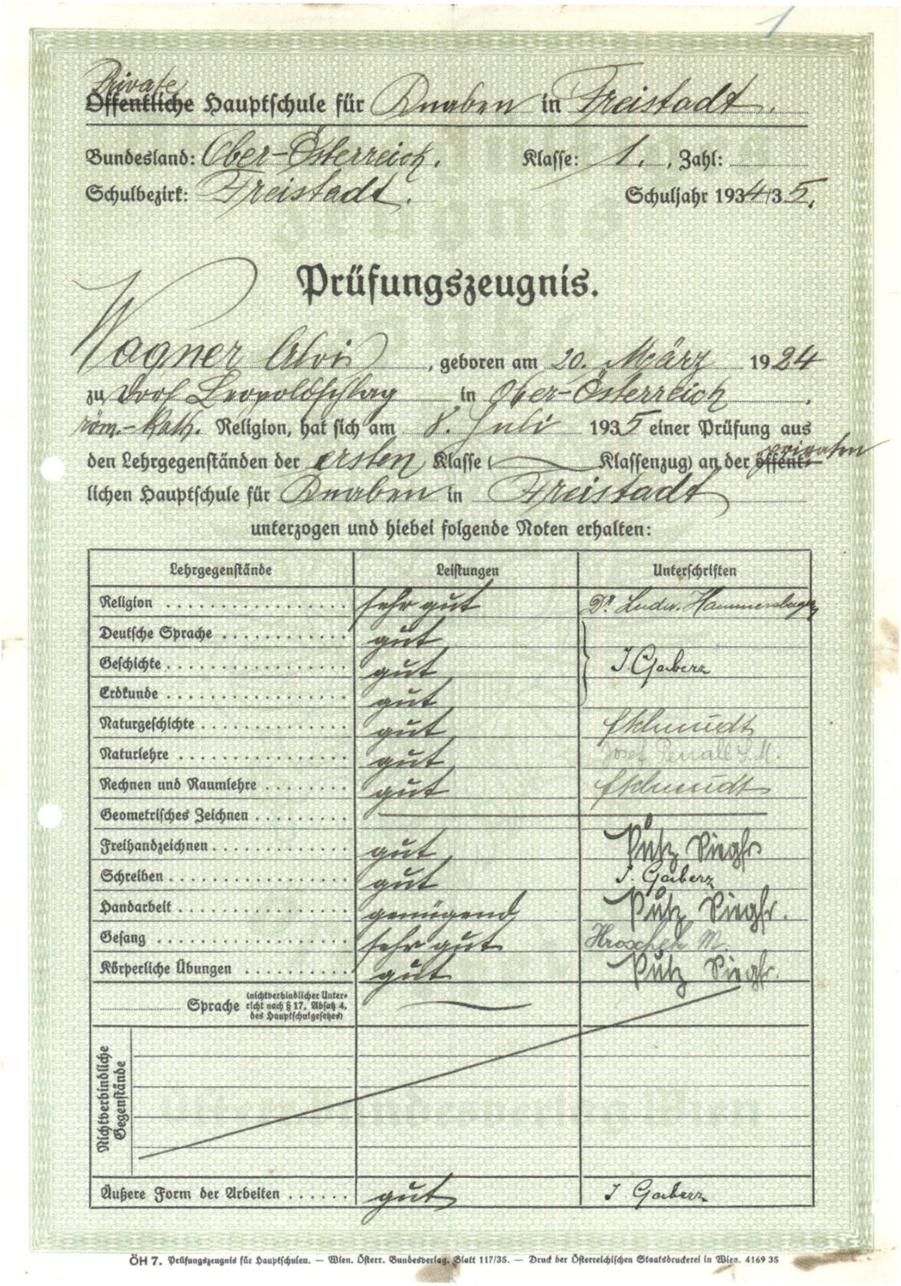

~~Öffentliche~~ Private Hauptschule für Knaben in Freistadt.

Bundesland: Ober-Österreich. Klasse: 1., Zahl:

Schulbezirk: Freistadt. Schuljahr 1934/35.

Prüfungszeugnis.

Wagner Alois, geboren am 20. März 1924
zu Dorf Leopoldschlag in Ober-Österreich,
röm.-kath. Religion, hat sich am 8. Juli 1935 einer Prüfung aus den Lehrgegenständen der ersten Klasse (— Klassenzug) an der ~~öffentlichen~~ privaten Hauptschule für Knaben in Freistadt unterzogen und hiebei folgende Noten erhalten:

Lehrgegenstände	Leistungen	Unterschriften
Religion	sehr gut	Dr. Ludw. Hammerberger
Deutsche Sprache	gut	J. Gaberz
Geschichte	gut	J. Gaberz
Erdkunde	gut	J. Gaberz
Naturgeschichte	gut	Schmidt
Naturlehre	gut	Josef Penall S.M.
Rechnen und Raumlehre	gut	Schmidt
Geometrisches Zeichnen	—	—
Freihandzeichnen	gut	Putz Pingfr.
Schreiben	gut	J. Gaberz
Handarbeit	genügend	Putz Pingfr.
Gesang	sehr gut	Hroschek M.
Körperliche Übungen	gut	Putz Pingfr.
.... Sprache (nichtverbindlicher Unterricht nach § 17, Absatz 4, des Hauptschulgesetzes)	—	
Nichtverbindliche Gegenstände		
Äußere Form der Arbeiten	gut	J. Gaberz

ÖH 7. Prüfungszeugnis für Hauptschulen. — Wien. Österr. Bundesverlag. Blatt 117/35. — Druck der Österreichischen Staatsdruckerei in Wien. 4169 35

Abb. 4: Zeugnis der 1. Klasse der Privaten Knaben-Hauptschule der Marianisten in Freistadt

fung zur Wehrmacht. In britischer Gefangenschaft kann er in England bereits mit dem Theologiestudium beginnen. Diese Fakten haben auch in spätere Publikationen zu Bischof Wagner Eingang gefunden.

Eine gut katholische Familie

Ein zweiter von Alois Wagner verfasster Lebenslauf gibt wesentlich mehr Einblick in seine frühen Jahre. Im Diözesanarchiv liegt nur der Entwurf mit zahlreichen Korrekturen vor, das Original ist nicht mehr vorhanden. Er lässt sich etwa mit dem Jahr 1947 datieren. Hier ist auch der Adressat bekannt. Der Lebenslauf ist an den Regens des Linzer Priesterseminars, Dr. Franz Salesius Zauner, den späteren Diözesanbischof, gerichtet. Auch der Anlass ist klar: Alois Wagner ist für ein Studium am Germanicum in Rom vorgesehen. In seinem Schreiben an Regens Zauner bemüht er sich, zwei Voraussetzungen für eine solche Berufung zu erfüllen und besonders hervorzuheben: Er kommt aus einer gut katholischen Familie, und er hat den innigen Wunsch, Priester zu werden.

Von seinen Eltern schreibt er, dass beide, obwohl der Vater ein Kriegsinvalide ist, noch rüstig auf dem kleinen Landgut schaffen: „Sie gaben mir mehr für das Leben mit als ich damals verstand. Ihr ganzes Leben lang arbeiteten sie und standen treu zur Kirche und waren für uns Kinder ein leuchtendes Vorbild mehr durch die Tat als durch viele Worte."

Auch seine beiden Brüder, einer ein Maurergeselle, der andere Automechaniker, seien Mitarbeiter in der katholischen Jugend. Die beiden Schwestern gehen noch zur Schule. Alois Wagner, damals 23 Jahre alt, schließt den Bericht über seine Eltern mit dem Satz: „Es hat meine Eltern ein großes Opfer gekostet, all das für uns zu tun, aber durch ihre Arbeit und mit nie versagendem Gottvertrauen haben sie für uns gesorgt und in uns die ersten Keime gelegt, dass wir wirklich katholisch und schaffensfreudig an unsere Aufgaben gingen".

Der Priesterwunsch

In diesem Lebenslauf verrät Alois Wagner, dass er gerne weiterlernen wollte. Bereits in der 4. Klasse Volksschule habe ihn „heimlich der Wunsch berührt, auch einmal am Altar stehen zu dürfen". Dank seines Heimatpfarrers kam er 1936 ins Knabenseminar des Kollegium Petrinum: „Dort wurde mein Wunsch, einmal Priester zu werden, immer klarer, und dort wurde mir vieles mitgegeben, dessen Wert ich erst später erkannte." Im Petrinum hat Alois Wagner auch Dr. Franz Zauner als Generalpräfekten kennengelernt. Der spätere Diözesanbischof war also schon sehr früh ein Wegbegleiter und Förderer des späteren Weihbischofs.

Abb. 5: Familie Wagner – anlässlich der Nachprimiz in der Heimatpfarre am 5. Juli 1953

1938 wurde das Petrinum geschlossen, und Alois Wagner musste ans Gymnasium Ried wechseln. Aus dem Lebenslauf lässt sich klar ablesen, dass sich Wagner dort sehr aktiv in der weltanschaulichen Auseinandersetzung mit dem NS-Regime engagierte: „Schnell hatten wir aus allen Klassen sämtliche Studenten gesammelt, die noch zu uns hielten, doch darunter wurde ein Strich gezogen, als unser Kaplan verhaftet wurde." Im Herbst 1940 erwarteten die Gymnasiasten „mit gemischten Gefühlen" einen neuen Kaplan und wurden nicht enttäuscht. Jakob Pramhas nahm die Jugendarbeit in einem kleinen Zirkel wieder auf: „Jede Woche wurde Gemeinschaftsmesse und Glaubensstunde gehalten. Mit großer Begeisterung versuchten wir langsam wieder die Kameraden zurückzuholen, die zwischen zwei Fronten standen, und wir hatten Erfolg, mehr als wir für möglich hielten".

Nach der Matura 1944 erhielt Alois Wagner den Einberufungsbefehl. Vor dem Abmarsch konnte er noch nach Linz fahren und nochmals seinen Wunsch deponieren: Er besuchte Dr. Franz Zauner, „mit dem ich die Jahre hindurch dauernd in Verbindung geblieben war, und bat ihn, er möge mich s. Ex. vorstellen, denn es sei mein fester Entschluss, Priester zu werden". Unter „s. Ex." Ist wohl Diözesan-Administrator Josef C. Fließer gemeint. Tatsächlich erhielt Wagner bald die Verständigung, dass er an der theologischen Hochschule inskribiert sei.

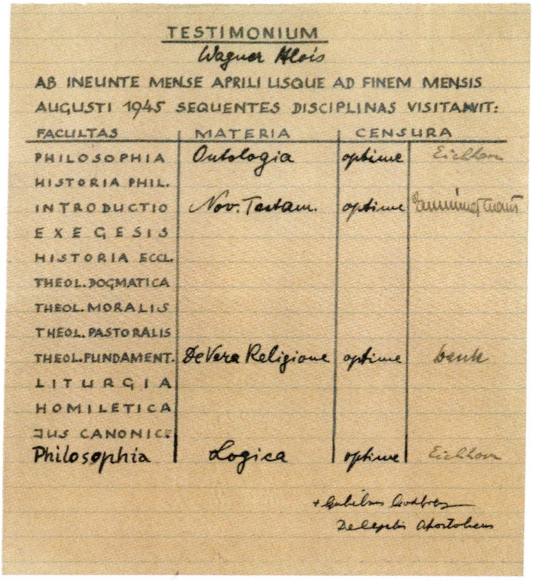

TESTIMONIUM

Wagner Alois

AB INEUNTE MENSE APRILI USQUE AD FINEM MENSIS AUGUSTI 1945 SEQUENTES DISCIPLINAS VISITAVIT:

FACULTAS	MATERIA	CENSURA	
PHILOSOPHIA	Ontologia	optime	Eichhorn
HISTORIA PHIL.			
INTRODUCTIO	Nov. Testam.	optime	[illegible]
EXEGESIS			
HISTORIA ECCL.			
THEOL. DOGMATICA			
THEOL. MORALIS			
THEOL. PASTORALIS			
THEOL. FUNDAMENT.	De Vera Religione	optime	Benk
LITURGIA			
HOMILETICA			
JUS CANONIC.			
Philosophia	Logica	optime	Eichhorn

+Gulielmus Godfrey
Delegatus Apostolicus

Abb. 6: „Studienzeugnis" aus dem „Theologenlager" im Camp 186 in Colchester (GB, 1945/46)

Studium im Gefangenenlager

Seinen Kriegseinsatz als Soldat hatte Alois Wagner in Frankreich zu leisten. Er schreibt dazu im Lebenslauf: „Am 6. Juni 1944 ging es in die Normandie, die ich Anfang Juli heil erreichte, und wo ich vom Marsch weg in den Kampf geworfen wurde, und sechs Wochen härtesten Kampfes mitmachte. Es scheint mir heute fast unglaublich, dass ich damals ohne jede Verwundung davon kam und doch meine Pflicht ganz erfüllte. Am 13. August 1944 wurde auch ich aus meinem Erdloch herausgeholt und trat den Weg in die englische Gefangenschaft an."

Wagner wurde durch französische, belgische und amerikanische Lager durchgeschleust und landete schließlich in England im Camp 186 bei Colchester. Hier traf er auf andere Theologiestudenten. Mit Unterstützung des Bischofs Godfrey gelang es, einen kleinen Vorlesungsbetrieb zu starten: „Einige Mitbrüder, die am Ende ihrer Studien standen, übernahmen die Vorlesungen an Hand von Büchern, die man uns von Klöstern hatte zukommen lassen." Vom März 1945 bis Juni 1946 studierte Alois Wagner hier Griechisch, Hebräisch und Philosophie. Einige Zertifikate, die er erwarb, wurden später auch in Linz anerkannt.

Am 1. Juni 1946 erhielten die Studenten im Camp 186 die Nachricht, dass sie heimfahren dürften. Am 30. Juli 1946 betrat Alois Wagner wieder sein Elternhaus. Einige Tage später sprach er bei Bischof Fließer vor und meldete, dass er im Herbst ins Priesterseminar eintreten wolle.

In seinem Lebenslauf vom Jahr 1947 zieht Alois Wagner Bilanz: „In diesen 31 Monaten Militärzeit und Gefangenschaft hatte ich wohl mehr als genug Zeit, mir des hohen Zieles des Priestertums klar zu werden. Ich danke Gott heute von Herzen, dass er mich durch diese Lebensschule geschickt hat, denn ich konnte auch etwas näher in die wirkliche Not der Menschen blicken. Mein Entschluss, Priester zu werden, stand fest und steht heute noch hehr vor mir!"

Abb. 7: Neupriester Alois Wagner auf dem Petersplatz

Alois Wagner, Neffe, Leopoldschlag

Mein Onkel Erzbischof Alois Wagner

Meine ersten Erinnerungen an meinen Onkel sind die regelmäßigen Besuche in Leopoldschlag, die er seinen Eltern und uns abstattete. Er kam mit seinem blauen VW-Käfer, dem meine ganze Bewunderung galt, denn Autos waren zu dieser Zeit in unserer Gegend dünn gesät. Wenn er uns besuchte, hatte er meistens einen Fotoapparat mit. Unsere fotografischen Erinnerungen an die damalige Zeit stammen alle von Onkel Alois.

Manchmal kamen afrikanische Priesterstudenten mit auf Besuch. Sie erzählten uns von ihrer Heimat.

Noch gut erinnern kann ich mich an die Besuche von Joseph Ratzinger, später Papst Benedikt XVI., damals noch Erzbischof von München/Freising, in den Jahren 1980 und 1981. Beim zweiten Besuch wurde er von seinen Geschwistern Georg und Maria begleitet. Im Jahr 1982 wurden mein Onkel und auch Joseph Ratzinger von Papst Johannes Paul II. nach Rom berufen.

Abb. 8: Erzbischof Josef Ratzinger, München (vorne) zu Besuch bei Familie Wagner in Leopoldschlag

Im April 1982 vollzog Onkel Alois die feierliche Trauung von meiner Frau und mir. Es war eine sehr persönliche Feier. An eine Anekdote in der Kirche kann ich mich besonders gut erinnern. Er sagte zu den gerührten Hochzeitgästen: „Warum weint Ihr? Es ist doch ein Fest der Freude, wenn zwei Menschen heiraten."

1998 organisierte ich eine Reise nach Rom. Mit dabei waren ein Teil meiner Familie sowie ein paar Arbeitskollegen und Arbeitskolleginnen. Mit der Bahn ging es nach Rom. Am Bahnhof wurden wir von meinem Onkel abgeholt und in die Unterkunft Fraterna Domus gebracht. Wir nahmen am Palmsonntag an der Papstmesse auf dem Petersplatz teil. Erzbischof Alois Wagner begleitete eine Stadtrundfahrt und die Besichtigung der Hauptkirchen Roms.

Er fragte mich, ob ich einen besonderen Wunsch hätte. Ich sagte, ich würde gerne die Sixtinische Kapelle ohne die vielen Touristen besuchen. Am nächsten Tag um 8.15 Uhr wurde mir dieser Wunsch erfüllt. Über die Scala Regia ging es durch eine Seitentür in die Sixtinische Kapelle, anschließend in die Scala Regia und in die Paulinische Kapelle, dann in den herzoglichen Saal und zum Balkon, von wo der Segen Urbi et Orbi gespendet wird.

Tags darauf feierte er mit uns die heilige Messe in Santa Maria in Trastevere. Anschließend lud mein Onkel uns in seine Büroräume ein (Pizzas und Getränke). Es war eine unvergessliche Reise für alle Beteiligten.

Am 1. Oktober 2000 fuhr ich mit Bischof Wagner, meiner Frau und Dr. Eva Tresp im Privatwagen meines Onkels nach Rom. Wir übernachteten im Augustiner Chorherren-Stift Neustift – Brixen. Im Rahmen unseres Besuches in Rom nahmen wir an einer Priesterweihe in San Ignacio teil. Es war sehr beeindruckend. Im Collegio Teutonico besuchten wir einen Gottesdienst, welcher vom damaligen Kardinal Joseph Ratzinger zelebriert wurde. Es waren wunderschöne Erlebnisse.

Bei der Übersiedlung von Rom nach Linz war ich meinem Onkel behilflich. Ab diesem Zeitpunkt hatten wir die intensivste Zeit. Meine Frau und ich besuchten ihn mindestens einmal in der Woche. Ich fuhr ihn zu Firmungen und zu diversen Vorträgen.

Ich war immer wieder beeindruckt von seinen Ortskenntnissen. Er kannte ziemlich alle Abkürzungen und Straßen zu den verschiedenen Orten und führte dies auf seine Zeit als Jugendseelsorger zurück, als er in ganz Oberösterreich unterwegs war. Die Firmungen waren immer sehr schön gestaltet. Ab und zu borgte er sich eine Gitarre und spielte während der Messe darauf.

In Neufelden hatte ich ein lustiges Erlebnis. Ich war mit einem dunklen Anzug bekleidet und trug eine Sonnenbrille. Ein kleiner Junge stand vor mir, betrachtete mich und fragte dann: „Bist du der Bodyguard vom Bischof?“ Als ich verneinte, verlor er das Interesse an mir.

Auf den diversen Fahrten und bei Besuchen erzählte er uns manchmal von seiner einfachen und armen Kindheit in Leopoldschlag und von seinem weiteren Leben, aber auch davon, dass seine Eltern ihm und seinen Geschwistern entscheidende Dinge mit ins Leben gegeben hätten: Die Freude an der Arbeit, die Fähigkeit, sich an einfachen Dingen erfreuen zu können, und die Gewissheit, ein Zuhause zu haben.

Er erzählte mir unter anderem, dass er gerne auch Arzt geworden wäre. Aber seine Eltern haben ihn spüren lassen, dass der Priesterberuf für sie eine ganz besondere Bedeutung hätte. Später hat er nie daran gezweifelt, dass er Priester werden möchte.

Wenn er an einer Veranstaltung teilnahm, hatte ich immer den Eindruck, dass er aufgrund seines Auftretens und seiner Offenheit sofort mit den anwesenden Leuten ins Gespräch kam. Einmal begleitete ich ihn von seiner Wohnung ins Landhaus. Eine Stunde vor Beginn der Veranstaltung drängte er darauf, sich auf den Weg zu machen. Auf meinen Einwand, dass wir in 10 Minuten vor Ort sein würden, ging er nicht ein. Der kurze Weg wurde immer wieder von Passanten unterbrochen, die ihn erkannten und ein paar Worte mit ihm wechselten. Schließlich hatten wir zu tun, um zum vereinbarten Zeitpunkt vor Ort zu sein.

Leider verstarb Onkel Alois am 25. Februar 2002. Ich besuchte ihn vor seinem Aufenthalt in der Intensivstation jeden Tag im Spital.

Auch an dem Tag, bevor er operiert wurde, wurde ich in der Arbeit angerufen, dass mein Onkel nach mir gefragt habe und dass ich ins Spital kommen solle. So hatte ich noch Gelegenheit, mich von ihm zu verabschieden. Er drückte mich und bat mich für ihn zu beten. Ich glaube, er hat gespürt, dass es ein letztes Wiedersehen war.

Wir waren sehr traurig über sein Ableben, aber auch sehr dankbar dafür, dass wir die schönen Zeiten mit ihm erleben durften. Dies auch deshalb, weil es der damalige Bischof Maximilian Aichern ermöglichte, dass Erzbischof Wagner in der Gruft des Neuen Doms eine letzte Ruhestätte finden durfte.

Ulrike Nösslböck, Nichte, Altenfelden

Skifahren mit Onkel Alois

Die Familie und der gute Kontakt zu unseren Eltern und seinen Geschwistern war für unseren Onkel Alois sehr wichtig. Wir Nichten und Neffen lagen ihm besonders am Herzen.

Gut geplante Urlaube und so manche Reisen wie beispielsweise nach Rom und Lourdes waren ihm ein besonderes Anliegen. Ebenso hat er die Reiseberichte akribisch für uns aufbereitet. Er verband Wandern in den Bergen, Besichtigung von schönen Plätzen und Treffen mit interessanten Menschen. Die Messfeier bei den Ausflügen gehörte auch immer dazu.

Abb. 9: Die Nichten Ulrike und Monika mit Gatten zu Besuch in Rom

Für mich bleiben seine Begeisterung an der Bergwelt, das Singen zur Gitarre, die er immer mit dabei hatte, sein Wissensdrang, seine Kontaktfähigkeit, sein tiefer Glaube und vor allem auch die positive Lebenseinstellung in Erinnerung. Seine Kontaktfreudigkeit, um mit den Menschen immer ins Gespräch zu kommen, zeichnete ihn aus. Eine kleine Episode fällt mir ein: Bei der Bahnhaltestelle in Pürnstein, die neben unserem Elternhaus liegt, nutzte er die kurze Haltezeit, um mit den Bahnreisenden ein kleines Gespräch zu führen.

Abb. 10: Alois Wagner mit den Kindern seines Bruders in Altenfelden

Abb. 11: Bischof James Odongo (Tororo/ Uganda). Er und Alois Wagner kannten einander bereits aus der gemeinsamen Studienzeit in Rom

Es gab so vieles, das ich durch ihn erleben konnte, wie zum Beispiel in meiner Jugendzeit einen Ballbesuch im Linzer Vereinshaus, eine Schiwoche auf der Wurzeralm, ein Essen mit Freunden im China-Restaurant. Was für uns Kinder auch von Bedeutung war: Er hat damals schon gerne und viel fotografiert. So sind unsere Kindertage und die Jugendzeit in Bildern festgehalten. – Unser Onkel war ein weltoffener Mensch. Seine Erzählungen über die Reisen, Sitten und Bräuche in anderen Ländern, die Besuche mit afrikanischen Studenten, Priestern und Bischof Odongo von Uganda begeisterten uns.

Im Rückblick bin ich sehr dankbar für die Zeit mit meinem Onkel. Er war unser Trauungspriester, hat unsere Kinder getauft und gefirmt. Für unsere Familie war er eine große Bereicherung. – Diese Erinnerungen an unseren Onkel Alois teilen auch meine Geschwister Monika, Christof und Thomas Wagner mit mir.

Alois Böhm, Bürgermeister a.D., Leopoldschlag

Der Schüler Alois

Im Jahr 1930 begann für den sechsjährigen Alois der Schulbesuch in der Volksschule Leopoldschlag. Sein Lehrer war Franz Hendrich.

Abb. 12: Alois Wagner als Gymnasiast

In seiner Klasse gab es einen zweiten Schüler mit Namen Alois Wagner, der vom „Graber" (Totengräber) im Markt Leopoldschlag abstammte, während Alois Wagner von Dorf Leopoldschlag war (Hausname: „Wiestoni"). Der Bub vom Markt war etwas älter, was diesen in späteren Jahren bei Treffen immer wieder zur launigen Erinnerung veranlasste: Du hättest mir die Zigaretten holen müssen! Das war ein gängiger Spruch, um den Altersunterschied zu betonen.

Ab 1936 besuchte Alois Wagner das Kollegium Petrinum in Linz-Urfahr. Der Abschied von zuhause fiel ihm jedes Mal schwer, wenn er nach Linz fahren musste. Sein Bruder August erzählte mir: „Um nach Linz zu kommen, musste er nach Freistadt zum Postauto gehen. Dabei musste ich (zwei Jahre jünger) ihn begleiten, bis das Elternhaus außer Sichtweite war. Ich kehrte um, doch kaum war ich daheim, stand auch Alois wieder vor der Haustür. Bei einem zweiten Versuch musste ich wesentlich weiter mit ihm gehen, aber auch da gelang der Abschied nicht!" – Man kann sich vorstellen, dass zu jener Zeit Trennungen vom Elternhaus schmerzlich waren, man kam ja sonst nie von daheim weg!

Bei seinen regelmäßigen späteren Heimatbesuchen in Leopoldschlag – meist zur Weihnachtszeit –, bei denen er mit seiner Heimatgemeinde Gottesdienst feierte, löste Wagner bei den Ministranten meist einige Unruhe aus, da er sie oft in die Predigt einbezog. Bei einer solchen Predigt am „Familiensonntag", bei der unser Sohn Thomas ministrierte, fragte er diesen: „Bist du mit deinem Vater zufrieden?" – Hilfe suchende Blicke nach oben zum Chor, wo sein Vater an der Orgel saß – die Kirchenbesucher begannen zu schmunzeln – als nach kräftigem Kopfnicken des Vaters die Antwort kam: „Ja!" „Bist du auch mit deinen Schwestern zufrieden?" Auch hier kam als Antwort: „Ja!" Wieder lautes Schmunzeln des Publikums – es wusste nämlich, dass er keine Schwestern hatte ...

Ein anderes Mal meinte er bei diesem Anlass, die Christen müssten eigentlich viel freundlicher, viel „erlöster" dreinschauen. Wenn man sich am Morgen in den Spiegel schaut, müsste ein fröhliches Gesicht zurückschauen. Dazu fragte er einen Ministranten: „Was siehst du, wenn du in den Spiegel schaust?" – „Dass ich schön bin!"

Bei der Romfahrt des Petrinums anlässlich der 90-Jahr-Feier 1986 ging ein Primaner ganz ohne Scheu zu Bischof Wagner mit der Bitte, für ihn eine Ansichtskarte im Vatikanstaat aufzugeben. Lächelnd sagte er zu!

Einige Erinnerungen an Erzbischof Wagner und Leopoldschlag

- **Ernennung zum Ehrenbürger** von Leopoldschlag am 20. Juni 1986. Zusammen mit dem langjährigen Gemeindearzt MR Dr. Franz Raffetseder und Alt-Bürgermeister Michael Durstberger wurde ihm die Ehrenbürger-Urkunde überreicht.

- **Erste und einzige Firmung** in seiner Heimatgemeinde am 9. Mai 1993. 58 Firmlingen spendete er an diesem Tag das Sakrament. Auch meine Gattin Aloisia war unter den Teilnehmern mit ihrem Patenkind Claudia. Bei der mittäglichen Tischgesellschaft erzählte er u. a. Folgendes:

- **Leopoldschlag in New York:** In der Eingangshalle des UNO-Hauptquartiers in New York sind die Namen der akkreditierten Botschafter aus aller Welt mit ihrem Geburtsort verzeichnet. So auch „Alois Wagner aus Leopoldschlag". Viele seiner Freunde aus aller Welt taten sich mit dem Lesen des langen Namens ziemlich schwer ...

- **Eine Linde zum 70er:** Die Gemeinde wurde eingeladen, zum 70er unseres Ehrenbürgers in der Zentrale der Österreichischen Entwicklungshilfe in Wien, Berggasse, einen Baum aus der Heimat zu pflanzen. Zusammen mit zwei weiteren Geehrten, Kardinal Dr. Franz König und Weihbischof Florian Kuntner aus Wien, wurde die Zeremonie vom Vorsitzenden der österr. Entwicklungshilfe, Univ. Prof. Dr. Klaus

Zapotoczky, vollzogen. Wie aus der Beschreibung des Gemeindewappens ersichtlich, war es eine Linde.

Stetes Interesse an der Entwicklung von Leopoldschlag

Als frisch konsekrierter Weihbischof von Linz nahm er am Sonntag, dem 30. Nov. 1969, **die Segnung der neuen Volksschule** vor. Hier traf er noch seinen Volksschul-Lehrer OSR Franz Hendrich, der schon sichtlich von seiner Krankheit gezeichnet war.

Abb. 13: 1985 ernennt die Heimatgemeinde Leopoldschlag Alois Wagner zum Ehrenbürger

Am 8. August 1976 führte Alois Wagner die **Weihe der neuen Friedensglocke** durch, die der Kameradschaftsbund zur Vervollständigung unseres Glockengeläutes angekauft hatte.

Auch für die **ersten Kulturtage** in Leopoldschlag 1980 nahm er sich Zeit.

Zur **Segnung des Schulsanierungs- und Erweiterungsprojektes** im Jahr 1999 sagte er freudig zu. Hier zeigte er sich als Volksbischof und Kinderfreund: Er spielte auf der Flöte ein Liedchen!

Die **Grenzlandbühne Leopoldschlag** war ihm seit ihrer Gründung 1998 stets ein Anliegen, das er mit Interesse verfolgte.

Das Hafnerhaus: Einer seiner Freunde aus Österreich war der Linzer Hobby-Archäologe Alfred Aichmayr. Anlässlich seiner Grabungen in der Toskana trafen sie einander des Öfteren in Rom. Durch diese Bekanntschaft kam Aichmayr auch mit unserem Hafnerhaus, der Keramikwerkstätte in Leopoldschlag, in Kontakt. Dank dieser Beziehung konnte das Hafnerhaus in den Besitz einer Stiftung von Keramikschätzen aus der Etruskerzeit kommen. Diese interessierten auch die italienischen Carabinieri, die uns einen Besuch abstatteten. Der Stiftung konnten sie aber nichts anhaben ...

Gottfried Gansinger, Publizist, Ried im Innkreis

Neubeginn in Ried

Abb. 14: Alois Wagner im Matura-Alter in Ried i.I .

Alois Wagner konnte 1936–1938 die 1. und 2. Klasse am Gymnasium des Petrinums absolvieren. Mit 19. September 1938 entzogen die Nationalsozialisten allen privaten mittleren Lehranstalten das Öffentlichkeitsrecht. Auch die Weiterführung als Privatanstalt ohne Öffentlichkeitsrecht wurde nicht gestattet. Dadurch wurden das „bischöfliche" Petrinum in Linz und alle Ordensgymnasien wie Lambach, Kremsmünster, Schlierbach oder Wilhering geschlossen.

Wer Priester werden wollte, musste in ein humanistisches Gymnasium gehen, in dem damals ab der 1. Klasse Latein auf dem Stundenplan stand. In „Oberdonau" gab es nur mehr die Wahl zwischen Linz, Wels, Steyr, Freistadt und Ried im Innkreis.

Wie erpresserisch und skrupellos vorgegangen wurde, ist in der Chronik der Schulschwestern Ried (heute Franziskanerinnen) zu lesen: „Vor der ‚Hitler-Volksabstimmung' am 10. April 1938 besuchten Parteigranden die Schulschwestern und warnten: Wenn in eurem Wahlsprengel auch nur eine Nein-Stimme aufscheint, sperren wir Euch die Schule zu." Die Schwestern pilgerten heimlich zu allen Kirchgängern im Wahlsprengel und bettelten inständig, „doch mit Ja zu stimmen, weil sonst ..." – Es gab keine Nein-Stimme. Die Schule wurde trotzdem im Herbst – wie alle konfessionellen Schulen, Kindergärten und Internate – verboten und geschlossen.

Alois Wagner soll sich daraufhin um die Aufnahme in das Gymnasium in Freistadt beworben haben, aber vom Direktor, einem Mitglied der NSDAP, mit dem Hinweis abgewiesen worden sein: „Für dich ist kein Platz, wir haben schon genug Schwarze." Sein Vater fuhr mit dem heimischen Kooperator im Sommer 1938 nach Ried und stellte Lois beim Schulleiter vor. Franz Salesius Zauner, der damalige Generalpräfekt im Kollegium Petrinum, trat als Vermittler auf, und der noch nicht abgesetzte Direktor des Rieder Gymnasiums M. Anzengruber vermittelte ihm bei einer christlichen Familie Wohnung und Kostplatz. – Der begabte Schüler Alois wurde im Herbst 1938 in die 3. Klasse der „Oberschule für Jungen" in Ried im Innkreis aufgenommen. Auch Mädchen waren Klassenkolleginnen.

Ein begnadeter Jugendseelsorger

Jakob Pramhas, Priester-weihe 1937, kam am 22. Februar 1940 als Nachfolger der KZ-Priester Hermann Kagerer und Johann Steinbock nach Ried. Der Kooperator aus dem Mühlviertel war mit seinem unkonventionellen „brüderlichen" Gemeinschaftsgeist ein begnadeter Jugendseelsorger. In diesem großen Kreis war Alois bald der Wichtigste.

Abb. 15: V. l. n. r.: Jakob Pramhas, Inge Mandl-Edlmann, Alfred Gansinger (1946)

Die politische Situation war für die überzeugten Katholiken schon brandgefährlich. Pramhas stand im Verdacht, einer Widerstandsgruppe anzugehören. Die Geheime Staatspolizei beschattete den Kaplan mit den vielen jungen Menschen. Mehrmals filzte die Gestapo seine Wohnung und „drehte alles um", fand aber keine belastenden Schriftstücke. Mehrmals wurde er zur Befragung nach Linz vorgeladen. Es gab aber höchstwahrscheinlich Verbindungen zur nur sehr rudimentär erforschten „Widerstandsgruppe Dr. Gottfried Lerch" sowie zu dem Rieder Maturanten und Salesianerpater Josef Zeininger.

Spannungen gab es auch zum örtlich vorgesetzten Dechanten Franz Riepl. Es gibt Zeitzeugen und gedruckte Predigten, die belegen, dass Riepl im Herzen den Nazis sehr nahe stand. Die Pramhas-Burschen waren für den hervorragenden, aber auch jähzornigen Dechanten Riepl ein disziplinloser Haufen. Es ging auch manchmal wirklich sehr locker zu, auf jeden Fall nicht fundamentalistisch. All das war auch Schulung für den späteren Bischof Alois Wagner.

Schulfreunde aus Ried erinnern sich

Franz Meißl (1927), Kaufmann:*
„Lois war zwar um drei Jahre älter als ich, aber wir waren vom Schulbeginn 1938–39 bis 1944 in der verschworenen Gruppe um unseren Kaplan Jakob Pramhas fast täglich beisammen. Jakobs Wohnung im Pfarrhof war ein offenes Haus für Burschen und Mädel, wir nannten sie ‚die Bude'. Dort hatten wir jederzeit Zutritt, wir spielten Schach und tarockierten, rauchten, diskutierten, blödelten und sangen. Jeder durfte kommen. Politisches war ausgeklammert, wenn nicht ein verlässlicher, enger Kreis beisammen war. Wir hatten Angst um Jakob. Sein Vorgänger, der Studentenseelsorger Steinbock, war schon in den Fängen der Gestapo, wurde mit ‚Schulverbot' belegt und musste aus Ried weg. Vertrauliches besprach Jakob – so durften wir ihn, den ‚hohen Priester'. nennen – mit Lois. Er war seine ‚rechte Hand', unser Ermutiger, Organisator und Zielsetzer. Er motivierte zum Studium, versuchte Provokationen zu vermeiden und war geistiger Schmied unserer Glaubenspraxis: Wöchentliche Glaubensstunden und Gemeinschaftsmessen. Wir sangen Kronsteiner-Lieder und hörten das Neue Testament in der Pius Parsch-Übersetzung in Deutsch.

Abb. 16: Mitglieder des Pramhas-Kreises , V. l. n. r.: Ehrenfried Edelmann, Hans Aschenberger, Jakob Pramhas, Alois Wagner, Karl Wastina (ca. 1946)

Diese Volksliturgische Bewegung empfanden wir fast als revolutionär, und dies war sicher ein Vorgriff auf die Reformen des 2. Vaticanums. Lois hat hier schon Erfahrung gesammelt für sein späteres, vielseitiges Wirken. Voll Enthusiasmus, sicherlich mit vielleicht unbewusster politischer Konnotation, sangen wir das Kampflied: ‚Weit sind die Wege, weit ist die Fahrt, Mühsal und Kampf sind uns niemals erspart, Lockende Ferne ruft immer uns zu, doch das Ziel aller Fahrten, Herr, bist Du!'

Josef Hofmann (1927 – 2022), Gymnasialdirektor:
„Der innere Kreis um Jakob war ein kleines Widerstandsnest gegen die NS-Machthaber. Wagner Lois, Friedl Edelmann und Fredl Gansinger waren die engsten Vertrauten von Jakob. In die Bude sind nicht selten auch begeisterte Parteigänger

mitgegangen oder ‚unbeschriebene Blätter'. Alle ‚Eingefleischten' haben das genau gewusst. Wenn nicht alle ‚100%ige' waren, wurde nichts Politisches geredet.
Für mich war Jakob Pramhas der Einzige, der klar Stellung bezogen hat, ein Leuchtturm in dieser finsteren Zeit. Er hat uns wieder Hoffnung gemacht! Wir, die mit ihm mitgegangen sind, schulden ihm Dank, der grenzenlos ist. Ohne Lois wäre dies sicherlich nicht so gelungen."

„Bärli", wie Hofmann liebevoll genannt wurde, machte gegen Kriegsende als Soldat in der Wehrmacht noch Schreckliches mit. Zuletzt in eine SS-Einheit gezwungen (wie auch Franz Meißl), wurde er wegen „unerlaubter Entfernung von der Truppe" zwei Mal zum Tod verurteilt. Als Exempel zur Abschreckung vor einer Desertion. Zwei Nächte wartete er auf seine Erschießung. Nur durch „Wunder" entkam er dem angekündigten Tod. Zum „Jakob-Kern" gehörten auch viele Mädchen.

Klassenführer mit negativen Anmerkungen

Die Quellenlage im heutigen Bundesgymnasium Ried ist dünn. Für die Schuljahre 1943–1944 und 1944–1945 ist kein Jahresbericht erschienen. In seiner Klasse gehörte Alois Wagner immer zu den Besten. Schon im ersten Rieder Jahr, in der 3. Klasse war er Vorzugsschüler. Aus dem Schülerbeschreibungsbogen der 7. Klasse sind über Alois Wagner einige Aussagen signifikant. Es steht dort u. a.: „Begabt, mit gesunden Urteilsvermögen, in der schriftl. Darstellung manchmal schwerfällig. In der Leibeserziehung sonst ausdauernd u. leistungsfähig, im letzten Jahr wegen Bruch des Unterschenkels befreit, fleißig, für die Forderungen der Gegenwart nicht voll aufgeschlossen, hat sich an der Altmaterialsammlung als Verwalter betätigt.

Er ist gesetzt, fleißig, war Klassenführer, hat sich aber einer groben Pflichtverletzung an der Schule schuldig gemacht."

Die negativen Anmerkungen sind sicherlich politisch begründet. Er war ja Kirchgänger und führendes Mitglied in der Runde des Kaplans Pramhas.

Eine der heftigen Auseinandersetzungen war die zwischen der biblischen Schöpfungsgeschichte, die in der Kirche wörtlich verstanden wurde, und dem Darwinismus, der in der Nazi-Ideologie zum Rassismus erweitert wurde. Die Determinierung des Menschen durch „Blut" und Rasse ist heute wissenschaftlich total widerlegt. Die staatlich institutionalisierte Hitlerjugend (HJ, BdM für Mädchen) als Monopol-Jugendbewegung mit Teilnahmepflicht ab 14 Jahren spielte auch in der Schule vielfach eine vorrangige Rolle. Vor allem ging es um die vormilitärische Ausbildung und das Sammeln von Altmaterial, Heilkräutern und Geld. Der Druck mitzumachen war riesig.

Nazis an den Machthebeln

Die Mehrheit der Lehrkräfte bemühte sich, das weltanschauliche und politische Klima erträglich zu gestalten. An den Machthebeln saßen aber nur mehr überzeugte, meist kämpferische oder sogar fanatische Nationalsozialisten. Klassenvorstand war der NS-Parteigänger Prof. Karl Rausch. Der „berühmte" Dr. Ernst Burgstaller kam – wie auch Alois Wagner – noch 1954 und 1964 zum 10- bzw. 20-jährigen Maturatreffen der Klasse. Er lehrte an den Universitäten Graz und Linz. Sein damaliger Schüler und begeisterter HJ-Führer in Ried, „Schurl" Diermayr, schilderte ihn so: „Prof. Burgstaller, ein Parteigenosse der ersten Stunde, hat uns die NS-Ideologie, verpackt in Volkstum, Blut und Boden, eingebläut. Er hat beim Einmarsch der Amerikaner am 3. Mai 1945 nicht wenig gezittert; er war nicht der Erfinder der Tapferkeit."

Die meist älteren Professoren schauten in erster Linie auf gute Leistungen bei den Schülern. In dieser Hinsicht war gerade Alois mit seinen Talenten und der Eliteausbildung in einem Privatgymnasien im Vorteil. Sogar der Direktor bat Alois, für schwächere Schüler Nachhilfe zu übernehmen. Das Entgelt für die Nachhilfestunden war für den aus einer nicht begüterten Familie stammenden Alois eine wichtige und nötige Zubuße. In der Oberstufe war der Religionsunterricht verboten.

Im Schuljahr 1942/1943 kam der Wehrmachtsbefehl, dass alle Schüler der 6. Klasse der Oberschule, welche in diesem Schuljahr das 18. Lebensjahr erreichten, ohne Matura zur Wehrmacht eingezogen würden. Das hat auch Alois Wagner betroffen. Aber im Winter 1942/1943 erlitt er bei einer Schlittenfahrt (gemeinsam mit einer Klassenkameradin auf dem Schlitten) einen Knöchelbruch. Daher wurde seine Einberufung um ein Jahr aufgeschoben, und er konnte im Februar 1944 in der 7. Klasse mit der „Kriegsmatura" abschließen.

Wohnen im Sacherl

Jakob Pramhas hatte Alois einen Mittagstisch bei einer christlichen Rieder Bürgerfamilie vermittelt. „Nach dem ersten Jahr in Ried wechselte ich in ein neues Quartier mit Kostplatz außerhalb der Stadt, wo ich mich richtig einlebte" schreibt Wagner.

In einem Bauernsacherl der „christlichen" Bauerstöchter Maria und Franziska Moser fand er in Aubach Nr. 21 Aufnahme. Damals gehörte es zur Gemeinde Mehrnbach, heute, nach der Eingemeindung in Ried, hat es die Adresse Braunauerstraße 84. Den beiden Schwestern haben die Eltern (vom nahen Greinergut) als weichenden Erben das Sacherl gekauft.

Abb. 17: Alois Wagner fand als Gymnasiast in Ried i. I. einen Kostplatz bei Maria und Franziska Moser in Aubach Nr. 21, Mehrnbach (heute Ried, Braunauerstr. 84).

Bald war Lois, der Gymnasiast, Ministrant in der täglichen 7-Uhr-Messe und Aushilfs-Mesner in der nahen Klosterkirche St. Anna, wo er auch mit einem Frühstück versorgt wurde.

Im November 1941 erhöhte Bischof Fließer in einer gewagten Aktion die Kaplaneien in der Diözese Linz um 68. Er hat Gauleiter Eigruber ein Abkommen abgerungen, das einen Kaplan vor der Einberufung zur Wehrmacht schützte: Er war „uk"-gestellt, unabkömmlich. – Pramhas wurde zum Kaplan dieser kleinen Kirche ernannt, und bald wurden dort mit seiner Jugendschar die wöchentlichen Studentenmessen gefeiert, für die Alois Stunden zur Vorbereitung opferte.

Quellen:
- *Jan Mikrut (Hg.), Faszinierende Gestalten der Kirche Österreichs, Wiener Dom Verlag 2003, Auszug aus dem Kapitel Wagner von Dr. Josef Hörmandinger, Seite 351–380 „Ein Bischof im Dienst der Menschen – Erzbischof Dr. Alois Wagner (1924 – 2002)"*
- *Diözesanarchiv Linz, Pers-A/3, P/77 P ID: 4480, 02. 03. 2010*
- *Gansinger G., NS Bezirk Ried; [4]2018 Pramhas: 92, 95, 249, 306, 309 f.; Zeininger: 345*
- *Bundesgymnasium Ried i. I., 100 Jahre, Festschrift, 1972*
- *Dr. med. Georg Wolfgang Diermayr, geb. 30. 10. 1929, verstorben 2. 10. 2021, Arzt für Allgemeinmedizin, Buchautor, „Schurl" sein Spitzname, im Interview mit G. Gansinger, 14. 05. 2002.*
- *Univ.-Prof. Dr. Ernst Burgstaller (1906 – 2000), Matura Ried 1925, 1930–1931 und von 1938 bis 1945 Professor am Rieder Gymnasium, lehrte an den Universitäten Graz und Linz. Wissenschaftskritik an seiner Arbeit in: http://www.anisa.at/felsbildmuseum%20index.htm*

Gottfried Gansinger, Publizist, Ried im Innkreis

Alois Wagner schreibt seinem Freund Alfred Gansinger

Der Bruder des Autors, Fredl Gansinger (1929 – 1948) war mit Alois Wagner befreundet. Wegen eines verbotenen Mettenbesuches am 24. 12. 1944 in Windischgarsten wurde er zur KZler-Bewachung nach Linz strafversetzt. Dort holte er sich im Splittergraben, in Schnee und Eiswasser stundenlang stehend, den Todeskeim. Er starb im Mai 1948 als Alumne des Priesterseminars. Alois Wagner hat seinem Freund Fredl während seiner Studienzeit regelmäßig bis zu seinem Tod geschrieben. Hier Auszüge aus diesen Briefen:

19. 10. 1946, Linz

Bin bereits im Seminar. Am 25. 9. zog ich hier ein. Wir sind eine Menge Rieder. Wir im 1. Jahrgang ein ganze Menge 22 (oder 28, ist übertippt, schlecht lesbar)

24. 10. 1946, Linz

Wichtig ist jetzt vor allen Dingen, dass die katholische Jugend etwas 100 Prozentiges leistet und dafür ist jeder verantwortlich. Jetzt haben wir noch Zeit und Gelegenheit, die Leute zu erfassen, aber es ist auch höchste Zeit, dass etwas geschieht!

20. 12. 1946, Linz

Gottes Glück und Segen zum Hochheiligen Weihnachtsfest ...
Die Exerzitien waren wirklich gut. Es ist etwas Großes, wenn ein Priester mit viel Erfahrung in 4 Jahren KZ in feiner Sprache Probleme darlegt.
Es freut mich täglich mehr, hier zu sein und für die Sache Christi arbeiten zu können.

26. 1. 1947, Linz

Habe am Linzer Bahnhof Hartl und Zimmermann (zwei Rieder) getroffen.
Möchte in den Semesterferien nach Ried kommen.
Wie geht es Euch mit Thöne?

Auch unterschrieben: Heinzl Alois, Josef Hörmandinger, Brunner? Franz, Mayrhofer Rudolf, Rothenwallner Lupp?

12. 2. 1947, Leopoldschlag

Zwei schöne Abende bei Jakob in Freistadt.

ich fahre auf Schikurs ...
Ich hatte in Linz die Gelegenheit, Herrn Dr. Zauner über Ried zu erzählen.

4. 3. 1947, Linz
Deine Worte über Küsse teile ich – ganz Deiner Meinung. Dies sind eben nebensächliche Dinge und tragen keinen positiven Wert in sich. So lange sie nur akzidentell sind, sind sie immer zu vertreten – in gewisser Hinsicht. Wir waren ja auch unter uns!
Unsere Tage auf der Hütte begannen wir mit der hl. Messe und dann gings hinaus ins weiße Element. Ich habe so oft es ging Hochtouren gemacht und jede hat sich reichlich gelohnt, wenn man auch dabei geschwitzt hat. ... Allzuschnell vergingen die Tage auf der Hütte. In Linz [im Seminar] war es kalt, denn unsere Kohlenvorräte waren aus und so sitzen wir im Kalten, dass dies etwas unangenehm ist, wenn man ganzen Tag nicht warm wird, kannst Du Dir vielleicht vorstellen. Doch wir halten durch und hoffen, dass bald die liebe Sonne das Regime ergreift, denn sonst kann man beim besten Bußwillen bei 2 bis 3 Grad Zimmerwärme etwas mürrisch werden.
Die Herausgabe der Kronsteiner-Lieder wird etwas langsam vor sich gehen, da noch einige Schwierigkeiten zu überwinden sind.

1. Juni 1947, Linz
Prälatenamt in Ried. Wäre am besten, wenn Du die Übernachtungsfrage übernimmst. Am liebsten hätten wir natürlich Privatquartiere.

23. Juni 1947, Linz
Inzwischen habe ich zwei Examina abgelegt.
Dir herzlichsten Glückwunsch zu Deinem Abitur.

21. 7. 1947, Leopoldschlag
Gehofft, dass ich kurz einmal nach Ried kommen kann. Wie ich vom H. H. Regens höre, geht es Dir besser. Bitte, schone Dich.
Am 1. November werde ich in Rom erwartet. Italienisch gibt es neu zu lernen, Latein zu vervollständigen, Griechisch vorzubereiten auf eine Prüfung im September.
Die Primiz Fahrten sind alle gut gelungen.
Jakob wird nach Ried kommen. Heute fährt er mit seinen Buben nach Goisern, von wo aus sie eine Dachsteintour machen werden.

22. 10. 1947, Leopoldschlag
Hinterlege Dir bei Hörmandinger in Linz ein Paket mit Folien zur Kirchengeschichte.

Fahre heute zu Jakob nach Freistadt. Morgen geht es nach Innsbruck, werde wenn möglich Edelmann und Wastl besuchen.
Gehst Du noch täglich mit Margot spazieren? Ha!
Wünsche, dass Du bald gesund werdest, Besonders herzliche Grüße Deinen lieben Eltern und allen Bekannten der alten Rieder-Platte.

1. 12. 1947, Rom

Meine neue Adresse: A. W. Collegio Germanico ed Ungarico, Via S. Nicole da Tolentino 13, ROMA, Italien
Hatte Glück, muss nur eine Prüfung nachmachen und bin somit ordentlicher Hörer des 2. Jahres. Die Vorlesungen sind in lateinischer Sprache. Es geht viel leichter, als ich mir vorgestellt habe.
Die Schreibmaschine hat ihren Dienst versagt und so muss ich mit der Hand weiterschreiben.
Das Haus ... 9 Stockwerke ...
Essen: Es ist allerhand, dass man hier in Italien so gut lebt; es gibt hier alles, wenn es auch unheimlich teuer ist. Zum ersten Mal wieder friedensmäßiger Betrieb.
Tagesordnung: 6 Wecken,
Wenn Du wieder gesund bist und im Seminar anfangen kannst, vertrödle die Zeit nicht. Die heutige Zeit braucht ganze Menschen, vor allem aber tiefe, ganze Priester, die nicht nur wirtschaftlich etwa los haben. ... Seelische Formung, gründliches Studium

29. 2. 1948, Rom

Sehr erschreckt, dass es [mit Deiner Gesundheit] wirklich schlechter geworden ist. Ein Hinnehmen kann zu weit gehen, wenn man in Gleichgültigkeit verfällt. Dieses „g'ring nehma' muss im positiven Sinn sein. Mein Gebet dafür, dass Du wirklich wieder gesund wirst, auch wenn Du um eine Niere weniger hast.
Wenn all die Bekannten aus der Rieder Stadt eine Wut haben wegen meiner Schreibfaulheit, dann mildere mein Verdammungsurteil etwas. Und da ich frech bin, schreibe ich gleich dazu: Briefe empfange ich mit offenem Herzen und großer Freude!!!
Hoffe, dass wir uns als ALTE in der alten Rieder Stadt wiederfinden!!!

Anm.: Alfred Gansinger, Alumnus am Priesterseminar in Linz, ist am 9. Mai 1948 im Alter von 19 Jahren an Tuberklose gestorben.

Josef Mayr, Bischofsvikar em.

Alois Wagner ist schon in Ried aufgefallen

Alois Wagner war im Gymnasium in Ried einige Jahre über mir. Ich habe ihn kennengelernt im Kreis des Seelsorgers Jakob Pramhas, dem er sehr verbunden war und dem er später auch geholfen hat, vom Alkohol wegzukommen.

Jakob Pramhas hat einfach Studenten um sich versammelt, und dort haben wir uns immer wieder getroffen. Alois Wagner war markant, weil er damals eine sehr raue Haut im Gesicht hatte, das war aber kein Problem für uns. Im Pramhas-Kreis ist er besonders aufgefallen, er war da schon sehr lebhaft.

In Linz waren wir dann Kollegen als Jugendseelsorger. Alois Wagner war Seelsorger für die Landjugend/Burschen – damals war die Seelsorge noch zwischen Burschen und Mädchen getrennt –, und ich war bei der Katholischen Arbeiter-Jugend Seelsorger. Er war dann Gesamt-Jugendseelsorger, und in dieser Aufgabe war ich sein Nachfolger.

Wagner war damals schon ziemlich dominant. Er war auch Initiator der Entwicklungshilfe und hat immer wieder Projektreisen in die Partnerländer unternommen. Wir hatten auch weiterhin Kontakt in Linz. Bei seiner Weihe zum Bischof war ich im Dom dabei. Wagner hat viele auswärtige Bischöfe empfangen, und ich musste sie im Dom führen, damit sie ihren Platz im Chorgestühl finden konnten.

Alois Wagner war ein ehrgeiziger Mann, er wusste immer, was er wollte. Dass er nicht Diözesanbischof wurde, hat ihn ziemlich betroffen gemacht. Er war ja immer sehr initiativ, da hat ihn diese negative Erfahrung sehr getroffen. Aber er hat das alles für sich behalten. Später sind wir einander natürlich immer wieder begegnet, aber jeder von uns hatte seine eigene Linie. Dass Alois Wagner nach Rom gegangen ist, darum habe ich ihn nicht beneidet. Das war nicht meine Linie.

Wilhelm Kern, Pfarrer em., Sandl

Der Soldat und Kriegsgefangene Alois Wagner

Im Jänner 1944 wurde Alois Wagner zum Kriegsdienst in die Normandie einberufen. Grundlage für die Zuteilung zur Einheit und Verwendung war der Beurteilungsbogen. Wagner wurde in einer bevorzugten Division der Nachrichtentruppe zugeteilt. In der Nacht von Montag, 5. Juni, auf Dienstag, 6. Juni 1944 (D-Day, Tag der Entscheidung), landeten die Alliierten in der Normandie und starteten die Operation Overlord mit der Operation Neptune. Im Vorfeld hatte im Herrenhaus Bletchley Park in der Grafschaft Buckinghamshire nahe London die staatliche Zentrale der britischen Codeknacker („Bombe knackt Enigma") die deutsche Verschlüsselungsmaschine Enigma entschlüsselt. Zunächst führten die Alliierten Ablenkungsmanöver durch (Operation Bodyguard). Im Juli 1944 begannen die Alliierten erfolgreich mehrere Operationen (Totalize, Goodwood, Cobra). Von 7. bis 13. August 1944 rollte der deutsche Mortain-Gegenangriff (Operation Lüttich).

Eingekesselt

Der Soldat Alois Wagner war mit seiner Einheit in diesen Angriff involviert und wurde mit ihr eingekesselt. Gestützt auf die Erkenntnisse der Operation Totalize erfolgte noch am 7. August 1944 die Operation Tractable der Alliierten. Ein Soldat der Nachrichtentruppe schildert die Lage dramatisch: „Der Funksprechverkehr ließ erkennen, dass plötzlich die Hölle los war. Knacken und Krachen, aufgeregte Stimmen riefen, sich gegenseitig überlagernd, Warnungen und Befehle." Den Alliierten gelang der Durchbruch und die Schließung der sogenannten „Falaise-Lücke". Die Stadt Falaise wurde am 17. August 1944 eingenommen. Hügel 262 war eine Schlüsselposition zur Einkesselung von Falaise. Ein Denkmal am Mont-Ormel erinnert daran. In der „Falaise-Tasche" gefangen, ergaben sich die Soldaten am 21. August 1944, indem sie Taschentücher in der Luft schwenkten.

Theologiestudium im Gefangenenlager

Alois Wagner geriet in englische Gefangenschaft. Schon bei der Überfahrt nach England wurden die Gefangenen in vollgestopften Schiffen überwiegend in folgende Kategorien eingeteilt: Die Whites waren am wenigsten im nationalsozialistischen System eingebunden. Die Greys waren geringfügig belastet, und die Blacks waren überzeugte Nationalsozialisten. Die österreichischen Kriegsgefangenen kamen in ein eigenes „Umerziehungslager". Im Frühjahr 1945 wurden auf Intervention

Abb. 18: Apostolischer Delegat in Großbritannien William M. Godfrey, später Erzbischof von Westminster

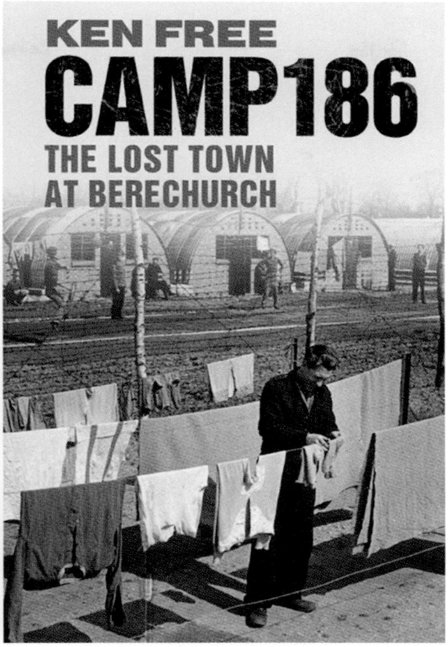

Abb. 19: Englisches Kriegsgefangenenlager Camp 186 Colchester, das sogenannte Theologen-Camp

des päpstlichen Gesandten in England, M. Godfrey, und mit der Zustimmung der englischen Militärverwaltung die kriegsgefangenen katholischen Theologiestudenten aus den englischen Gefangenenlagern in das Lager Nr. 186, Theologen-Camp Colchester, verlegt. Dort konnten sie ihr Theologiestudium fortsetzen. Prof. H. Francis Davis, bei dem Alois Wagner Prüfungen ablegte, genoss bei den Studenten höchstes Ansehen.
Wagner sagte später: „Ich war zwei Jahre in dieser glücklichen Lage." In der Lagerkirche Headgate Congregational Church fanden Gottesdienste statt. Diese war zugleich eine Speise- und Begegnungszone. Auch für Sport, Theater, Filme und Musikveranstaltungen gab es Einrichtungen.

Ende Juli 1946 kehrte Alois Wagner aus der Kriegsgefangenschaft, abgemagert und durch Ernährungs- und Vitaminmangel erkrankt, in seinen Heimatort Leopoldschlag zurück. Tiefes Mitgefühl brachte ihm seine Familie entgegen. Bei seiner Heimkehr fand er seine Heimat geplündert, geschunden, die Bevölkerung in Todesängste versetzt und in unbeschreiblicher Armut vor. Die aus dem Krieg heimgekehrten Leopoldschlager gaben das Versprechen ab, eine Glocke für die Gefallenen, für den Frieden und zugleich auch zur Mahnung zu stiften. Weihbischof Dr. Alois Wagner nahm am Sonntag, 8. August 1976, die Weihe vor. „Die Glocke sei ein Appell zum Gebet, zum Frieden und für die Ewigkeit. Sie sei auch eine Mahnerin, so zu leben, dass man nichts, was man tat und sagte, einmal zu bereuen habe."

Eintritt ins Priesterseminar

Wagner hat in Ried die Kriegsmatura abgeschlossen und die Aufnahme ins Priesterseminar erlangt. Bald nach seiner Rückkehr führte Alois ein Gespräch mit dem damaligen Regens DDr. Franz Zauner und trat ins Priesterseminar, zuerst im Stift Wilhering und später in Linz, ein. „Wir Abiturienten wussten nicht, wo das Priesterseminar genau ist." Unter den Seminaristen befanden sich überwiegend Kriegsheimkehrer.

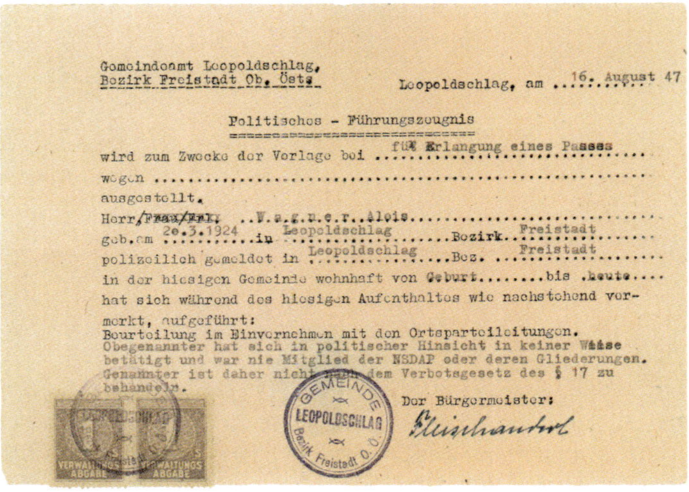
Gemeindeamt Leopoldschlag,
Bezirk Freistadt Ob. Östr.

Leopoldschlag, am 16. August 47

Politisches - Führungszeugnis

wird zum Zwecke der Vorlage bei für Erlangung eines Passes
wegen ...
ausgestellt.
Herr/Frau/Frl. Wagner Alois
geb. am 26.3.1924 in Leopoldschlag Bezirk Freistadt
polizeilich gemeldet in Leopoldschlag Bez. Freistadt
in der hiesigen Gemeinde wohnhaft von Geburt bis heute
hat sich während des hiesigen Aufenthaltes wie nachstehend vermerkt, aufgeführt:
Beurteilung im Einvernehmen mit den Ortsparteileitungen.
Obegenannter hat sich in politischer Hinsicht in keiner Weise betätigt und war nie Mitglied der NSDAP oder deren Gliederungen. Genannter ist daher nicht nach dem Verbotsgesetz des § 17 zu behandeln.

Der Bürgermeister:

Abb. 20: Politisches Führungszeugnis (1947), ausgestellt vom Gemeindeamt Leopoldschlag

Nach einem weiteren Gespräch mit Bischof Joseph C. Fließer und der Ausstellung eines politischen Führungszeugnisses (Gemeindeamt Leopoldschlag, 17. 08. 1947) zur Erlangung eines Passes begann Wagner seine Studien 1947 in Rom. Sein Motto lautete: „Den Menschen zum Heil dienen."

Quellen:
- *Begegnungen mit Weihbischof / Erzbischof Dr. Alois Wagner*
- *Interview von Erich Schenk mit Weihbischof Dr. Alois Wagner am 10. 04. 1972 in Lainz im Rahmen der Tagung der Europäischen Synoden*
- *Operation Overlord, in: Wikipedia: https://de.wikipedia.org/wiki/Operation_Overlord (16.02.2022)*
- *Ebd.*

Gottfried Gansinger, Publizist, Ried im Innkreis

Wehrmacht – Kriegseinsatz – Desertion

„An der Front kann man sterben, als Deserteur muss man sterben!"– Dieser kategorischen Herausforderung Adolf Hitlers aus dem Jahr 1925 musste sich als junger Mann auch der Wehrmachtsoldat Alois Wagner stellen.

Schon während der Schulzeit bzw. in den Ferien musste der Gymnasiast Alois die vormilitärische Ausbildung beim „Reichsarbeitsdienst" (RAD) absolvieren. Die Wehrmachtsausbildung ab Februar 1944 für das Nachrichtenwesen war kurz und wegen der misslichen Lage an allen Fronten notdürftig. Nach kurzer Stationierung in Südfrankreich folgte der mörderische Kampfeinsatz im Raum Cherbourg in der Normandie, wo seit 6. Juni 1944 mit der Invasion der Alliierten die Deutschen nach Hitler-Befehl ‚bis zum letzten Mann' kämpfen mussten und unter keinen Umständen kapitulieren durften.

In den beiden Autobiografien von Wagner liest man: „Nach 6 Wochen härtestem Kampf scheint es mir heute fast unglaublich, dass ich damals ohne jede Verwundung davonkam und doch meine Pflicht ganz erfüllte. Am 13. August 1944 wurde ich aus meinem Erdloch geholt und trat den Weg in die englische Gefangenschaft an. Meine Militärzeit, wo ich die dienstlichen Aufgaben mit gutem Erfolg erledigte, war von der weltanschaulichen Auseinandersetzung stark gekennzeichnet."

Diese Passagen können im Licht der Information von Pfarrer Franz Dopf auch anders verstanden werden. Alois hat dies seinem priesterlichen Freund aus der gemeinsamen „Pramhas-Zeit" „gebeichtet".

Der Eid bindet dich nicht

Abb. 21: Dr. Franz Dopf (1922 – 2001)

Dr. Franz Dopf (1922 – 2001), viele Jahre Pfarrer von Mehrnbach und Eitzing, daneben Militärpfarrer und eine „Seele, die keiner Katze ein Haar krümmen konnte", berichtete: „Jakob Pramhas war unser Studentenseelsorger. Er lehnte die Ideologie der Nationalsozialisten entschieden ab. Wenn einer vom inneren Kern unserer verschworenen Gemeinschaft einrücken musste, gab er uns seine theologisch-politischen Erkenntnisse mit: ‚Das NS-Regime ist verbrecherisch, der Angriffskrieg völkerrechtswidrig, ungerecht und grausam. Unter diesen Umständen ist man vor Gott dem Staat nicht zum Gehorsam und zur Erfüllung der Befehle verpflichtet. Der Eid bindet Dich in diesem Fall nicht. Wenn du willst und kannst, lasse dich beim ersten Angriff überrollen, verstecke dich in einem Graben, einem Stadl oder Gehölz und lasse dich gefangen nehmen."

„Ich hab' das nicht können, mir wäre das wie ein Verrat an meinen Kameraden vorgekommen", ergänzte Dopf etwas kleinlaut. Obwohl vehementer NS-Gegner, hatten die Propaganda und Angst Franz Dopf blockiert, diese Jakob-Empfehlung umzusetzen.

Dopf weiter: „Lois Wagner hat das geschafft. Er hat es mir erzählt. Und ‚nächsten Tag' hat er in England wieder Theologie studiert", fügte der Dorfpfarrer ironisch-grantig hinzu. Er stand auch immer im Schatten des charismatischen Lois'.

Das Leben riskiert

Wagner hat damit einen bewussten politischen Akt zur Schwächung des NS-Regimes und zur Verkürzung des Krieges gesetzt, bei dem er auch sein Leben riskiert hat.

Das hat aber auch Jakob Pramhas getan. – Ein anderes Beispiel ist Pater Paulus Wörndl (1894 – 1944), Pfarrer der Karmeliten in Linz, der auf Grund von Desertions-Empfehlungen wegen „Wehrkraftzersetzung" zum Tod verurteilt und in Berlin geköpft wurde.

Die Schilderungen von Dopf sind durchaus glaubwürdig. Von Wagner ist dazu kein schriftliches Bekenntnis bekannt. Die zeitlichen Angaben in den verfügbaren Quellen zu Wagners Militärzeit stimmen nicht überein.

Eine Desertion war auch nach 1945 noch gesetzlich sanktioniert. Erst 2009 beschloss das Parlament in Österreich die generelle Rehabilitation der Deserteure aus der deutschen Wehrmacht, die einem verbrecherischen System nicht mehr dienen wollten und Opfer der brutalen NS-Militärjustiz wurden. Im gesellschaftlichen Leben der Nachkriegszeit waren Deserteure weiterhin eine stigmatisierte Gruppe, oft als „Vaterlandsverräter", „Feigling" oder „Kameradenschwein" verunglimpft. Im Nachhinein wird rechtlich bestätigt, dass sie richtig gehandelt haben.

Alois wusste auch nicht, dass er ein sehr würdiges Vorbild hatte. Der Benediktinerpater Johannes Neudegger (1928 – 2015), ein Nachkomme der Künstlerdynastie Schwanthaler, schreibt in seinem Buch „Die vergessene Generation": „Mein Bruder

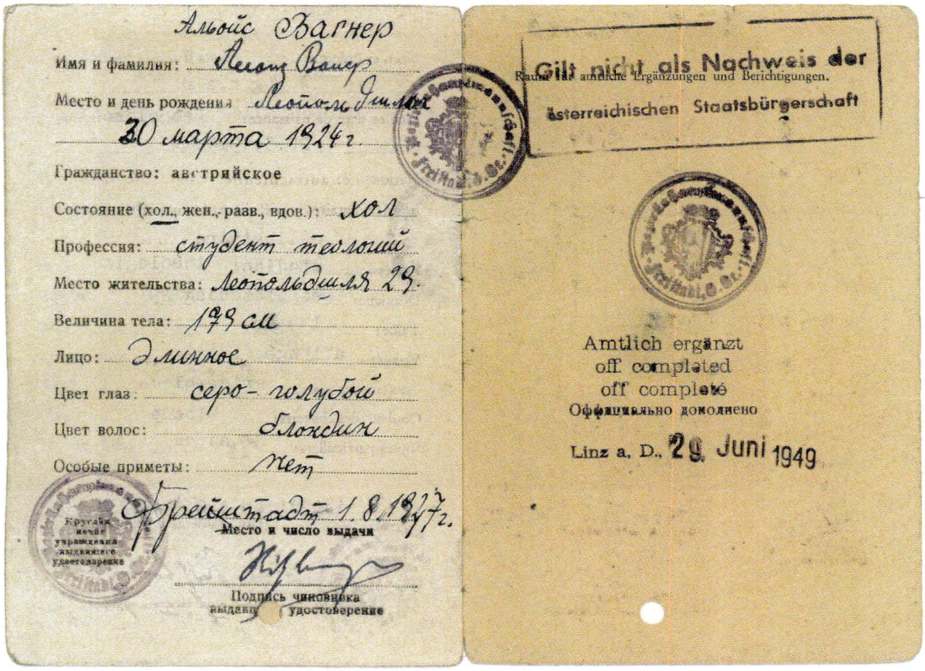
Альойс Вагнер
Имя и фамилия:
Место и день рождения
30 марта 1924 г.
Гражданство: австрийское
Состояние (хол., жен., разв., вдов.): хол
Профессия: студент теологии
Место жительства:
Величина тела: 179 см
Лицо:
Цвет глаз: серо-голубой
Цвет волос: блондин
Особые приметы: нет
Фрейштадт 1.8.1947 г.
Место и число выдачи
Подпись чиновника выдавш. удостоверение

Gilt nicht als Nachweis der österreichischen Staatsbürgerschaft
Raum für amtliche Ergänzungen und Berichtigungen.
Amtlich ergänzt
off. completed
off. complete
Официально дополнено
Linz a. D., 29. Juni 1949

Abb. 22: Identitätskarte für Bewohner der sowjetischen Besatzungszone (ausgestellt auf Alois Wagner)

war Josef Ratzingers Vorgesetzter bei der Dt. Wehrmacht. Der hat sich gegen Kriegsende ‚abgesetzt' wie ich auch. [Unerlaubte Entfernung von der Truppe] Dabei musste man sich sehr vor den überall herumgeisternden SS-Schwadronen hüten, wollte man dem ‚Baumeln' entgehen. [Sofortiges Hängen oder Erschießen war in der Endphase häufig das Urteil „fliegender" Standgerichte.]

Josef wurde auf der Flucht erwischt und war in höchster Gefahr. Aber offensichtlich war er den Henkern doch noch zu kindlich für den Baum und so ließen sie ihn laufen. Gott hatte ja noch was vor für ihn."

Quellen
- *Dr. Franz Dopf (1922 – 2001), 1941 Matura in Ried, 1941–1945 Dt. Wehrmacht, Interview G. Gansinger 6. 1. 1994. https://www.parlament.gv.at/gegenstand/XX/I/2069*
- *Johannes Neudegger, Aus dem Alltag eines Flakhelfers 1944–45, St. Ottilien, 2010, Josef Ratzinger (1927 – 2022), Papst Benedikt XVI. (2005 – 2013)*
- *Alois Wagner, Auto-Biografie 1969, geschrieben vermutlich in Rom*

Abb. 23: Der Linzer Mariä-Empfängnis-Dom wurde 1924, im Geburtsjahr von Alois Wagner geweiht. Im Vordergrund der Bischofshof.

SEELSORGE IM GEIST DES KONZILS

„Geht hinaus in die Pfarren und unterstützt die KJ-Pfarrführer und Aktivisten bei ihrer Jugendarbeit!"

Alois Wagner

Johannes Riedl, Landesschulratspräsident a.D.

Ideenreicher und herzhafter Jugendseelsorger

Alles wirkliche Leben ist Begegnung (Martin Buber)

Erstmals bin ich Dr. Alois Wagner im Jahr 1957 in Rom begegnet. Dort hatte er während seines Studiums weltkirchlich und global zu denken gelernt. Die Katholische Arbeiterjugend hat sich, aufgerufen von Msgr. Josef Cardijn, in Rom zu einer internationalen Wallfahrt getroffen. Wie ein Durstiger ein Getränk, so habe ich die ewige Stadt in mich aufgesogen. „Oh wie fühl' ich in Rom mich so froh! Gedenk' ich der Zeiten." (J. W. v. Goethe) Das Erlebnis des Gottesdienstes mit dem Heiligen Vater und die Begegnungen mit jungen Menschen aus aller Herren Länder bleiben unvergessen. Dr. Wagner hat eine bunt zusammengewürfelte Gruppe in eine typische Trattoria geführt. Radebrechend haben wir uns unterhalten und miteinander gesungen, gegessen und getrunken.

1960 war ich als neu eingestellter Diözesansekretär der Katholischen Jungschar Dr. Wagner erneut begegnet. Er war damals Seelsorger der Katholischen Landjugend, später dann Diözesanjugendseelsorger. Ich erinnere mich an ihn als hochbegabt, eloquent, mehrsprachig, musikalisch und strebsam. Aus dem Stegreif spielte er frohen Mutes Klavier und Gitarre. Im persönlichen Umgang war er offen und tolerant, theologisch eher konservativ.

Zu meinem 30. Geburtstag schenkte er mir eine Biografie über John F. Kennedy, den ersten US-Präsidenten mit römisch-katholischem Glaubensbekenntnis. War es eine Andeutung des Mentors für mein späteres gesellschaftliches und politisches Engagement?

Dr. Wagner hat sich fürsorglich um mich gekümmert. Als Absolvent einer Arbeitermittelschule war ich gewöhnt, bis spät in die Nacht zu arbeiten. Immer wieder suchte er mich in meinem Büro im Seelsorgeamt auf und mahnte mich, es sei nun doch Zeit, schlafen zu gehen, wohl auch für ihn!

Der Zeitgeist weht nach

1945 kam das Aus für die Kinder- und Jugendorganisationen der Schreckensherrschaft des Nationalsozialismus. Ihre Jugendverantwortlichen sparten nicht an Verlockungen für die Heranwachsenden. Der damalige Zeitgeist wehte aber in

Abb. 24: Landesjugendtag am 9. Juni 1963 in Linz. Einmarsch zum Festgottesdienst im Stadion auf der Gugl

Abb. 25: Landesjugendtag am 9. Juni 1963 in Linz. Festgottesdienst

Abb. 26: Mit seinem VW-Käfer warb Wagner für den Landesjugendtag 1963 in Linz

der Katholischen Jugend nach: Im tradierten Liedgut, in den bunten Fahnen oder in den Weißhemden, die zu festlichen Anlässen mit aufgenähtem Abzeichen, dem Christkönig-Symbol, getragen wurden. Prof. Dr. Ferdinand Klostermann hat die Sammelbewegung der Katholischen Aktion und damit der Katholischen Jugend nach dem 2. Weltkrieg als „acies bene ordinata" verstanden. Einen Höhepunkt dieser Epoche erreichte der Landesjugendtag 1963. Mehr als 24.000 Mädchen und Burschen versammelten sich am 9. Juni vormittags im Linzer Stadion zu einem Festgottesdienst, der von Diözesanbischof DDr. Franz Salesius Zauner, in einen theatralischen Rahmen eingebettet, geleitet wurde. Das Motto für diesen Tag hat Ferdinand Klostermann vorgeschlagen: „Auch Du bist Kirche!" Das Regiebuch hatte Dr. Wagner verfasst, die Choreografie mit vielen Fahnenschwingern wurde von Heiko Kolt gestaltet, den wir bei einem großem Fest der Katholischen Arbeiterjugend im Brüsseler Sportpalast erleben und engagieren konnten. Ich durfte als Diözesanführer die versammelte Jugend und die Ehrengäste begrüßen. Nach dem Fest im Stadion zogen die 24.000 Jugendlichen singend über die Landstraße zur Schlusskundgebung auf den Hauptplatz. Bundesminister Dr. Heinrich Drimmel hielt eine ermunternde und Landeshauptmann Dr. Heinrich Gleißner eine flammende und aufrüttelnde Rede.

Ein Jahr später hat Dr. Erhard Busek von der Bundesführung der Katholischen Jugend als Jahresthema „Der junge Mensch in der Gemeinde" vorgeschlagen. Zur nächsten Pfingsttagung der Führungskräfte wollten wir auch den Gemeindereferenten der O.Ö. Landesregierung einladen, Landeshauptmann-Stellvertreter Ludwig Bernaschek, SPÖ. Ich sprach als Diözesanführer bei Landesrat Dr. Erwin Wenzl vor, der auch Landesparteisekretär der OÖVP war, um vorzufühlen. Dr. Wenzl hatte zwar mit unserem Vorhaben keine Freude, es aber auch nicht abgelehnt. Um sich selbst abzusichern, dürfte er Landeshauptmann Dr. Heinrich Gleißner informiert haben. Daraufhin musste die Diözesanführung der Katholischen Jugend „zum Rapport" in das Landhaus. Auch Dr. Wagner war dabei. Dr. Gleißner machte in Anwesenheit von Landeshauptmann-Stellvertreter Johann Blöchl und den Landesräten Johann Diwold und Theodor Pritsch unmissverständlich klar, dass die Einladung von Ludwig Bernaschek ein unannehmbarer Affront gegen die OÖVP sei. Keine Argumente halfen. Wir mussten nachgeben und Bernaschek „ausladen". – Die Österreichischen Bischöfe hatten 1945 die Katholische Jugend als parteiunabhängig gegründet, ein deutliches Lehrstück aus den Erfahrungen in der Ersten Republik.

Ein neues Dachstein-Kreuz

Abb. 27: Mit Alois Wagner nahm sich die Katholische Jugend der Diözese Linz 1964 der Errichtung eines neuen Gipfelkreuzes auf dem Hohen Dachstein an

Obwohl Dr. Wagner aus dem hügeligen Mühlviertel stammte und auch während seines Studiums in Rom nur „sieben Hügel" besteigen konnte, zogen ihn die Berge der Alpen an. Für Bergtouren mit Jugendlichen war er immer wieder zu haben. Dazu passt sein Engagement für ein neues Gipfelkreuz auf dem Hohen Dachstein. Karl Wirobal[1] berichtet, dass so mancher Gipfelstürmer das so genannte „Bergrettungskreuz" auf dem Hohen Dachstein als zu klein empfunden hatte. Daher wurde der Wunsch geäußert, wieder ein großes, repräsentatives Kreuz zu setzen. Die Katholische Jugend der Diözese Linz hat sich mit Sportreferent Sepp Hasibeder und Dr. Alois Wagner der Sache angenommen. Der Bergführer Franz Pilz veranlasste die Fertigung eines 5,5 m hohen Kreuzes in Gitterbauweise. Von der Werkstätte in Wels wurde dieses Kreuz nach Gosaumühle transportiert, mit einem alten Salztransportschiff („Mutzen") nach Hallstatt gebracht und am 24. 5. 1964 (Dreifaltigkeitssonntag) von Pfarrer Johann Weidinger feierlich geweiht. Den Festgottesdienst zelebrierte Militärpfarrer Josef Schörghofer, die Festpredigt hielt Dr. Alois Wanger. Die Brigademusikkapelle Salzburg musizierte ein Festkonzert.

Anfang August wurde das Kreuz wieder zerlegt, mit der Oberfeld-Seilbahn weitertransportiert und am 5. August bis in die Nähe der Randkluft geflogen. Die Kreuzteile wurden dann aufgezogen, zusammengebaut und montiert. Am 7. August 1964 konnten Franz Pilz, Sepp Hasibeder und Dr. Wagner „ihr" Werk in einer Gemeinschaftsaktion mit der Bergrettung Hallstatt vollenden. - Dieses Gipfelkreuz krönt den Hohen Dachstein bis heute.

Ohne Protektion

Seit 1970 war ich an der Pädagogischen Akademie der Diözese Linz angestellt; zunächst als Lehrer an der Übungsvolksschule, dann als Professor für Pädagogische Psychologie und später als Abteilungsvorstand für die Studiengänge. Als Direktor Dr. Rupert Vierlinger im Jahr 1980 auf den Lehrstuhl für Schulpädagogik an die Universität Passau berufen wurde, betraute mich Diözesanbischof DDr. Zauner mit der provisorischen Leitung der Pädagogischen Akademie. Zugleich hatte das Schulamt im Auftrag des Bischofs für die Berufung eines definitiven Direktors zu sorgen. Weihbischof Dr. Wagner, seit 1973 Generalvikar, rief mich damals freundschaftlich besorgt an, ob es mich störe, wenn die Diözese die Leiterstelle öffentlich ausschriebe. „Im Gegenteil“, meinte ich, „denn ich will keinen Protektionismus. Angesichts meiner Einbindung in die Diözese kann dies sehr leicht unterstellt werden, bin ich doch seit 1976 Vorsitzender des Katholischen Akademikerverbandes der Diözese und Vizepräsident des Österreichischer Verbandes. Einen Wettbewerb zwischen Bewerberinnen oder Bewerbern scheue ich nicht!“ Weihbischof Wagner reagierte mit Genugtuung auf meine Antwort. Die Leiterstelle wurde ausgeschrieben. Neben meiner Bewerbung wurden zwei andere Bewerbungen eingereicht. 1981 hat mich Diözesanbischof Maximilian Aichern zum Direktor ernannt. Die bundesstaatliche Ernennung folgte.

Waren wir feige?

Im Katholischen Akademikerverband war der Akademikertag zur Tradition geworden. Profilierte Referentinnen und Referenten setzten sich mit aktuellen gesellschaftlichen, politischem und theologischen Fragen kritisch und konstruktiv auseinander. Mitte der 1970er-Jahre hatten wir vor, Univ. Prof. Dr. Hans Küng als Referenten einzuladen, damals ein mutiger Schritt. Ich holte zunächst die Meinung von Weihbischof und Generalvikar Dr. Wagner ein. Er dürfte Prof. Küng aus seiner Studienzeit in Rom gekannt haben. Dr. Wagner empfahl mir, Diözesanbischof DDr. Zauner zum Akademikertag einzuladen und bei dieser Gelegenheit über den geplanten Referenten zu informieren. Ich sprach daher vor. Der Bischof verstand zunächst den Namen Küng nicht. Ich wiederholte. Mit hochrotem Kopf erklärte er sodann, er werde in diesem Fall am Akademikertag mit seinem Motorrad in der Diözese unterwegs sein, stand auf, ging zur Tür, öffnete sie und streckte mir die Hand zum Abschied hin. Hat Dr. Wagner das Verhalten des Bischofs geahnt? – Waren wir feig, waren wir überangepasst? Wir haben Küng nicht eingeladen.

1 *Karl Wirobal, Gipfelkreuze am Dachstein in Austria Nachrichten 3/07*

Franz Ivan, ehem. Präsident des Verbandes österreichischer Zeitungen (VÖZ)

Eine lächelnde Priesterschaft

Ich sage „Alois Wagner", und sofort tauchen ein lachendes Gesicht mit einem Wuschelkopf (gepflegt, aber nie gecremt), schwarze Kleidung, Kreuzzeichen am Revers des Sakkos, Kollar (immer und überall) vor mir auf – als wäre er soeben eingetreten.

Und er war bei mir, dem Mittzwanziger, Zentralführer der Jungschar und Bundessekretär im Katholischen Jugendwerk Österreichs. Er war Bundesseelsorger der KLJ (Katholische Landjugend Österreichs), also kein unmittelbar Zuständiger in meinen Arbeitsbereichen; aber seine Stahlkraft erstreckte sich auf alle Bereiche des Jugendwerkes.

Epochal war sein Wirken in der Entwicklungshilfe. Die KLJ blickte schon lange über den Rand ihres Wirkens in Österreich hinaus, entsandte die ersten Entwicklungshelfer und war federführend bei der Gründung und dem Ausbau eines österreichischen Entwicklungshelferdienstes. Alois Wagner war maßgebend beteiligt, besuchte und unterstützte regelmäßig die ausgebildeten Helfer in ihren Einsatzgebieten.

Kein Fanatiker

Alois Wagner war kein Fanatiker der KLJ, und die Gliederung der Katholischen Jugend in KAJ (Katholische Arbeiterjugend), KSJ (Katholische Studierende Jugend) und KLJ (Katholische Landjugend) war ihm immer zu klein und einseitig gedacht. Auf dem Land setzte sich dieses Konzept auch nie durch, und im städtischen Bereich blieb es trotz aller Bemühungen von oben ebenso Utopie, die Jugend einer Pfarre in Arbeiter und Studierende zu teilen und als Bewegungen zu organisieren. Im ländlichen Bereich blieb es immer bei einer allgemeinen Pfarrjugend. Aber Alois Wagner nahm diesen Aufbau der Katholischen Jugend als gegeben zur Kenntnis. Wie er auch die kirchlichen Gegebenheiten seiner Zeit zur Kenntnis nahm, mit einem wissenden Lächeln, dass es nicht so bleiben können werde.

Ich kann mich noch sehr gut an die entscheidende Bundeskonferenz erinnern, in der das Konzept einer „Referats-KJ" (Aufgeben der Gliederungen, Arbeitswelt und Studium aber wesentliche Bereiche einer allgemein offenen Jugendarbeit in jeder Pfarre) zur Abstimmung kam und durchfiel (nur vier Pro-Stimmen, viele Enthaltungen). Die Vertreter des Systems stimmten für die Erhaltung einer Struktur, die nicht zielführend war, wie sich auch bald herausstellte. Alois Wagner kam nach der

Abb. 28: Die Vorsitzende der Kath. Frauenbewegung der Diözese Linz, Dr. Inge Loidl, mit Weihbischof Wagner

Konferenz auf uns (Bundesführer und Bundessekretär) zu, verhehlte nicht, dass er für unser neues Konzept gestimmt hatte, und tröstete uns mit einem traurigen Lächeln; es drückte aus, dass er das mangelnde Progressionsbewusstsein und Beharren auf dem Hergebrachten schon geahnt hatte.

Dieses milde, mitleidsvolle Lächeln blieb und bleibt mir in Erinnerung, weit über die 1970er-Jahre hinaus. Er, ein Verehrer von Papst Johannes XXIII., musste auch in späteren Jahren immer wieder erkennen, dass kirchliche Neuerungen zwar diskutiert und erarbeitet, nicht aber beschlossen wurden. Und dann kam der österreichweite Synodale Vorgang. Natürlich engagierte sich Alois Wagner voll und ganz. Er war die Stimme Oberösterreichs bis in die höchsten Gremien. Mit Stolz referierte er nicht nur seinen Jugendfreunden die mühsam erarbeiteten Neuerungen mit seinem typischen abschließenden Lächeln. Er hielt diese für wegweisend, zukunftssicher und epochal, wissend, dass sie wahrscheinlich nicht verwirklicht würden. Das Korsett seiner Kirche nahm er als nicht zu erschütternde Gegebenheit seines Lebens wahr und vollzog seine Priesterschaft nach bestem Gewissen.

Die Nichtberufung Alois Wagners zum Linzer Bischof war für mich daher eine große Enttäuschung. Meine Meinung dazu lesen Sie im Kapitel „Der logische Nachfolger" (S. 211). Alois Wagner war nicht nur ein herausragender Jugendseelsorger, sondern auch vielfacher Amtsträger und Weihbischof der Kirche in Oberösterreich. Sein apostolisches Wirken bleibt unversehrt bestehen, sein Lachen als Priester bleibt mir in fruchtbarer Erinnerung.

Josef Pühringer, Landeshauptmann von Oberösterreich a.D.

Wenn ich an Erzbischof Dr. Alois Wagner denke ...

... dann denke ich vor allem an die Pfarrheimeröffnung in Traun, Anfang der 70er-Jahre. Der „frisch geweihte" Bischof kam in Vertretung von Diözesanbischof Dr. Franz Zauner, um das Trauner Pfarrheim zu segnen. Nach dem Festgottesdienst war Tag der Offenen Tür. Es dauerte nicht lange, und Alois Wagner holte aus seinem Wagen die Gitarre und saß mitten unter uns Jungen im Pfarrheim und spielte, sang und diskutierte mit uns. Ich war damals Pfarrjugendführer und werde diesen ersten Eindruck von Alois Wagner nie vergessen.

... dann denke ich an die Linzer Diözesansynode, deren Vorsitzender er war. Es ging darum, in einer teilweise gar nicht einfachen Kirchensituation (einfach war es in Oberösterreich nie) die Beschlüsse des Zweiten Vatikanums auf Pfarr- und Diözesanebene möglichst gut umzusetzen. Dass der gemeinsame Faden nie gerissen ist, ist Dr. Alois Wagner, dem Synodenvorsitzenden, zu danken. In Inge Loidl und Edi Ploier hatte er kongeniale Partner als Stellvertreter. Schon damals stand er für eine Kirche mit Volksnähe, ohne Berührungsangst mit der Gesellschaft!

... dann denke ich an die große Enttäuschung, dass er nicht Diözesanbischof wurde. Wir alle wussten nicht, dass wir mit Bischof Maximilian einen exzellenten Bischof bekamen. Alle haben damit gerechnet, dass der beliebte Weihbischof und Generalvikar Dr. Alois Wagner unser Diözesanbischof würde. Eine Berufung nach Rom konnten wir nicht verstehen.

... dann denke ich an den Oberösterreicher in Rom, der dort, zuerst weit unter seinem Wert geschlagen, als Vizepräsident von Cor Unum werkte, dessen Fähigkeiten aber auch in Rom erkannt wurden. Sehr bald wurde er in internationale Organisationen, als Vertreter des Heiligen Stuhls, entsandt. Immer war er ein charmanter Gastgeber für oberösterreichische Gruppen. Auch in Rom ist er ein überzeugter Oberösterreicher geblieben. Ich denke an viele Rombesuche — seine speziellen Fremdenführerqualitäten sind mir heute noch in bester Erinnerung.

... dann denke ich an das Jahr 1992, als Landeshauptmann Dr. Josef Ratzenböck Dr. Alois Wagner das „Große Ehrenzeichen des Landes" verlieh und er in seiner Dankansprache sagte: „Ich liebe meine Kirche, ich liebe mein Land!" Das war nicht nur ein schönes Dankeschön für eine große Auszeichnung, das war innerste Überzeugung und ein Bekenntnis.

Abb. 29: Ein großer Tag auch für Landshauptmann Dr. Josef Pühringer: Am 28. Oktober 1998 übergab über Vermittlung durch Erzbischof Wagner die Feuerwehr des Bezirks Ried i. I. ein gebrauchtes Feuerwehrauto für den Vatikan

Abb. 30: Landeshauptmann Dr. Josef Ratzenböck überreichte Erzbischof Dr. Alois Wagner am 21. Dezember 1992 das Große Ehrenzeichen des Landes Oberösterreich

... dann denke ich an den Mann des Dialogs und des Brückenbaus in der Kirche, zwischen Kirche, Staat und Gesellschaft, aber auch an einen Mann, der Brücken hinaus in die Weltkirche geschlagen hat. Alois Wagner hat uns Oberösterreichern die Augen geöffnet, er hat uns den Horizont erweitert und deutlich gemacht, dass Verantwortung und Solidarität nicht hinterm Gartenzaun des eigenen Landes enden darf. Mit der Gründung des Entwicklungshelferdienstes, gemeinsam mit Hans Bürstmayr und Edi Ploier, hat er 1960 eine Pioniertat vollbracht.

... dann denke ich an den Erzbischof emeritus, der nach Oberösterreich zurückgekehrt ist und sich nicht damit abgegeben hat, den „hochrangigen Ehrengast" zu spielen, der er natürlich war, sondern der in die Pfarren hinausfuhr, bei den Menschen war und wertvolle, seelsorgliche Dienste leistete. Das persönliche Gespräch war sowieso sein Markenzeichen.

... dann denke ich an so manche persönliche Begegnung! Er war, das traue ich mir zu sagen, ein väterlicher Freund, und so manches Mal hat er mir einen guten Rat gegeben, oder wir haben uns in einem wichtigen Thema gut verständigt.

Martina Riepl, Mittelschulprofessorin i. R., Steyr/Ried i. I.

Geistergeschichten im Turm

Ich erinnere mich an meine Begegnungen als Kind vor circa 65 Jahren mit dem damaligen Kooperator der Stadtpfarre Steyr, Dr. Alois Wagner (1956–1958).

Für einen streng katholischen Vater und Obmann der Katholischen Männerbewegung der Stadtpfarre Steyr war es in den späteren 50er-Jahren des vorigen Jahrhunderts wohl von vornherein verpflichtend, mich als seine kleine Tochter möglichst früh zur Katholischen Jungschar zu bringen. – Die „priesterliche Betreuung“ unserer Jungschargruppe oblag dem damaligen Kooperator von Stadtpfarrer Johann Steinbock, dem damals noch recht jungen Dr. Alois Wagner.

Abb. 31: Stadtpfarrkirche Steyr, Kaplanspfarre von Alois Wagner

Sehr positiv in Erinnerung habe ich ihn als Gast in unseren Jungschar-Heimstunden. Er beeindruckte mich – damals ein Kind im frühen Volksschulalter – bereits nachhaltig als Persönlichkeit mit starker Ausstrahlung. Es war etwas Besonderes, wenn er kam. Vor allem im Gedächtnis geblieben ist mir, dass er uns wiederholt und mit großer Anschaulichkeit Geistergeschichten erzählte. Keiner konnte das so wie er. Das passierte vor allem im sogenannten „Turmheim“. Das war ein größerer Raum in einem uralten Wehrturm der ehemaligen Steyrer Stadtmauer, unmittelbar am Garten des Pfarrhofes gelegen. Dort wirkten die Geschichten noch gruseliger und gespenstischer, und gläubig-ungläubig das Schaudern und die Gänsehaut erhoffend, wollten wir immer mehr davon

Abb. 32: Das sogenannte Turmheim (Teil des Wehrturms bzw. der Wehrmauer hinter der Stadtpfarrkirche)

Abb. 33: Stadtpfarrer Johann Steinbock (1909 – 2004); ab 1940 Präses der Studentenkongregation Ried i. I. (Vorgänger von Jakob Pramhas); 1942-45 KZ Dachau, 1947/1951–1986 Benefiziat/Pfarrer der Stadtpfarre Steyr

hören. – Inhaltlich habe ich allerdings nichts behalten ...

Als Dr. Wagner dann 1958 als Diözesanjugendseelsorger nach Linz berufen wurde, waren wir Jungscharmädchen alle wirklich traurig, nicht zuletzt, weil wir merkten, dass es wohl ein Abschied auf immer sein würde.

Ob mein Vater Josef Moser mit Dr. Wagner damals engeren Kontakt hatte, kann ich leider nicht sagen und habe auch keine Belege dafür gefunden. Ich kann mir aber nicht vorstellen, dass er als Obmann der Katholischen Männerbewegung, der auch sonst sehr oft im Stadtpfarrhof aus und ein ging, nicht mit ihm zu tun hatte. Familienbezug gab es keinen. – Die weitere klerikale Karriere von Dr. Wagner hat die katholischen Kreise in Steyr natürlich stets sehr interessiert und bewegt.

Franz Winkler, Kaufmann, Altenberg

Ein Jugendseelsorger, der begeistert

Abb. 34: Als Diözesanseelsorger der Kath. Landjugend hielt Wagner (mit dem Rücken zum Fotografen) intensive Kontakte mit den Dekanatsverantwortlichen

Dr. Wagner war unser Diözesanseelsorger der katholischen Landjugend. Wir haben Dekanatsseelsorger gehabt, ich war im Dekanat Gallneukirchen, und Alois Wagner war für die ganze Diözese zuständig. Ein- oder zweimal im Jahr ist er in die Dekanate hinausgegangen, auch zu uns nach Gallneukirchen. Von der Mitte der Fünfzigerjahre bis 1961, als ich geheiratet habe, bin ich Dekanatsführer der Katholischen Landjugend und der Katholischen Jugend insgesamt gewesen.

Wagner ist zu uns gekommen und hat uns immer wieder ermuntert und gesagt, was wir tun sollen. Er verstand es, uns zu fördern und auch zu fordern. „Geht hinaus in die Pfarren und unterstützt die KJ-Pfarrführer und Aktivisten bei ihrer Jugendarbeit!" – Einmal im Jahr waren wir auch zur intensiven Schulung auf der Burg Altpernstein. Da wurde das Jahresthema besprochen. Das war immer eine gute Zusammen-

Abb. 35: Bischof Charles Msakila (Tansania) bei einer Jungscharmesse in Oberösterreich, begleitet von Alois Wagner

kunft. Wagner hat uns immer wieder dazu ermuntert, gescheite Heimstunden zu machen und Schaukästen zu gestalten, wo sich die Leute informieren und auch etwas mitnehmen können.

Ich erinnere mich, dass wir im Jahr 1958 dreißig Burschen zu Exerzitien nach Subiaco schicken konnten. Bei einem Treffer der Dekanatsführer in der Seilerstätte in Linz sagte Alois Wagner einmal zu uns: „Ein Dekanatsführer hat immer einen Rosenkranz in der Tasche!“

Eine faszinierende Persönlichkeit

Für mich war Alois Wagner wirklich faszinierend. Was der vorangebracht hat! Ich kann mich noch erinnern: Einmal hatte er vormittags in Steyr ein Treffen mit den örtlichen Dekanatsführern, und nachmittags war er bei uns in Gallneukirchen, alles in einem Tag und überall mit großer Begeisterung. Alois Wagner war für uns einfach aufbauend. Er hat das weitergeführt, was wir vorher schon erlebt hatten. Ich war ja 1954 einen Monat lang im Bildungshaus Puchberg. Da hat es für die Katholische Jugend Monatskurse gegeben. Wir sind ermuntert worden. Dort waren Dr. Josef Gruber, der spätere Direktor von Puchberg, Edi Ploier und Rektor Karl Wild. Die drei haben uns auch „auf die Füße“ geholfen. Das hat unser Leben geprägt, aber total! Da sind wir „daheim“ gewesen. Da hat man sich wohlgefühlt, da hat man reden können, Gedanken ausgetauscht. Rektor Wild hat uns wirklich immer in sehr positiver Weise beeinflusst!

Alois Wagner hatte für mich einfach die Stärke, uns junge Leute zu begeistern; als wir auf der Burg Altpernstein waren, hat er sich Zeit genommen für fünf oder sechs Burschen und hat mit uns diskutiert und geredet. Er konnte zuhören, wir konnten ihn fragen. Wir haben uns unheimlich wohl gefühlt bei ihm. Ich hatte ein gutes Verhältnis zu ihm.

Roland Spitzlinger, ehem. Leiter des Bildungshauses St. Magdalena/Linz

Mit dem Rosenkranz entlang des „Eisernen Vorhangs“

Es war etwa Mitte der 1960er-Jahre. Österreich war seit dem Staatsvertrag 1955, also seit zehn Jahren, bereits ein freier, unabhängiger Staat. Im Norden unseres Landes aber, im Mühlviertel, trennte ein Stacheldrahtzaun mit Todeszone, Minengürtel und Wachtürmen Österreich von seinem Nachbarland, der damaligen Tschechoslowakei.

22 Kilometer lang war die Maltsch in dieser Gegend der Grenzfluss. Sie trennte aber nicht nur zwei Länder, sie trennte Dörfer, die bis 1945 eine Dorfgemeinschaft gebildet hatten, riss menschliche Bande entzwei, ein falscher Schritt konnte den Tod bedeuten.

Abb. 36: Die Maltsch – der Grenzfluss zwischen Leopoldschlag und der Tschechoslowakei. In der kommunistischen Ära waren Schwierigkeiten unausweichlich

Dr. Alois Wagner, geboren in dieser Grenzregion in Leopoldschlag, wusste aus eigener, leidvoller Erfahrung um die menschlichen Schicksale, die diese Trennung in diesen Gebieten hervorgerufen hat.

Alois Wagner war zu dieser Zeit Diözesanseelsorger der Katholischen Jugend Oberösterreichs. Er konnte uns Jugendliche – damals aus allen Bereichen, Arbeiterjugend, Landjugend, Studierende Jugend – begeistern, schaffte es uns zu motivieren, uns intensiv auch mit der Kirche sowie dem persönlichen Glauben kritisch auseinanderzusetzen.

Eines Tages lud er zu einer Kreuzwegandacht an der Maltsch entlang des „Eisernen Vorhanges“ ein. Mit von ihm gestalteten Texten und passenden Liedern zog eine große Schar Jugendlicher betend und singend entlang dieses Grenzbaches. Die einzelnen Stationen des Kreuzweges hat Alois Wagner mit seinen Texten und Gedanken im Anblick dieser Todesgrenze in seine Betrachtungen eingebaut. Wie damals üblich, hatten verschiedene Jugendgruppen Fahnen mit, die diesem Zug ein eigenes Gepräge gaben. Immer wieder wurde ein Stück des Weges schweigend gegangen, und man konnte so seinen Gedanken nachhängen, beziehungsweise nach Leben auf der anderen Seite des Baches Ausschau halten. Aber außer meterhohem Gras, Betonstützen verbunden mit Stacheldraht und in Rufweite aufgebauten Wachtürmen war nicht die geringste Spur Lebens zu finden.

Diese Ambivalenz zwischen Singen, Beten, Schweigen und tödlicher Ruhe hat in meinen Erinnerungen bis heute einen festen Platz.

August Stögner, Pfarrer em., Hallstatt

Der Dachstein-Bischof

Alois Wagner war ein begeisterter Bergwanderer. Seine Lieblingsgegend war das Dachsteinmassiv.
Schon im Juli 1947 schreibt er an seinen Freund Alfred Gansinger in Ried, wie sehr er es bedauert, nicht an der Dachsteintour einer Jugendgruppe teilnehmen zu können. Er musste sich auf sein Studium in Rom vorbereiten. Als Jugendseelsorger war er dann mit der Katholischen Landjugend gerne in den Bergen unterwegs.

Abb. 37: Der Dachstein war Wagners alpine Lieblingsgegend. Wiederholt stieg er mit den Pfarrern Johann Weidinger und August Stögner zur Dachsteinkapelle auf um Gottesdienst zu feiern.

Für uns in Hallstatt war Alois Wagner der Dachstein-Bischof. Dazu gibt es viele Erinnerungen. 1964 segnete er, damals noch Zentralseelsorger der katholischen Landjugend Österreichs, am Landungsplatz in Hallstatt das neue Dachsteinkreuz. Am 13. September feierte er bei der Dachsteinkapelle unter großer Teilnahme der Bevölkerung die erste Dachsteinmesse. Zu dieser besonderen Bergmesse ist der Weihbischof immer wieder nach Hallstatt gekommen, so auch 1970, als er im Wiesberghaus übernachtete. Beim geselligen Hüttenabend nahm Bischof Alois die Gitarre zur Hand. Die Hüttenwirtin Gretl Platzl begleitete ihn auf der Ziehharmonika. Ein Bild davon ist im Hallstattbuch von Prof. Rudolf Lehr zu sehen.

Die Dachsteinkapelle nahe der Simonyhütte, eingeweiht 1914, hatte es Alois Wagner besonders angetan. Auf einer Höhe von 2.200 Metern ist die Kapelle das höchstgelegene Gotteshaus der nördlichen Kalkalpen. Zum 60-Jahr-Jubiläum 1974 feierte der Bischof gemeinsam mit dem damaligen Pfarrer von Hallstatt, Johann Weidinger, die Jubiläumsmesse auf dem Berg.

Bischof Alois kam auch gerne zur Fronleichnamsprozession nach Hallstatt. 1977 gab es da einen aufregenden Vorfall: Um 7 Uhr 30 ging ein Telefonanruf im Pfarrhof ein: „Hier spricht die Aktion gegen die Unterdrückung der Laien durch den Klerus. Ich möchte ihnen mitteilen, dass in einer halben Stunde eine Bombe in der Kirche explodieren wird!" Nach einer Stunde gab es Entwarnung. Auf der Kanzel wurde eine leere Schuhschachtel gefunden. Bischof Alois hat sich nicht aus der Ruhe bringen lassen. Auch 1992 war der Bischof wieder Zelebrant der Prozession und hielt, wie in der Presse zu lesen war, eine „feurige Predigt".

1994 gestaltete die Pfarre Hallstatt den 70. Geburtstag von Kurien-Erzbischof Wagner mit einer feierlichen Vesper in der Pfarrkirche. In seiner humorvollen Predigt gab er den Ratschlag, „jeden Morgen das vergrämte Gesicht im Spiegel zu betrachten und dann zu versuchen, den ganzen Tag fröhlich zu sein". Im selben Jahr hielt Alois Wagner wieder die Festmesse auf dem Berg zum 80-Jahr-Jubiläum der Dachsteinkapelle. Diesmal war er mit dem Hubschrauber unterwegs, und der Dachstein zeigte sich von seiner schönsten Seite. Eine Szene ist mir in Erinnerung geblieben: Beim Abflug zog Bischof Alois seinen Berghut und nahm winkend Abschied von Berg und Kapelle!

Urlaub in Hallstatt

Abb. 38: Gedenktafel in Hallstatt für den „Dachstein-Bischof" Dr. Alois Wagner, der auch im Ruhestand gerne hierher kam

Während seiner Zeit als römischer Kurienbischof verbrachte Alois Wagner seinen Urlaub immer im Pfarrhof in Hallstatt. Als Urlaubsvertretung des Pfarrers war er auch 14 Tage lang Tourismusseelsorger. Zwischen Pfarrkirche und Pfarrhaus suchte er täglich das Gespräch mit den Einheimischen, aber auch mit den Gästen aus aller Welt. Es war ihm ein Anliegen, auch als Kurienbischof den Menschen stets nahe zu sein. An einem Abend hielt er einen kurzen Vortrag zum Thema „Neuigkeiten aus dem Vatikan". Dabei erwähnte er den Namen von Kardinal Groer. Die Folge: Eine Nacht lang klingelte das Telefon im Pfarramt.

1998 feierte die Pfarre Hallstatt den 74. Geburtstag von Alois Wagner. Gleichzeitig wurde Hallstatt Weltkulturerbe, und der Bischof war Festprediger bei der Feier in der evangelischen Christuskirche zum Thema Schöpfung. Er sagte wörtlich: „Unser Dachstein-Salzkammergut ist gesegnet als gewolltes Werk Gottes. Unser Dach-

Abb. 39: Als geselliger Menschenfreund, der gern auch zu Gitarre griff, bleibt Wagner vielen Menschen in Erinnerung (Hallstatt Wiesberghaus 1970, neben ihm die Hüttenwirtin)

stein ragt wie eine Krone zum Himmel empor. Auf ihm steht das Kreuz der Christenheit, welches uns alle verbindet. Es ist ein Zeichen des Dankes an den Schöpfer." Beim anschließenden Feiern im Festzelt griff der Kurienbischof abermals zur Gitarre und gab das italienische Lied vom kleinen Kaminfeger zum Besten. Ein großer Applaus war die Folge.

Ein bischöflicher Mitbruder

Für mich als Pfarrer von Hallstatt war Bischof Alois, mit einem Wort gesagt, ein Mitbruder im Dienst der Kirche! Am Mittagstisch des Pfarrhauses wurde immer wieder über Kirche und Welt diskutiert. Eine seiner Aussagen war: Wir sollten nicht alles todernst nehmen, was aus Rom kommt!

Die Pfarre Hallstatt war auch einige Male zu Besuch bei Bischof Alois in Rom. Mit einer Sondergenehmigung des Vatikans durften wir in der Krypta beim Petrusgrab die Messe feiern. Als Geschenk haben wir Bischof Alois eine kleine Vitrine mit keltischen Kienspänen aus dem Heidengebirge des Salzbergs überreicht. Ein Geschenk, das ihm große Freude bereitete, und er nahm es dankbar an.

Abb. 40: Eine Hallstätter Abordnung mit Pfarrer August Stögner besucht Alois Wagner in Rom

In den letzten Jahren seines Lebens hat mich der Bischof ersucht, mit Hilfe seiner Sekretärin Dr. Eva Tresp sein Auto von Rom nach Linz zu holen. Auf der Autostrada in Italien übernahm sie auch das Lenkrad. Der Blick auf den Tacho zeigte mir eine weit überhöhte Geschwindigkeit. Als ich mein Unbehagen zum Ausdruck brachte, meinte Frau Tresp: „Mein Bischof hätte da keine Bedenken!"

Der Dachstein-Bischof Alois Wagner ist für uns in Hallstatt unvergesslich. Am Felsen zwischen Pfarrkirche und Pfarrhaus wurde von der Pfarrgemeinschaft eine Gedenktafel zur steten Erinnerung an Alois Wagner angebracht.

Hans Gruber, Betriebs- und Gefangenenpfarrer em.

Ein Professor aus der Praxis

1956 habe ich meinen Schmiedeberuf an den Nagel gehängt, um in Linz über die „Arbeitermittelschule" zur Matura zu kommen. Ich wollte Priester werden; wohnte in der Hafenpfarre St. Severin und versuchte mich in die Katholische Arbeiterjugend zu integrieren. Es gelang nur halb. Meine Wurzeln banden mich an die Landjugend.

Erste Begegnung

Ich versuchte den Kontakt zu meinen alten Freunden aufrecht zu halten und nahm unter anderem 1960 im Bildungshaus Puchberg an einem Treffen teil. Ein aufregender Part der Veranstaltung war der Vortrag des Diözesanseelsorgers Alois Wagner. Er kam flott gekleidet und flott in seinem Benehmen. Sein Auftreten war offen und gewinnend. So stellte ich mir einen zeitgemäßen Priester vor! Sein Vortrag war sprühend positiv und missionarisch motivierend. Ihm nahmen wir ab, dass wir das Salz der Erde sein sollten, – und dazu auch fähig seien. In seiner Ermutigungs-Rede beschrieb er nicht nur die Diözese als Arbeitsfeld, sondern machte uns auch noch einen Einsatz als Entwicklungshelfer schmackhaft.

Heute würde man sagen, er trat als „Influencer" auf. Er entwarf ein positives Bild von Kirche. Nicht nur, dass er von der Weltkirche schwärmte. Der neue Papst hatte sogar zu einem weltweiten Konzil eingeladen. Der Diözesanseelsorger löste unter uns Begeisterung aus. Für mich, der ich Priester werden wollte, entstand ein Idealbild, wie ein „moderner" Priester aussehen sollte. Das war meine erste Begegnung mit Alois Wagner.

Der neue Pastoralprofessor

1961 trat ich ins Priesterseminar ein. 1962 wurde Wagner zum neuen Professor für Pastoraltheologie ernannt. Die Neubesetzung war überfällig. Im Fach „Pastoral" sollte man lernen, wie man Pastoral, also Seelsorge, betreibt. Das war durch die verstaubte Art der Vorlesungen des Wagner-Vorgängers unmöglich. Mit der Bestellung von Wagner ging ein freudiger Ruck durch das Priesterseminar. Alle freuten sich, dass nun ein Jugendseelsorger die Zukunftspastoral entwerfen würde.

Auf den Vorlesungsbeginn waren alle gespannt. Und tatsächlich breitete sich ein unkonventioneller neuer Stil aus. Manche allzu lockere Darbietung wurde dem jun-

Abb. 41: Architektonisch steht das Linzer Priesterseminar (links) im Schatten der 1725 vollendeten Seminarkirche, einem Hauptwerk Johann Lukas von Hildebrandts.

gen Professor als Startschwierigkeit verziehen. Er erzählte viel von seiner Praxis und zitierte weniger Meinungen seiner internationalen Kollegen. Mit anderen Worten: Es fiel auf, dass er ausgiebig von seiner Praxis erzählte, weil er in der Theologie weniger fit war. Das wurde allmählich als Mangel festgestellt.

Ein „Hans Dampf in allen Gassen"

Was zuerst als Startschwäche vermutet wurde, stellte sich zunehmend als Theoriemangel heraus. Als mein Weihejahrgang 1965 seine Hörer wurden, wurde uns dieser Mangel schon vorausverkündet. Ich war einer seiner Verteidiger, weil ich noch von seiner Art als Jugendseelsorger beeindruckt war. Ich musste aber langsam seinen Kritikern recht geben.

Besonders schlimm war es, wenn er unvorbereitet in die Vorlesung kam und einfach von seiner Arbeit erzählte. Es war ja manchmal ganz interessant, aber es war nicht das, was wir lernen sollten. Wir hätten uns manchmal eine tiefere Begründung der seelsorglichen Arbeit gewünscht. Wir hätten gerne von den internationalen Aufbrüchen gehört. Eine vergleichende, vertiefende Theologie wäre manchmal gefragt gewesen. Natürlich war auch wichtig, wie man die Erstkommunion gestalten kann. Wir stritten aber mit ihm, ob die Erstbeichte für die Kleinen so wichtig sei. Kurz und gut: Er war ein „Hans Dampf in allen Gassen", und die Pastoraltheologie war seine schwache Seite.

Parallel zu seinem Professoren-Job baute er die Entwicklungshilfe auf. Das war gewiss seine ganz starke Seite. Auf diesem internationalen Feld entwarf er eine weiterführende Vision. Noch dazu leistete er eine stützende Praxis. Er begeisterte nicht nur für diesen Dienst „an der Dritten Welt", er begleitete auch jene sehr verlässlich, die sich dazu entschlossen!

Siegfried Primetshofer, ehem. Direktor der Finanzkammer der Diözese Linz

Bildung für Priester und Laien

Die Ernennung Alois Wagners zum Weihbischof fiel 1969 in den Beginn eines Arbeitsjahres. Daher wollte er die Vorlesungen in Pastoraltheologie an der Theologisch-Philosophischen Hochschule der Diözese Linz noch bis einschließlich Sommersemester fortsetzen und auch die in Pastoral bei den angehenden Religionslehrern beibehalten. Auf Grund seiner nun vielfältigen anderen Aufgaben fanden die Vorlesungen aber nur mehr teilweise statt. Eine schriftliche Prüfung bei den Religionslehrern musste ich deshalb in seinem Auftrag beaufsichtigen. Unter diesen angehenden Religionslehrkräften war auch Josef Pühringer, der spätere Landeshauptmann.

Weiters wollte Weihbischof Wagner auch noch die Abteilung KGI (Katholische Glaubensinformation), die ihr Büro im Pastoralamt hatte, kurze Zeit verantwortlich weiterleiten. Hier wurden Plakate für pfarrliche Schaukästen erstellt – übrigens gemeinsam mit Dr. Herbert Madinger von der Erzdiözese Wien – und auch Glaubensbriefe versandt. Auf freiwilliger Basis konnten schriftliche Arbeiten eingesandt werden, die korrigiert und dann auch wieder zurückgeschickt wurden. Bei der Korrektur dieser Briefe musste auch ich mithelfen.

Fortbildung für die Priester

Ein sehr großes Anliegen war Weihbischof Wagner die Priesterfortbildung. Er schuf einen eigenen Arbeitskreis, der sich nur mit diesem Thema inhaltlich zu beschäftigen hatte. So gab es im Lauf eines Arbeitsjahres mehrmals einen „Theologischen Tag", an dem ein bestimmtes theologisches, pastorales, moraltheologisches oder spirituelles Thema von den Referenten und Referentinnen behandelt wurde. Unter den Referenten waren z. B. Karl Rahner und der Theologe Hans Küng, den Wagner von seiner Studienzeit in Rom gut kannte. Die Referate wurden dann

Abb. 42: Den bedeutenden Theologen Hans Küng (1928 – 2021) kannte Wagner noch von seiner Studienzeit in Rom. Ihn konnte er für die Priesterfortbildung nach Oberösterreich holen.

meist als Theologische Information in gedruckter Form dem Linzer Diözesanblatt beigelegt. In der letzten Ferienwoche fand im Bildungshaus Puchberg die Theologische Sommerakademie statt, wozu die Priester unserer Diözese geladen waren. Vor der Übernahme einer Pfarre durch einen Pfarrer gab es drei Jahre hindurch die sogenannten Triennalkurse und dann auch noch den Pfarrervorbereitungskurs.

Im Personalplan wollte Alois Wagner aber auch alle Laientheologinnen und Laientheologen, die außerhalb von Linz studiert hatten, mit berücksichtigen. So beauftrage er mich, mit diesen in Kontakt zu treten. Ich solle sie zu Veranstaltungen einladen und für einen Dienst in der eigenen Diözese motivieren. Um dies auch offiziell festzulegen, wurde ich mit Schreiben des Bischöflichen Ordinariats vom 31. 10. 1973 zum „Referenten beim Bischöflichen Ordinariat für das Sachgebiet ‚Laientheologen'" ernannt. Im Schreiben hieß es weiter: „Sie mögen in gleicher Weise das Wohl der Laientheologen aus Oberösterreich und das Interesse der Diözese im Auge haben."

Das erste GOTTESLOB

Im Auftrag der Österr. Bischofskonferenz war Weihbischof Wagner gemeinsam mit Bischof Paul Nordhues von Paderborn für die Herausgabe des Gebet- und Gesangbuches GOTTESLOB zuständig. Oftmalige Fahrten nach Bonn waren damit verbunden wie auch eine große Menge an Papier, das ich zu sichten und an bestimmte Personen in unserer Diözese weiterzugeben hatte. Im Dezember 1974 war es dann so weit, dass die ersten Exemplare erschienen sind. Für die viele Arbeit mit dem Gotteslob erhielt ich vom Weihbischof eines der ersten Exemplare mit persönlicher Widmung. Darüber freue ich mich heute noch sehr.

Abb. 43: Das Gotteslob (1975) – das erste gemeinsame Gebet- und Gesangbuchs für alle deutschsprachigen römisch-katholischen Bistümer mit Ausnahme der Schweiz und Liechtensteins.

Josef Schicho, ehem. Chefredakteur der Linzer Kirchenzeitung

Neue Wege der Glaubensverkündigung

Drei große Anliegen von Alois Wagner prägten sein Leben und Wirken: Die weltweite Zusammenarbeit in der Entwicklungshilfe und im Einsatz für Frieden und Gerechtigkeit, die Verwirklichung der Ziele des II. Vatikanischen Konzils mit dem neuen Kirchenbild „Kirche um der Menschen willen“ und eine zeitgemäße Glaubensverkündigung.

Abb. 44: Mit den Theologischen Informationen beschritt Wagner neue Wege der Glaubensverkündigung

Bereits 1959/1960 gründete er als Diözesan- und Zentralseelsorger der Katholischen Landjugend sowie Geistlicher Assistent des Bildungswerkes die Katholische Glaubensinformation (KGI) in der Diözese Linz. Er war 1966 Mitbegründer und Diözesanvertreter bei der Gründung und dem Aufbau des Katholischen Bibelwerkes Österreichs und begann in Zusammenarbeit mit den Linzer Theologieprofessoren Johannes Singer und Karl Böcklinger die Linzer Fernkurse für Glaubenskunde und Bibel, die es auf 30.000 Teilnehmer brachten.

Kennzeichen waren von Anfang an ein aktueller Lebensansatz, Ausrichtung an den großen Konzilsanliegen, gute äußere Gestaltung der Briefe und Folder sowie Begleitangebote durch Vorträge und andere Veranstaltungen. Bereits die ersten Glaubens-Flugblätter zu den Themen „Leben – wofür?“, „Tod – was dann?“, „Glauben – wozu?“ und „Kirche – für wen?“ hatten ein großes Echo. An zentralen Orten wurden in Zusammenarbeit mit dem Katholischen Bildungswerk und der Jugend Diskussionsreihen „Alter Glaube – neu durchdacht“ angeboten, die oft in Predigten und Aktivisten- sowie Glaubensrunden weitergeführt wurden.

Glaubensfragen „aus dem Hut“

Als ich im September 1966 von der Kathpress in Wien mit der Familie nach Linz zum Kirchenblatt übersiedelte, wurde ich relativ bald zu Glaubensvorträgen von Pfarren und Bildungswerken eingeladen. Wagner lud mich ein, gemeinsam mit ihm Frageabende zu Glaubensthemen zu gestalten. Damals bestand dafür großes Interesse, so dass über hundert Teilnehmer bei einer Bildungswerkveranstaltung keine Seltenheit waren. Wir sammelten am Beginn mit einer Schachtel oder einem Hut die schriftlich gestellten Fragen ein. Wir versuchten dann abwechselnd Antworten zu geben. Oft kamen so viele Fragen zusammen, dass wir einen zweiten Abend anbieten mussten. Manchmal ergaben sich auch interessante Diskussionen.

Wagner verband das Fahren in die Pfarren manchmal mit Besuchen von Bekannten und kirchlichen Mitarbeitern. Ich erinnere mich noch, dass er mich einmal fragte, ob wir eine Stunde früher fahren könnten, blieb unterwegs kurz stehen und besorgte ein Grillhenderl, einige Semmeln und drei Flaschen Cola. Wir besuchten einen wegen Alkoholproblemen frühpensionierten Geistlichen, der relativ einsam in einem baufälligen kleinen Haus wohnte, und verzehrten mit ihm das Abendessen.

Nach seiner Ernennung zum Bischof hatte mir Alois Wagner die Leitung der KGI Linz übergeben. Als Weihbischof sorgte er aber für die Einbeziehung der Erfahrungen von neuen Wegen und den Massenmedien in anderen Diözesen und bei den deutschen Nachbarn. Ich erinnere mich, dass wir mehrere Tage in Frankfurt waren, wo Pfarrer Ferdinand Krenzer vom Oratorium des hl. Philipp Neri große Erfolge mit seinen kostenlosen Glaubensbriefen hatte, die auch bei der Taufvorbereitung der Erwachsenen und für Suchende und kirchlich Distanzierte Verwendung fanden. Krenzer brachte sie auch als Bücher heraus, wie „Morgen wird man wieder glauben“ und „Oasen im Alltag“. Im Jahre 2009 wurde die im Rahmen der deutschen Bischofskonferenz arbeitende KGI in die Katholische Arbeitsstelle für missionarische Pastoral der Bischofskonferenz übergeführt.

In Österreich gibt es auch jetzt noch die Katholische Glaubensinformation (KGI) der Erzdiözese Wien. Ihr Gründer und langjährige Leiter Prof. Dr. Herbert Madinger starb im Jahr 2010. Die kostenlosen Glaubensbriefe wurden alle zwei Monate in den letzten Jahrzehnten mehr als 120.000 Interessierten zugeschickt. Nachfolger wurde P. Christian Opitz von den Kalasantinern. Die Zentrale für die Glaubensbriefe, die ebenfalls gratis ausgeschickten Spruchplakate und die religiösen Veranstaltungen und Aktionen befindet sich jetzt in Schwarzau am Steinfeld, Niederösterreich.

Abb. 45: Weihemitra

MITRA

Linz Bischofshof

Weihemitra von Bischof Wagner, Goldfransen, Anlegetechnik.
Seidenfutter, Baumwolle, verschmutzt.
1969

Abb. 46: Plakate der Katholischen Glaubensinformation belebten die pfarrlichen Schaukästen

Plattform für die Diözesen

Weihbischof Wagner gelang es, eine Plattform für die Aktionen der meisten Diözesen zur Unterstützung der Briefseelsorge und Glaubensinformation zu schaffen. Herbert Madinger und seine Mitarbeiter standen durchaus zum II. Vatikanischen Konzil und wurden von Kardinal König und dem damaligen Universitätsprofessor Schönborn sowie vom damaligen Pastoralamtsleiter P. Josef Zeininger OSFS gefördert. Manche Auffassungsunterschiede und die relativ konservative Gesamtausrichtung Madingers führten aber doch zu zahlreichen Diskussionen. Immerhin wurden in den späten 1960er- und 70er-Jahren gemeinsame Glaubensbriefe zu den Themen des Apostolischen Glaubensbekenntnisses und anderen religiösen Fragen zum Großteil vom Linzer Team Wagner-Singer-Schicho erstellt und in einer Auflage von weit über 100.000 Stück vierfärbig gedruckt, einigen Kirchenzeitungen beigelegt und an Interessierte kostenlos versandt. Vor allem wurden die Glaubensinformation sowie die Kommentare zu den Sonntagslesungen und zu aktuellen Glaubensfragen in den Kirchenzeitungen ausgebaut, wobei es zu verschiedenen Formen der Zusammenarbeit kam. Wagner war stets zur Unterstützung solcher Bestrebungen bereit. Er sah im Ausbau der Verwendung der Medien für die Glaubensverkündigung und -unterweisung eine große Chance der heutigen Zeit.

Franz Kogler, ehem. Leiter des Katholischen Bibelwerkes der Diözese Linz

Alois Wagner und die Bibel

„Glaubensinhalte zu künden war seit dem Auftrag Jesu die Aufgabe der glaubenden Gemeinschaft der Christen; sie fand immer neue Formen und Wege." Damit hat der damalige Bischof Dr. Alois Wagner (so im Briefkopf seines Redemanuskripts) am 19. Oktober 1984 seine Festrede zur 20-Jahr-Feier der Katholischen Glaubensinformation in der Diözese Linz begonnen. Eingeladen wurde er, weil er als Professor für Pastoraltheologie bereits während des Zweiten Vatikanischen Konzils die Notwendigkeit für vertiefende Glaubensinformation, insbesondere auch für zeitgemäße Vermittlung von biblischem Grundwissen, erkannte. Gemeinsam mit den Professoren Johannes Singer und Siegfried Stahr orientierte er sich in Linz an in Frankfurt am Main erarbeiteten – und an solche der USA angelehnten – Modellen.

Katholische Glaubensinformation (KGI)

1963 war der damalige Diözesanbischof DDr. Franz Salesius Zauner gerade von der zweiten Sitzungsperiode des Zweiten Vatikanischen Konzils zurückgekehrt und startete in Linz den „Fernkurs für Glaubenskunde" mit Hunderten von Teilnehmenden. Im Begleitwort dazu schrieb er am 13. Dezember 1963: „Möge dieser Fernkurs mithelfen, aktives Christentum zu wecken und aufzubauen, in der fruchtbaren Spannung von tiefer Innerlichkeit und konkreter Weltverantwortung. Ein umfassendes religiöses Wissen und eine tiefe Glaubensüberzeugung sind für den Stand des Christen in der Welt und seine Missionsaufgabe als Glied der Kirche von großer Bedeutung." Damit war das erste Produkt der Katholischen Glaubensinformation (KGI) auf den Weg gebracht. Die KGI war damit ein Referat im Bischöflichen Seelsorgeamt Linz – geleitet von Professor Alois Wagner.

Wohl typisch für Alois Wagner ist, dass das in Linz Erprobte und Bewährte dann auf ganz Österreich ausgeweitet wurde – und kein Wunder: Den Vorsitz der KGI Österreich hatte Wagner inne; auch noch als Weihbischof bis 1981.

„Die Idee der Glaubensinformation wurde in das kirchliche Bildungswesen und in das kirchliche Rundfunk- und Fernsehprogramm eingebracht und neue Wege wurden in den laienapostolischen Bewegungen, besonders der Katholischen Aktion aufgegriffen und für die Katholikentage neu konzipiert", betonte Wagner bei seinem Festvertrag rückblickend am 19. Oktober 1984.

Wiederholt wurde Wagner zu weiteren Festveranstaltungen der Fernkurse beziehungsweise „seiner" KGI nach Linz respektive ins Bildungshaus Schloss Puchberg eingeladen, um mit den Teilnehmenden zu feiern und sie zur Glaubensvertiefung zu motivieren.

Linzer Bibelfernkurse – Bibelwerk Linz

Auf diesen Glaubenskurs folgten eine Reihe von Bibelkursen – erneut mit Hunderten von Teilnehmenden. Parallel dazu engagierten sich Professor Wagner und Bischof Zauner für die Gründung eines Österreichischen Katholischen Bibelwerks, dass dann 1966 mit Sitz in Klosterneuburg gegründet wurde. In Linz gab es die engagierte Bibelarbeit bereits seit 1963.

Abb. 47: Das Katholische Bibelwerk wirbt auch heute mit seinen vielfältigen Angeboten wie Bibelkursen und Bibelausstellungen

1968/69 folgten 16 ökumenische Bibelausstellungen und 1972 ein sogenannter „Bibelkoffer": „Angefüllt mit verschiedenen Ausgaben der Heiligen Schrift und ergänzender Literatur ist er Bestandteil eines praktischen Bibelseminars, das als ein Schwerpunkt der Veranstaltungen der Katholischen Bildungswerke der Diözese Linz im neuen Arbeitsjahr in zahlreichen Orten durchgeführt wird." (Nachrichtendienst der Diözese Linz, Nr. 85 vom 14. 9. 1972)

„Ohne Zweifel ist es von größter Bedeutung, dass in allen katholischen Familien eine Heilige Schrift, wenigstens ein neues Testament Eingang findet und dort auch gelesen wird. Der Christ von heute muss auch den Text der Offenbarung Gottes persönlich kennen", wie in einem Artikel von Alois Wagner im Jahrbuch der Diözese Linz 1970 zu lesen ist. Zusammenfassend hält er in diesem Artikel fest: „Ohne Zweifel wird es für jeden Christen ein besonderes Anliegen sein, selbst die Heilige Schrift zu besitzen und sie auch zu lesen. Wenn wir in unserer heutigen Zeit und Welt Rede und Antwort geben wollen, so müssen wir auch das Wort Gottes kennen und lieben lernen." Erneut zeigt sich, wie vorausschauend Wagner dachte und seine Visionen mit Partnern auch konkret in die Tat umsetzte.

Wagner, der Motivator

Für die geplante biblische Vertiefung von 1969 benötigte Wagner zahlreiche Mitarbeiter. Besonders hat er dabei an den jungen Johannes Marböck gedacht, der gerade zu seiner Habilitation in Graz war. Marböck ersuchte Wagner aber in einem freundlichen Brief, ihn zuerst seine Studien abschließen zu lassen. Umgehend antwortet Wagner in einem Express-Brief: „Trotzdem komme ich mit einem Vorschlag. Würde es nicht möglich sein, auf jeden Fall am Mittwoch, dem 15. Jänner, nach Linz zu kommen und bei dieser Forumsdiskussion teilzunehmen. Es handelt sich um die eigentliche große Veranstaltung ... Ich sehe Deine Punkte ein, aber ich meine, dass der Sache wirklich gedient ist, wenn Du eineinhalb Tage dafür opferst. Ich hoffe sehr, dass es für Dich möglich wird, eine Zusage für den 15. 1. zu geben. ... In der Hoffnung auf eine Zusage ..." (Brief vom 7. Dezember 1968) Zur Sicherheit lieferte Wagner gleich 14 Fragen mit, die in der Forumsdiskussion dann abzuarbeiten waren. – Ich glaube nicht, dass sich Johannes Marböck dieser intensiven Einladung entziehen konnte.

In Linz beginnt's

Wenn die Diözese Linz in Fragen der Glaubensweitergabe und der Verkündigung bis heute in Österreich eine besondere Rolle spielt, so hat das viel mit Dr. Alois Wagner zu tun. Sicherlich hat gerade er dazu beigetragen, dass ich wiederholt bei österreichweiten Veranstaltungen zu hören bekam: „In Linz beginnt's". Auch wenn inzwischen die KGI österreichweit „eingespart" wurde und sowohl die Linzer Fernkurse als auch die Bibelausstellungen in all den Jahren mehrmals überarbeitet werden mussten: Den entscheidenden Anstoß und konkrete Schritte der Umsetzung für die Bibelarbeit in der Diözese Linz hat Wagner geleistet. Wenn es bis heute bei uns eine pulsierende Bibelarbeit mit dem Schwerpunkt der Glaubensverkündigung gibt, so haben wir das vor allem ihm zu verdanken. Und die Besinnung auf diese Wurzeln bleibt Impulsgeberin und Ansporn.

Vielleicht waren es aber auch sein visionärer Weitblick, sein entschiedenes Auftreten und seine Gabe, Überlegungen rasch und konkret umzusetzen, die es anderen nicht immer ganz leicht gemacht haben, seinen großen Schritten zu folgen ...

KIRCHE ÜBER GRENZEN HINWEG

„

Die Menschen hungern nach Bildung, religiöser Erkenntnis, nach Friede, Freiheit, Ruhe, nach Gott.“

Alois Wagner

Walter Schicho, Afrikawissenschafter, Universität Wien

Entwicklungshilfe als christlicher Auftrag

Abb. 48: Als „Entwicklungshilfe-Bischof" koordinierte Wagner zahlreiche Initiativen. Bei den Massai Tansanias trug er den Talar nur zur Segnung eines neuen Spitals.

Im Mai 1955 schloss Alois Wagner seine akademische Ausbildung mit dem Doktorat der Theologie ab. Nur wenige Tage später unterzeichneten die Vertreter der Alliierten den Staatsvertrag, der Österreich Souveränität und Handlungsmacht als Teil der globalen Staatengemeinschaft zurückgab. Während Österreich allmählich begann, seinen Platz im internationalen Staatenverbund einzunehmen, wirkte Alois Wagner in verschieden Pfarren Oberösterreichs als Kooperator und wurde 1958 zum Zentralseelsorger der Katholischen Landjugend Österreichs bestellt. Das war auch sein Einstieg in die Entwicklungshilfe.

In einer Darstellung der Anfänge der österreichischen Entwicklungshilfe schreibt Gerald Hödl (2003: S. 28): „Ende der 1950er-Jahre begann sich die Rolle Österreichs zu verändern, das Empfänger- wurde allmählich zum Geberland. Dennoch konnte das Österreichische Institut für Wirtschaftsforschung noch zu Beginn der 1960er-Jahre in einer Studie feststellen, dass ‚Österreich bisher weit mehr ent-

Abb. 49: Mit seinem Lachen steckte Wagner auch diese jungen Menschen in Kenia an

wicklungsfördernde Anleihen empfing (ERP-Hilfe, Weltbankkredite) als gewährte'. Wie andere Autoren weist auch Hödl darauf hin, dass die katholische Kirche bei der Herausbildung eines Geberlands eine „Pionierrolle" spielte. Innerhalb der kirchlichen Organisationen waren es vor allem die Katholische Landjugend, die Jungschar und die Frauenbewegung, welche die ersten Aktivitäten setzten und auch selbst finanzierten.

Den entscheidenden Anstoß für die KLJÖ lieferte eine internationale Initiative. Im Herbst 1958 beschloss die Generalversammlung der Internationalen Landjugendbewegung MIJARC (Mouvement International de la Jeunesse Agricole et Rurale Catholique) in Wien für 1960 die Abhaltung eines Weltkongresses in Lourdes und formulierte als Thema „Der Hunger in der Welt".

Wie die Katholische Jungschar, die mit der Dreikönigsaktion seit 1955 außereuropäische Projekte förderte, war auch die Hilfe der Landjugend auf die Unterstützung der katholischen Mission gerichtet. So hießen die ersten fünf 1961 entsendeten Kräfte „Laienhelfer" der Mission und waren beim Aufbau eines Ausbildungszentrums für Katechisten in Tanganyika tätig. Als Rechtsträger fungierte ab 1963 das „Landjugendwerk für Entwicklungshilfe", und die entsendeten Kräfte hießen ab da „Entwicklungshelfer", oder – was Wagner viel besser fand – „Mitarbeiter in Übersee". Leiter der Organisation war Alois Wagner. Als mit 1. 1. 1969 aus dem Landjugendwerk der „Österreichische Entwicklungshelferdienst" (ÖED) wurde, übernahm Wagner die Funktion des „Geistlichen Assistenten"[1]. 173 EntwicklungshelferInnen hatte die KLJ bis dahin in verschiedene Teile der Welt (in den „Globalen Süden", wie er heute genannt wird) entsandt; 1982, als Weihbischof Wagner Linz verließ, um das Amt eines Vizepräsidenten von Cor Unum in Rom anzutreten, verzeichnete der Entwicklungshelferdienst bereits 883 Einsätze (ÖED Jahresbericht 1982). 1983 schied Wagner aus seiner Funktion im ÖED und dem Vorstand aus.

Alois Wagner war nicht nur massgeblich an der Organisation der „Hilfe für Übersee" beteiligt, sondern überzeugte sich in Projektreisen vom Erfolg der Einsätze, bahnte neue Beziehungen und Projekte an und beteiligte sich am politischen Diskurs zur Entwicklungshilfe in Österreich. Insbesondere beeinflusste er die Aktivitäten der Einsatzkräfte und UnterstützerInnen durch seine Rundbriefe, die ab der Gründung des ÖED als Broschüre fünfmal im Jahr MitarbeiterInnen und Freunde informierten.[2] In Verbindung mit Manuskripten von Reden, Veröffentlichungen und Pressemitteilungen, die im Diözesanarchiv Linz (DA Linz) und im Archiv von HORIZONT3000 (H3000) zu finden sind, lassen sich die Themen und Schwerpunkte von Wagners Beitrag zum Entwicklungshilfediskurs in Österreich recht genau nachverfolgen.

„Der Hunger in der Welt"

Abb. 50: Auch ohne bischöflichen Talar knüpfte Wagner mit den Menschen in Übersee rasch Kontakte

Für Alois Wagner und die Landjugend war der Weltkongress in Lourdes entscheidend dafür, sich mit den Problemen der Dritten Welt zu befassen. Das erste Leitmotiv, „Hunger in der Welt", wurde nicht nur von der Internationalen Landjugend aufgenommen, sondern prägte den Diskurs im christlichen Kontext in einem breiten Umfeld. Johannes Stollhof (2019: S. 62ff) verweist auf Pater Leppich („Unter unserer Kirche liegt soziales Dynamit", 1958) und auf die Rede von Kardinal Frings im Jahr 1958, die zur Gründung des bischöflichen Hilfswerks Misereor führte. Die evangelischen Landeskirchen gründeten 1959 die Organisation „Brot für die Welt".

Abb. 51: Alois Wagner mit dem legendären brasilianischen Erzbischof und Menschenrechtler, Dom Helder Camara

In Texten zur Vorbereitung auf den Weltkongress der MIJARC setzte sich Alois Wagner ausführlich mit dem Konzept „Hunger" auseinander. Dabei dominierte das Missionsdispositiv sehr deutlich das Entwicklungs(hilfe)dispositiv. Ausgehend von der Unterscheidung eines „biologischen" und eines „geistigen" Hungers beschrieb er Letzteren als wichtigeres Handlungsziel: „... die Menschen hungern nach Bildung, religiöser Erkenntnis, nach Friede, Freiheit, Ruhe, nach Gott." Die Stillung des Hungers nach Gott erfordere nicht nur das Eintreten für Menschen in der „Dritten Welt". „Die KLJ muss sich der großen religiösen Verantwortung im eigenen Lande bewusst werden" und zugleich bedenken, „dass es eine große weltweite Aufgabe gibt und dass diese auf dem Wege der Missionsarbeit [...] gelöst werden kann". (Texte von Alois Wagner 1959, Der Hunger in der Welt)

Im Verlauf der 1960er-Jahre bekam die Entwicklungshilfe in Relation zur Mission mehr Gewicht. Wagner stellte fest, „dass der Einsatz des Laien in Übersee im Allgemeinen [...] eine ganz wesentliche Tat hinsichtlich einer christlichen Weltaufgabe darstellt". (Texte 1967, 6 Punkte) Damit reagierte er auf den sich verändernden Kontext. Nicht der Hunger dominierte fortan den Diskurs, sondern Ungleichheit und die Vermittlung von Fähigkeiten, welche die Zielgruppen für eine erfolgreiche Entwicklung brauchten. Mit den frühen 1970er-Jahren setzten die internationalen Finanzinstitutionen schließlich ihre Vorstellung von „Armut" als dominierendes Leitmotiv durch – ein Perspektivenwandel, der Alois Wagner allerdings wenig beeinflusste. Armut war für ihn kein ökonomisch messbares Phänomen, sondern „ein Übel, das dem Willen Gottes nicht entspricht. Die Armen sind die Erniedrigten und Beleidigten (Spr 13 8), die Unterdrückten, die Vergewaltigten, Ausgebeuteten und

Rechtlosen. Armut besteht also nicht allein im Mangel an Nahrung und am behaglichen Leben, sondern ist die allgemeine ‚Elendigkeit', weil der Mensch nicht geachtet wird und sich nicht entfalten kann." (Texte 1971, Armut im Blickpunkt)

Grundsätze christlicher Entwicklungshilfe

Im Verlauf der 1960er-Jahre und vor allem nach Gründung des ÖED wurde die Entwicklungshilfe ein eigenes Feld neben der Mission – das galt für den Diskurs wie für die Praxis. Einerseits kooperierte die Organisation sowohl in Österreich wie im Globalen Süden verstärkt mit Staat und Zivilgesellschaft, andererseits nahm das Volumen der Hilfe rasch zu, während die Missionare des Nordens durch einheimische Kirchenleute ersetzt wurden, denen zwar Entwicklungshilfe zukam, aber nicht die gleiche finanzielle Unterstützung wie ihren Vorgängern.

„Christliche Entwicklungshilfe" wurde für Alois Wagner fortan nicht nur ein zentrales Thema seiner Überlegungen, sondern auch das relevante Instrument einer Neugestaltung der Welt.[3] Der Glaube an Gott verpflichtet nicht nur zur Hilfe für andere Menschen, sondern – ganz im Sinne der „Neuen Weltwirtschaftsordnung" – auch zu partnerschaftlichen politischen und wirtschaftlichen Beziehungen zwischen den Staaten dieser Welt. „Aus dem Glauben an Gott, den wir als Schöpfer der Erde und aller Menschen anerkennen und an ihn glauben, erklären wir die Sorge um die Entwicklung aller Völker und erkennen daraus, dass alle Menschen für alle Menschen durch ihre geistigen und materiellen Hilfen einander beistehen müssen. Daraus folgt, dass die Entwicklungsländer auch in das gegenwärtige Weltwirtschaftssystem als vollwertige Partner einbezogen werden." (Texte 1980, Das neue Konzept)

Während andere Akteure auf nationaler und internationaler Ebene politische und wirtschaftliche Argumente zur Begründung ihres Handelns formulierten, waren für die Vertreter einer christlichen Entwicklungshilfe der Glaube und die Nächstenliebe die entscheidenden Beweggründe. „Letztes Motiv einer christlichen Entwicklungshilfe können weder politische oder gesellschaftliche Vorteile, noch allgemein menschliche Rücksichten und Gefühle sein, sondern Christus und sein Gebot der Liebe selbst." (Texte 1967, Grundsätze) In diesem Sinne war für Wagner „Bolschewismus" nicht ein Element der Unterscheidung politischer Lager im Kontext des Kalten Krieges, sondern eine Irrlehre auf gleicher Ebene wie westlicher Materialismus. (Texte 1959, Die Welt hungert nach Gott)

Standen (und stehen) für die Akteure des globalen Entwicklungsbusiness die Veränderung von Strukturen, Relationen und Strategien im Vordergrund, so war für die kirchliche Entwicklungshilfe die „Hinwendung zum Menschen" das Wichtigste.

Aus diesem Grund sah Wagner auch im Personaleinsatz das wesentliche Instrument für den Fortschritt in Entwicklungsländern.[4] „Die Christen haben sich im Geiste Jesu als Erlösende zu bewähren. Sie haben ihr eigenes Leben in den Dienst der Mitmenschen zu stellen." (Texte 1974, ÖED RB 74)

„Partnerschaft" und „Hilfe zur Selbsthilfe"

In Alois Wagners Kommentaren und Handlungsanweisungen finden sich diese beiden Leitmotive relativ häufig. Sie gelten als wesentlich für eine erfolgreiche, soziale und wirtschaftliche Entwicklung, doch blieb ihre Umsetzung bis heute problematisch. Daran änderte auch die Umbenennung der „Entwicklungshilfe" in „Entwicklungszusammenarbeit" seit den 1990er-Jahren nichts.

Wagner fasste seine Vorstellungen vom Einsatz der Volontäre der KLJÖ 1967 in sechs Punkten zusammen. Zu Beginn steht der Vorschlag, „Entwicklungshelfer" in „Mitarbeiter in Übersee" umzubenennen, um damit dem Konzept der „Partnerschaft" Rechnung zu tragen.[5] Die Idee setzte sich jedoch nicht durch. Als Kernbotschaft formulierte er abschliessend: „dienen – lernen – lehren – helfen ist ein Weg um Hilfe zu geben, die Menschen zur Selbsthilfe hinführt." (Texte 1967, 6 Punkte)

2018 wertete Maja Wolf in einer Masterarbeit Berichte von Einsatzkräften des ÖED in Papua Neuguinea für die Darstellung ihrer „Motive und Einstellungen" aus. Ihre Analyse zeigt recht deutlich, dass Wagners Handlungsanweisung vor Ort von den meisten nur schwer nachzuvollziehen war. Wolf kommt u. a. zu folgendem Ergebnis: „Entwicklung wird letztlich als etwas verstanden, das von außen, durch die Bemühungen der EK [Einsatzkräfte], in die Gesellschaft eingebracht wird bzw. werden muss. [...] Einerseits bezeichnen die EK häufig die Förderung der Selbstständigkeit einheimischer Menschen als erstes Ziel der Tätigkeit, andererseits wird die Notwendigkeit betont, Entwicklung sei durch ständiges Bewusstmachen und durch Ratschläge zu fördern und unterstützen – so bleibt das Konzept Entwicklung letztlich ein transitives, ein ‚jemanden entwickeln'." (Wolf 2018: S. 176f)

„Partnerschaft" war für die kirchliche Entwicklungshilfe von allem Anfang ein wesentliches Element der „Arbeit mit den andern", doch zeigen die Berichte der Einsatzkräfte, dass gelebte Partnerschaft sich zumeist auf Personen in Führungspositionen bezog. Ausnahmen betreffen fast ausschliesslich weibliche Einsatzkräfte, die einen besseren Zugang zu Frauen und Jugendlichen der Bevölkerung finden als männliche. Wagners Vorstellungen von Partnerschaft bleiben letztlich idealistisch, und die Hilfe zur Selbsthilfe ist weit seltener erfolgreich als geplant. Daran hat sich bis heute nichts geändert.

Christliche Entwicklungshilfe im nationalen und globalen Kontext

Waren für die staatliche österreichische Entwicklungshilfe vor allem die Leitlinien internationaler Organisationen (UNO, OECD, Internationale Finanzinstitute) maßgeblich, orientierte sich die kirchliche Entwicklungshilfe stark an Enzykliken wie Populorum Progressio oder Mater et Magistra. Wagner verweist in seinen Überlegungen auch häufig auf Paulusbriefe und die Schriften von Karl Rahner und dem Leiter der Landjugendakademie Klausenhof Jochen Schmauch. Die im globalen Kontext dominierenden Schriften von Ökonomen beeinflussen ihn höchstens sehr indirekt, wie etwa in der Akzeptanz der Modernisierungstheorie und der Nachholenden Entwicklung, die den Diskurs der ersten und zweiten Entwicklungsdekade prägen. Wagner greift aber sehr wohl die Erklärungen der lateinamerikanischen Bischofskonferenz von Puebla, die Argumente der Befreiungstheologie und die Forderungen der Vertreter einer Neuen Weltwirtschaftsordnung auf. Diese Diskurse stehen in Einklang mit seinem zentralen Argument „Kirchliche Entwicklungsförderung ist ein Ausdruck der Sorge für die Schwachen und Geringen" (Texte 1970, EH in theol. Sicht).

Abb. 52: Auch ohne Umarmung (wie mit Helder Camara) verstanden sich Alois Wagner und Mutter Teresa

Vor allem nach der Gründung des ÖED, der für seine Projekte zunehmend staatliche Finanzierung in Anspruch nahm, beteiligte sich Wagner maßgeblich am österreichischen Diskurs zur Gestaltung der Entwicklungshilfe. Forderungen der engagierten Zivilgesellschaft betrafen etwa die Schaffung einer effizienten Organisation der Hilfe und die Steigerung der Mittel auf 1 % des Bruttosozialprodukts (eine Forderung, die der ÖED auch an die Kirche gesondert richtete), aber auch die Anerkennung der Leistung von Einsatzkräften in Form staatlicher Sozialleistungen. Die durch die OECD geforderte Fokussierung der Entwicklungshilfe auf wenige Partnerländer[6] traf die Entsendeorganisation recht empfindlich und wurde auch vom ÖED kritisiert. Die kirchliche Entwicklungshilfe führte allerdings die Unterstützung auf breiter Ebene fort und sicherte die Arbeit in zahlreichen Projekten, die nicht im Fokus der staatlichen regionalen Zusammenarbeit lagen.

„Entwicklung ist der neue Name für Fortschritt“

Alois Wagners Eintreten für die Entwicklungshilfe über mehr als zwei Jahrzehnte prägte den Sektor maßgeblich, auch wenn andere Akteure in dieser Arena mit seinen Argumenten und Leitlinien nicht immer einverstanden waren. „Bildung“ und „ländliche Entwicklung“ blieben bis lange nach seinem Weggang zentrale Felder der österreichischen Entwicklungszusammenarbeit.

Von ganz besonderer Bedeutung ist seine weit vorausschauende Erklärung, die in Übereinstimmung mit dem Club of Rome eine grundsätzliche Änderung menschlichen Verhaltens fordert: „Ein neuer alternativer christlicher Lebensstil, der getragen ist von Verantwortungsbewusstsein und Solidarität mit allen Menschen in der Welt, besteht einerseits in den Einschränkungen im materiellen Bereich, aber vor allen Dingen auch in der ganzheitlichen Veränderung des Lebensstils zu einer einfacheren, bescheideneren, mehr kreativen und gemeinschaftsbezogenen Lebensform.“ (Texte 1980, Das neue Konzept)

Endnoten

1 *„Ich verabschiede mich mit diesem Brief somit als Leiter des Entwicklungshelferdienstes des Landjugendwerkes und stelle mich zugleich als ‚geistlicher Assistent‘ des ÖED vor. Ich werde in dieser Funktion natürlich nach wie vor sehr intensiv bei der Planung und Durchführung des Entwicklungshelfereinsatzes mitarbeiten und auch mit allen Projektträgern und unseren Mitarbeitern in Übersee in engem Kontakt bleiben.“ (KLJ Rundbrief 31. 12. 1968)*

2 *Die ÖED-Rundbriefe können in der Nationalbibliothek und im Archiv von HORIZONT3000 eingesehen werden; die Briefe davor (1 bis 66) sind nur teilweise erhalten geblieben.*

3 *„Entwicklungspolitisches Handeln ist ein Beitrag der Kirche zur Gestaltung der Welt im Geiste des Evangeliums.“ (1980, das neue Konzept)*

4 *„Das Entscheidende ist der personale Einsatz, ist die persönliche Begegnung von Mensch zu Mensch, das Beispiel, die Belehrung, das Zusammenleben und -arbeiten, der menschliche Kontakt.“ (1967 Grundsätze)*

5 *„Wenn wir auch heute das Wort Entwicklungshelfer gebrauchen, so meinen wir letztlich doch das inhaltsreichere Wort ‚Mitarbeiter in Übersee‘, da darin die Zusammenarbeit mit den einheimischen Menschen und die Mitarbeit und Zusammenarbeit mit allen jenen Europäern gemeint ist, die bereits in ihrer Missions- und Entwicklungshilfearbeit stehen.“ (1967 Mitarbeiter in Übersee)*

6 *Ein Begriff, der „Entwicklungsländer“ ersetzen und ebenso wie „Entwicklungszusammenarbeit“ den asymmetrischen Charakter der Entwicklungshilfe verdecken sollte.*

Texte von Alois Wagner:
1959 Der Hunger in der Welt, Informationsunterlage für Radio Linz (Diözesanarchiv / DA Linz)
1959 Die Welt hungert nach Gott: „Die Welt hungert nach Gott und geistigen Werten", Bulletin der MIJARC, 2. Juni 1959 (DA Linz)
1967 Grundsätze christlicher Entwicklungshilfe: „Grundsätze für christliche Entwicklungshilfe und Mission" (DA Linz, H3000 K242-2)
1967 6 Punkte: „6 Punkte über den Entwicklungshelferdienst der KLJÖ" (H3000 K242-2)
1967 Mitarbeiter in Übersee: „Der Entwicklungshelferdienst der Kath. Landjugend Österreichs" (H3000 K242-2)
1968 KLJ Rundbrief vom 31.12.1968 (DA Linz)
1970 EH in theol. Sicht: „Entwicklungshilfe in theologischer Sicht"; Beitrag zu einer Sendung des Österr. Rundfunks (DA Linz)
1971 Armut im Blickpunkt: Vortrag „Armut im Blickpunkt auf die Dritte Welt" (DA Linz)
1980 Das neue Konzept: „Das neue Konzept kirchlicher Entwicklungspolitik in Österreich" (April 1980, DA Linz)

Quellen:

- *Hödl, Gerald. 2003. Die Anfänge – vom Empfänger – zum Geberland. In: Gomes, Bea de Abreu Fialho / Maral-Hanak, Irmi / Schicho, Walter (Hg.): Die Praxis der Entwicklungszusammenarbeit. Akteure, Interessen und Handlungsmuster. Wien: Mandelbaum Verlag, pp. 27-45*
- *Leppich, Johannes. 1958. Gott zwischen Götzen und Genossen. Düsseldorf: Bastion Verlag*
- *Stollhof, Johannes. 2019. Zwischen Biafra und Bonn: Hungerkatastrophen und Konsumkritik im Deutschen Katholizismus 1958–1979. Boston: BRILL. <UB online>*
- *Wolf, Maja. 2018. Motive und Einstellungen entsendeter Einsatzkräfte des Österreichischen Entwicklungsdienstes (ÖED) in den 1980er Jahren. Wien: Masterarbeit IE Univ. Wien <http://othes.univie.ac.at/53231/1/56185.pdf>*

Klaus Zapotoczky, Soziologe, Johannes Kepler Universität Linz

Alois Wagner: Menschendienst ist Gottesdienst

Für Menschen des 21. Jahrhunderts und speziell für uns Europäer, die wir soeben die Covid-19 Pandemie erlebt haben, den Ukraine-Krieg in der Nachbarschaft hautnah spüren und durch Wirtschaftskrise, Inflation und Bankenkrise beeinträchtigt sind, ist es sehr schwer, die Lebenssituation der Österreicher und insbesondere der Mühlviertler nach dem 2. Weltkrieg und während der (russischen) Besatzungszeit nachzuvollziehen. Für den jungen Alois Wagner, der 1952 zum Priester geweiht wurde, war die Zeit vor dem Staatsvertrag (15. Mai 1955) und dem Abzug der Russen aus Österreich (Oktober 1955) wie für viele junge Menschen aus bäuerlichen Kreisen, vor allem im Mühlviertel und besonders in Leopoldschlag an der tschechischen Grenze und unmittelbar am Eisernen Vorhang, geprägt von einer großen Aufbruchsstimmung und Zukunftserwartung.

Diese Hoffnungsfreudigkeit wurde für katholische Jugendliche, die sich zur Katholischen (Land-)Jugend zusammengeschlossen hatten, noch dadurch erhöht, dass die Diözese Linz 1953 beschlossen hatte, Schloss Puchberg zu kaufen und in ein Bildungshaus zu verwandeln. Bis heute ist Schloss Puchberg ein Zentrum der Spiritualität, der geistig-geistlichen Auseinandersetzung und der Persönlichkeitsformung sowohl der Jugend als auch aller anderen Altersstufen und zugleich ein offenes Haus der Kultur und Religiosität. Ab den 1950er-Jahren gestaltete ein Drei-Gestirn unterschiedlicher Art die Geschicke des Hauses: der charismatische Jugendführer Eduard Ploier, der Jurist und Politiker Dr. Josef Gruber, als Nationalrat mit guten Beziehungen zu Wien, und der verständige und einfühlsame Seelsorger und Rektor Karl Wild. Diese drei Persönlichkeiten strahlten – jeder auf seine Weise – Lebensfreude und Zukunftshoffnung aus und brachten so vieles (nicht nur in Oberösterreich) in Bewegung.

Aber nicht nur in der Katholischen Landjugend Österreich (KLJÖ) gab es diese Aufbruchsstimmung, auch die KAJÖ (Katholische Arbeiterjugend Österreich) und die KSJÖ (Katholische Studierende Jugend Österreich) sowie die KHJÖ (Katholische Hochschuljugend Österreich) und auch die Erwachsenen-Organisationen der „Katholischen Aktion" waren von diesem Aufbruch geprägt. Alle diese Organisationen hatten auch ihre internationalen Anbindungen. Besonders prägend wurde die Drei-Schritt-Methode des geistlichen Assistenten der Arbeiterjugend Belgiens, des Priesters, Monsignore und späteren Kardinals Joseph Cardijn „Sehen – Urteilen – Handeln" für viele, so auch für mich, der ich – trotz vieler Widerstände

– Mitglied der KAJÖ wurde, mit einigen anderen KAJ-lern unserer Pfarre an der Rom-Wallfahrt 1957 teilnahm und seit dieser Zeit mit dem charismatischen Priester Alois Wagner in Kontakt kam und blieb. Später wurde ich auch Mitglied der KHJÖ und fühle mich ihr bis heute verbunden.[1]

Zu dieser Gemeinschaft habe ich insbesondere durch Msgr. Dr. Karl Strobl gefunden, der ebenso wie Alois Wagner durch seine bäuerliche Herkunft geprägt war und geistliche Assistenz und Inspiration als Hauptaufgabe ihrer priesterlichen Tätigkeiten ansah. Beide haben mich seit den 1950er-Jahren geprägt; und ebenso die Katholische Kirche Österreichs und die Nachkriegs-Katholikentage wie auch den Österreichischen Synodalen Vorgang der 1970er-Jahre mitgeprägt. – Die staatstragende Bedeutung der Katholischen Kirche für Österreich kam auch in der 1952 in Mariazell formulierten Forderung nach einer „Freien Kirche im freien Staat" zum Ausdruck.

Der erste Katholikentag nach dem 2. Weltkrieg in Wien 1952 stand unter dem Motto „Freiheit und Würde des Menschen" und formulierte folgende zehn Grundsätze, die auch auf späteren Katholikentagen erneuert wurden;[2] so in Salzburg 1962 unter dem Motto „Löscht den Geist nicht aus" und geprägt von der Aufbruchsstimmung in der Weltkirche mit der Ankündigung eines Konzils durch Johannes XXIII., 1974 zum Thema „Versöhnung" und 1983 mit dem Schwerpunkt „Hoffnung":

1. Demokratie erfordert Mitarbeit aller, nicht nur Kritik.
2. Freiheit und Würde des Menschen sind von Gott.
3. Die Kirche ist die Mutter Österreichs.
4. Die Freiheit kann nur in Einigkeit errungen werden.
5. Der Staat ist nicht Parteienbesitz.
6. Der Staat ist nicht Herr über das Gewissen.
7. Die Freiheit wird uns nicht geschenkt.
8. Die Familien sind die Zukunft des Staates.
9. Wer dem Menschen das Recht auf Eigentum nimmt, macht ihn zum Sklaven.
10. Der Friede ist Frucht der Freiheit und der Gerechtigkeit.

Diese zehn Grundsätze vereinigten zwei Tendenzen, die in der Bevölkerung Österreichs und bei den Verantwortlichen der Katholischen Kirche vorhanden waren: Nämlich zum einen die Wichtigkeit jedes Menschen und des eigenen Gewissens sowie das Recht auf Eigentum, die als Geschenke Gottes auch von der Kirche zu verteidigen sind, was durch geistig-geistliche Assistenz als eine zentrale Aufgabe der Priester (in allen Bereichen und auf allen Ebenen) zu leisten sei; und die Freude darüber, dass öffentliche Religionsausübung und Einflussnahme auf Politik, Wirtschaft und Gesellschaft möglich seien.

Abb. 53: Das Caritashaus in der Linzer Seilerstätte (Sitz vieler katholischer Organisationen) musste in den 1980er-Jahren einem Neubau des Krankenhauses der Barmherzigen Schwestern weichen. Die Dienststellen übersiedelten in das neue Diözesanhaus in der Kapuzinerstraße.

Zusammengehalten wurden diese beiden, durchaus auch zu unterschiedlichen Verhaltensweisen inspirierenden Tendenzen durch den Willen zu geeintem Vorgehen, das Parteien hinter das Staatsganze stellte, das eigene Gewissen betonte, Engagement und Verantwortung des Einzelnen und aller Gruppen für Staat und (Welt-)Kirche einforderte und auf Frieden für alle in Freiheit und Gerechtigkeit hoffte. Alois Wagner war ein Mitträger dieses Ansatzes in der Diözese Linz und bald in ganz Österreich und darüber hinaus.

Eine neuartige Berufung

Alois Wagner hatte ich schon während meiner Gymnasialzeit und als Jungschar- und Jugend-Führer in der Pfarre Linz-Kleinmünchen anlässlich meiner zahlreichen Besuche und Sitzungen im Seelsorgeamt der Diözese in der Seilerstätte kennen und schätzen gelernt. Mein Eindruck war und blieb – und das schätze ich bei Menschen bis heute –: Da ist einer, der sich ganz in den Dienst einer Sache stellt; die Aufgabe, die ihm gestellt ist, und die Menschen, die ihm anvertraut sind, ernst nimmt und mit allen Kräften, die er hat, sich einzusetzen versucht. Wagner verkörperte für mich schon früh die Weltkirche, wenn er den (dreijährigen) Einsatz als Entwicklungshelfer beziehungsweise als Experte in Übersee als zeitliche Berufung für den Dienst an Menschen in Not, auch gegenüber den Verwandten von potenziellen Entwicklungshelferinnen und Entwicklungshelfern, bezeichnete.

Ich erinnere mich gut an einen gemeinsamen Besuch in einem Bauernhof im Inn- oder Hausruckviertel, wo die Großmutter eines Interessenten für einen Entwicklungshilfe-Einsatz sagte: Hochwürden, ist es nicht traurig, dass der Sepp nicht bereit ist, eine Priester-Ausbildung anzustreben und nach Horn zu gehen, sondern diesen abenteuerlichen Einsatz in Südamerika anstrebt? Wagner antwortete: Das ist eben die neuartige Berufung, Menschen in ihrer Not in Afrika, Asien oder Lateinamerika zunächst zu helfen, ihre Existenz selber zu sichern, ihnen Hilfe zur Selbsthilfe zu leisten, damit sie sich dann frei und unabhängig entscheiden können. - Damit hat Wagner nicht nur die besorgte Großmutter beruhigt, sondern dem Entwicklungshilfe-Einsatz einen spirituellen Charakter verliehen, der die – bis dahin gängige – Missions-Sichtweise sukzessive zu einem interreligiösen Dialog freier, selbstständiger Menschen und Gruppen weiterentwickeln sollte.

Auch während meines Studiums in Wien blieb ich mit der Pfarre Linz-Kleinmünchen, dem Seelsorgeamt in der Seilerstätte und Priestern wie Wagner (KLJ) und Weidinger (KAJ) in Verbindung und setzte mich auch für die Jungschar und die Dreikönigsaktion sowie den Verkauf der Jugendzeitschrift „Pfeil" ein und hielt Kontakt mit Franz Stauber und Jungschar-Seelsorger und Präses Gottfried Höller.

Internationale Aufgaben

Durch meinen neuen Studienaufenthalt in Belgien an der Katholischen Universität Löwen kam ich nicht nur mit neuen Ansätzen der Missionsarbeit durch Kontakt mit der SAM (Societas auxiliarum Missionum) in Verbindung, sondern lernte auch verschiedene Ansätze kirchlicher Arbeit in unterschiedlichen Ländern der Dritten Welt kennen. Darüber hinaus kam ich mit – mir bisher unbekannten – gesellschaftlichen Kreisen der Wirtschaft, des Adels und des Reichtums einerseits und äußerst armen Kreisen, die sich um ihre Existenz-Sicherung sorgen mussten anderseits in Kontakt. Insbesondere lernte ich afrikanische Studenten vor allem aus der Republik Kongo kennen und lateinamerikanische Studenten aus Mexiko und Kolumbien, die in der Maison St. Jean im Park von Arenberg, südlich von Löwen, in einem Zentrum der Theologie der Befreiung, einen interessanten intellektuellen Stützpunkt hatten.

Dies führte dazu, dass ich Entwicklungs-Soziologie zu einem der Schwerpunkte meiner sozialwissenschaftlichen Ausbildung und – später – meines Lebens machte. Dies und die Nähe der Arbeitsstelle zu Belgien führten auch dazu, dass ich mich schon vor Abschluss meiner Ausbildung in Löwen im Juli 1964 um eine ausgeschriebene Stelle an der Katholischen Akademie Klausenhof in Hamminkeln-Dingden (NRW) für Soziologie und Entwicklungspolitik bewarb, die ich – glücklicherweise – auch im Herbst 1964 antreten konnte.

Ab 1955 begann Österreich internationale Kontakte zu knüpfen und sich im Kreis der Nationen einen Platz zu erkämpfen. Auch die katholischen Organisationen begannen vermehrt internationale Aufgaben wahrzunehmen: Die Katholische Jungschar belebte das Sternsingen und gründete 1955 die Dreikönigsaktion, die Projekte in Übersee finanzierte; die Katholische Landjugendbewegung Österreich (KLJÖ) brachte im Herbst 1958 die Generalversammlung der MIJARC (der Internationalen Landjugendbewegung) nach Wien, die Katholische Frauenbewegung Österreich (KFBÖ) gründete den Familienfasttag, und die Katholische Männerbewegung Österreich (KMBÖ) erfand die Aktion „Bruder in Not“. So schafften Laienorganisationen in Österreich eine eigenständige finanzielle Basis für die personelle Entwicklungshilfe noch bevor John F. Kennedy in den USA das Peace Corps gründete. Getragen wurde dieser personelle Einsatz in erster Linie durch die Katholische Landjugendbewegung, in der Alois Wagner 1958 Zentralseelsorger geworden war und sich nun gemeinsam mit Eduard Ploier, der vor allem in Oberösterreich als charismatische katholische Leit-Persönlichkeit galt, und Dkfm. Hans Bürstmayr, der in erster Linie die Kontakte zu MIJARC hielt, einsetzte. Dieses Dreigestirn Bürstmayr, Ploier, Wagner (sehr unterschiedliche Persönlichkeiten und Charaktere) trieb die personelle Entwicklungshilfe oder den Einsatz in Übersee voran.

Der Klausenhof

Schnell erkannte man, dass eine gediegene Vorbereitung auf den Entwicklungshilfe-Einsatz wichtig sei, und so nahm Alois Wagner mit der neu gegründeten deutschen (Landjugend-)Akademie Klausenhof Kontakt auf: Diese bereitete neben der Ausbildung von Bildungsreferenten für die deutschen Landvolkhochschulen und der Heranbildung von nachwachsenden Führungskräften für Politik und Verwaltung auch Entwicklungshelfer oder „Experten in Übersee“ für ihren Einsatz vor. Viele Jahre hindurch wurden auch Österreicher neben Schweizern, Belgiern, Niederländern und Deutschen aus allen Bundesländern an dieser Akademie ausgebildet und während ihres Einsatzes, der in der Regel drei Jahre dauerte, betreut.

Da ich von Sommer 1964 bis Sommer 1966 an der Akademie Klausenhof als „Dozent für Soziologie und Entwicklungspolitik“ tätig war und bald auch die Kursleitung der „Experten in Übersee“ innehatte, kenne ich die Ausbildungen am Klausenhof aus erster Hand. Die Arbeit an der Akademie war schwerpunktmäßig auf die drei Kurstypen ausgerichtet, ihre Einrichtungen dienten aber auch zu öffentlichen Veranstaltungen und kontroversiellen Auseinandersetzungen, wie mit dem Mitinitiator des gemeinsamen Agrarmarktes der Europäischen Gemeinschaft, Alfred Mozer,

Abb. 54: Akademie Klausenhof in Dingden (Nordrhein-Westfalen). Seit 1964 Ausbildungsstätte für Entwicklunghelfer

der bereits vor der offiziellen Einführung einer gemeinsamen Agrarpolitik erklärte, dass dieser gemeinsame Agrarmarkt eine Fehlkonstruktion sei.[3] Die Planungen und Beschlussfassungen waren aber schon so weit gediehen, dass diese Fehlentwicklung nicht mehr aufzuhalten war. Für mich als junger Dozent eine Mahnung, mit gut gemeinten Vorschlägen nicht zu schnell und ohne Probeläufe realistischer Art in die Öffentlichkeit zu gehen. Leider werden von den Politikern unterschiedlicher Parteien und Ebenen immer wieder „geeignete" Pläne verlangt und von „Experten" auch geliefert.

Die Ausbildungen am Klausenhof waren insbesondere durch folgende drei Haupt-Merkmale gekennzeichnet:

1) Es wurden für jeden Kurs maximal 20 Teilnehmer, die aus einer größeren Anzahl von Bewerbern, welche eine abgeschlossene Berufsausbildung haben mussten und (in der Regel) über 21 Jahr alt waren, von einer Auswahl-Kommission aufgenommen. Nach dem ersten Semester wurde entschieden, wer bleiben durfte. Die Letzt-Entscheidung lag beim Direktor, während meiner Zeit Direktor Dr. Jochen Schmauch, ein katholischer Priester aus Ostpreußen stammend, der später Assistent an der Katholisch-Theologischen Fakultät in Wien wurde und sich später laisieren ließ. (Er verfasste den berühmt gewordenen „Herden-Brief" an die in Fulda

versammelten Bischöfe Deutschlands, der mit dem Satz beginnt: „Wir alle dienen gerne vor allem in leitender Stellung.“)

2) Die Kurse hatten ein unüblich breites Bildungsspektrum, das neben den fachlichen Ausbildungen auch Theologie, Sport, Musik und bildnerische Kunst, aber ebenso Volkswirtschaft und Soziologie umfasste.

3) Die relativ große Anzahl von (hauptamtlich angestellten) „Dozenten“ kümmerte sich auch außerhalb des Unterrichts um die Kurs-Teilnehmer. Es gab viele formelle und informelle Zusammenkünfte, oft Kurse übergreifend, darunter gemeinsame Sport- und Kultur-Events, was alles zur Persönlichkeitsbildung beitrug.

Jeder Kurs hatte sein eigenes, deutschlandweit einzigartiges Profil, das aber auch

Abb. 55: Akademie Klausenhof

durch die öffentlichen Stellen des Bundes und der Länder approbiert, d. h. für gewisse Tätigkeiten als Ausbildungsvoraussetzung anerkannt war. Diese Einzigartigkeit war für viele junge Dozenten, so auch für mich, ein Anreiz tätig zu sein, und diese Offenheit wurde vor allem durch Direktor Schmauch getragen, der mit Alois Wagner gut bekannt war.

Drei Besonderheiten zeichneten den Kurs „Experten in Übersee“ besonders aus:

1) Die Teilnehmer (Frauen und Männer) wurden für Projekte überall in der Welt von Lateinamerika bis Neu-Guinea, von Indien bis Südafrika und Syrien bis Indonesien vorbereitet, sodass auch Eigenstudium für das unmittelbare Einsatzgebiet not-

wendig war, Informationshilfen entsprechend aufwendig beschafft werden mussten, was sehr schwierig und herausfordernd sein konnte.

2) Die sprachliche Ausbildung erfolgte in intensiver Erstausbildung während des ersten Semesters am Klausenhof und vor allem durch einen Sprachausbildungs- und Arbeitseinsatz bei ausgewählten Gastfamilien im jeweiligen europäischen Sprachland, England/Irland, Frankreich, Spanien, Portugal.

3) Die Kurs-Teilnehmer kamen aus allen Ländern Deutschlands, aus Belgien, den Niederlanden, Österreich und der Schweiz; und es zeigte sich, dass sich die Einzelnen, wenn sie im Dialekt sprachen, nicht verstanden und auch die landwirtschaftlichen Tätigkeiten deutlich unterschiedlich betrieben wurden. Ein gewisser erster Kulturschock fand also schon statt, als sich die Teilnehmer noch im deutschsprachigen Raum befanden, ein zweiter erfolgte während des Sprach-Aufenthalts und bereitete indirekt, aber wirksam auf den Einsatz vor. Der dritte Kulturschock ereignete sich im Einsatz.

Neben den direkten fachlichen Informationen aus tropischer Landwirtschaft, National-Ökonomie, fremder Sprache, Politologie, Soziologie und Psychologie wurden Theologie und Philosophie unterrichtet beziehungsweise in diese Gebiete eingeführt, aber auch Sport, Musik sowie Malen und Formen wurden betrieben.

Da diese – außerwissenschaftlichen – Bereiche auch von den anderen Kursen, Bildungsreferenten und nachwachsenden Führungskräften betrieben wurden, ergaben sich neben allgemeinen Fragestellungen auch direkte Klausenhof- und ausbildungsbezogene gemeinsame Fragen; dies förderte das Verständnis der Teilnehmer anderer Kurse und ebenso gemeinsame Aktivitäten außerhalb der Unterrichtseinheiten. Derartige vielfältige informelle Kontakte trugen neben den außerwissenschaftlichen Betätigungen wesentlich zur Persönlichkeitsbildung bei; und auch das Prinzip, in jedem Kurs nach einem Semester „Ausbildung“ durch die Leitung des Klausenhofes – unter Einbeziehung von Vertretern des Lehrpersonals – zu entscheiden, wer die Ausbildung fortsetzen dürfe oder für eine weitere Ausbildung im jeweiligen Kurs nicht geeignet erscheine, war wichtig. Es kam aus verschiedenen Gründen (eher selten) zu Nicht-Verlängerungen der Ausbildung – auch aus Gründen einer Kursunverträglichkeit. In einem besonders heiklen solchen Fall während meiner Tätigkeit am Klausenhof (ein fachlich gut entsprechender Teilnehmer zeigte sich ungewöhnlich ich-bezogen und unsozial, und seine Ausbildung wurde mehrheitlich, aber kontrovers nach dem ersten Semester beendet) wurde diese Regelung mehrmals zum (Streit-)Thema unter den Dozenten. Die Richtigkeit dieser Entscheidung (letztlich durch den Direktor, gestützt auf eine [schwache] Mehrheit der Dozenten, getroffen) zeigte sich Monate später, als sie vom Ausgeschlossenen

Abb. 56: Dkfm. Hans Bürstmayr (1934 – 2021) war 23 Jahre lang Geschäftsführer des Österreichischen Entwicklungsdienstes (ÖED)

selbst bei einem Besuch am Klausenhof bestätigt wurde.

Die Entwicklungshelfer der Katholischen Landjugendbewegung Österreichs wurden damals überwiegend am Klausenhof ausgebildet, bis dann bald nach dem Übergang des „Entwicklungshelferdienstes des Landjugendwerkes in den ÖED (Österreichischer Entwicklungshelferdienst) 1969 vor allem auf Betreiben von Dkfm. Hans Bürstmayr eine österreichische Ausbildungsstätte in Mödling gegründet wurde; dieser fehlten einige Besonderheiten des Klausenhofes wegen anderer Schwerpunktsetzungen und Umfeldbedingungen. Auch am Klausenhof kam es nach Beendigung der Direktionszeit von Dr. Jochen Schmauch im Herbst 1968 sukzessive zu Profil- und Schwerpunktveränderungen, sodass die Bildungseinrichtung heute ein anderes Profil hat.

Am Klausenhof wurden in den Jahren 1963 bis 1969 etwa 150 Entwicklungshelfer auf ihren Einsatz in Übersee vorbereitet und auch mitbetreut. Diese direkte internationale Anbindung der österreichischen Entwicklungshelfer ging 1969 verloren. Während meiner Tätigkeit am Klausenhof erhielt ich auch die Möglichkeit, Kurs-Teilnehmerinnen und -Teilnehmer in Deutschland und in Übersee, konkret in Afrika, zu besuchen. Eine späte Frucht der Besuchsreise nach Afrika, zum Teil gemeinsam mit meinem Kollegen, dem Volkswirt Dr. Alfons Ostgathe, dem Nachfolger von Jochen Schmauch als Direktor des Klausenhofes, war das Buch „Friede statt Reichtum. Soziologische Überlegungen zur Entwicklungshilfe“. Dieses Buch basiert auf meinen Erfahrungen bei den Besuchen an der Elfenbeinküste, in Dahomey, Nigeria, Kamerun, der Republik Kongo und dem Tschad und behandelt in unterschiedlich umfangreichen Hauptkapiteln

- den Aufbau einer Weltordnung
- Begriff und Merkmal der „Entwicklungsländer“
- Möglichkeiten und Schwierigkeiten landwirtschaftlicher Entwicklungsprojekte
- Probleme des gesellschaftlichen Wandels
- Ausbildung von Entwicklungshelfern
- Entwicklungshilfe – eine Form gelebten Christentums.[4]

In ähnliche Richtung gehen die „kritischen Überlegungen zur Entwicklungshilfe" von Jochen Schmauch, der vor allem Überlegungen zu „Wohlstand und Notstand" anstellt, den Notstand als „Anruf zur Einheit der Welt" ansieht und weitere Folgerungen plakativ zu drei Forderungen zusammenfasst:[5]

1. Hilfe statt Politik
2. Ehrfurcht statt Sendung
3. Dienst statt Herrschaft.

Diese Forderungen geben den Geist wieder, der am Klausenhof herrschte und auch von dem Dozenten-Kollegen Georg Specht mitgetragen wurde, der ab Herbst 1966 für die Freiburger Caritas Internationalis vor allem in Südostasien tätig wurde.

Die Tatsache, dass viele arabische Länder 1965 die diplomatischen Beziehungen zur Bundesrepublik Deutschland abbrachen, führte dazu, dass ich als angestellter Dozent des Klausenhofes und österreichischer Staatsbürger gebeten wurde, in Syrien und Jordanien mit Verantwortlichen von Entwicklungsprojekten zu verhandeln, wie sie die ihnen eingeräumten Kredite zurückzuzahlen gedachten. Ich verhandelte mit Bischöfen und anderen Projektverantwortlichen in Beirut, Aleppo und Bosra und musste auch ins damals noch jordanisch besetzte Jerusalem reisen, um Projektverantwortliche zu treffen. In Bosra, dem Land der Drusen, lernte ich auch die Vorgangsweise der Pfarrerwahl in den circa 20 Pfarren der syrisch-katholischen Diözese Bosra kennen.[6]

Mit den verschiedenen Projekt-Verantwortlichen vereinbarte ich mündlich und durch Handschlag, wie es mir der von allen Menschen hochgeachtete syrisch-katholische Bischof von Aleppo geraten hatte, die Rückzahlungen der Kredite. Als ich bei meiner Rückkehr keine schriftlichen Verträge mitgebracht und vorzuweisen hatte, merkte ich die Enttäuschung meiner Auftraggeber. Sie sagten zwar nichts, aber ich „sah" an ihrem Verhalten, dass sie dachten, „diesen jungen, naiven Österreicher hätten wir halt nicht hinschicken sollen" oder „außer Spesen, nichts gewesen". Als aber in den nächsten Monaten alle Projekt-Verantwortlichen regelmäßig zahlten, stieg meine Reputation im gleichen Ausmaß.
Die Klausenhof-Leitung schickte mich nicht nur nach Übersee, zu meinen Dienst-Aufgaben gehörte es – neben dem Unterrichten, Betreuen und Formen der Teilnehmerinnen und Teilnehmer in den Kursen – auch, die Praktika der Bildungsreferenten in den Landvolkhochschulen zu besuchen, an „Auftritten der Bildungsreferenten" teilzunehmen und diese zu beurteilen, im gesamten deutschen Bundesgebiet Vorträge zu halten und an Tagungen, Besprechungen und Konferenzen teilzunehmen.

Anwalt in der Bischofskonferenz

Mit der Bestellung von Alois Wagner zum Weihbischof erhielt die Entwicklungszusammenarbeit einen wichtigen Anwalt in der Österreichischen Bischofskonferenz. Durch die wachsenden Erfolge der Aktionen „Familienfasttag" der Katholischen Frauenbewegung Österreich (KFBÖ) unter der Leitung der charismatischen Herta Pammer, die hervorragende internationale Kontakte besaß, der „Dreikönigs-Aktion" der Katholischen Jungschar Österreich (KJSÖ), die mit ihren Sternsingern immer bekannter wurde, und der Aktion „Bruder in Not" der Katholischen Männerbewegung Österreich (KMBÖ), die jedes Jahr mehr Einnahmen verzeichnete, wurden den Aktionen für Entwicklungszusammenarbeit der Katholischen Aktion jährlich wachsende finanzielle Mittel gesichert. Dieser Aufwärtstrend wurde für die Katholische Männerbewegung dadurch beeinträchtigt, dass man die Aktion „Bruder in Not" wegen der dann auch in Österreich aufkommenden – falsch verstandenen – Gender-Gerechtigkeit in Aktion „Sei so frei" umbenannte; indem man sich fälschlicherweise an der im englisch-sprachigen Afrika gebräuchlichen Redeweise „feel free" orientierte, übernahm man die so übersetzte Ausdrucksweise und büßt damit eine „starke Marke" ein – wie sie die vom ORF unterstützte Aktion „Nachbar in Not" glücklicherweise immer noch ist. Nicht wenige sagen heute: „Ich bin so frei und spende nichts." Die Katholische Männerbewegung spürt es nachhaltig. Aber dies war weder die wichtigste noch die einzige Fehlentscheidung in kirchlichen Kreisen.

Fast zur gleichen Zeit der Bestellung von Alois Wagner zum Weihbischof von Linz kam es in Wien 1968 zur Gründung der Österreichischen Forschungsstiftung für Entwicklungshilfe (ÖFSE). Die ÖFSE wurde gemeinsam vom Österreichischen Auslandsstudentendienst (ÖAD) von Seiten des Staates und vom Afro-Asiatischen Institut (AAI) von Seiten der Katholischen Kirche gegründet und Alois Wagner zum Kuratoriumsvorsitzenden der Stiftung bestellt. Leider blieb – mangels finanzieller Ausstattung – die Stiftung von Staat und Kirche abhängig; nach Gründung der ADA (Austrian Development Agency) entstand so immer mehr eine Abhängigkeit vom Staat. Letztlich wurde das Afro-Asiatische Institut durch Beschluss der Erzdiözese Wien aufgelöst, was – auch international – sehr bedauert wurde.[7] Eine – lange florierende – Gelegenheit der Förderung interreligiöser und interkultureller Dialoge und des zwanglosen Zusammenlebens verschiedener Einzelmenschen und Gruppen im römisch-katholischen Umfeld existierte nicht mehr, was für Nicht-Insider nicht verstehbar und einsichtig war, aber auch nicht (ausreichend) erklärt wurde. Das war lange nach Alois Wagners Tod, bedeutete aber letztlich doch auch einen Abschied von einem Denken und Verhalten, das Alois Wagner eigen war: „Kirche (und kirchliche Einrichtungen und Aktivitäten) um der Menschen willen", wie eine weitere Aufgabe, die Alois Wagner übertragen wurde, genannt wurde, nämlich die Linzer Diözesansynode 1970–1972.[8]

Was Alois Wagner unter dem Motto „Kirche um der Menschen willen“ verstand, hat er am 7. März 1970 in fünf Thesen formuliert und in einigen Schwerpunkten dazu erläutert:[9]

1. These: Kirche ist wesentlich Gemeinschaft der Glaubenden, lebend aus Christus, orientiert am Evangelium, Hort der Freiheit, kollegiale Brudergemeinde in Mündigkeit und Verantwortung, Heilszeichen unter den Völkern.

2. These: Die Kirche ist eine im geschichtlichen Ablauf sich ständig neu aufbauende Gemeinschaft.

3. These: Die Kirche trägt ein göttliches und menschliches Gesicht.

4. These: Die Kirche hat im Geiste Christi ständig ihre Gemeinschaft neu zu gründen und zu sehen, dass Gemeinde Jesu geformt wird: durch den Geist Gottes, durch das Wort Gottes, durch den Kult Gottes und die Bruderliebe Gottes.

5. These: Kirche sind wir alle, die Gott gerufen und in seine Gemeinschaft aufgenommen hat.

In den Schlussgedanken seiner Rede bei der Eröffnung der Diözesansynode formuliert Alois Wagner als geistige Voraussetzungen des Dialoges in der Kirche, um den es geht, folgende Prinzipien,[10] die (für mich) auch Alois Wagner selbst kennzeichnen:

1. Glauben an die Menschenwürde im Gesprächspartner.

2. Verzicht auf jede Form der Vergewaltigung und die Achtung der Freiheit des Menschen.

3. Anerkennung gemeinsamer Werte.

4. Ablehnung der Verletzung der Mitmenschen und der Verdrehung der Wahrheit.

5. Hinausdenken über sich und die eigenen Probleme, Befreiung – auch der Kirche – davon nur die eigenen inneren Fragen zu behandeln.

6. Dialog als Appell für den totalen Einsatz des Christen für das Heil der Welt.

Widerstand und Begeisterung

Wagner wollte, wohin er auch kam, mit den Menschen leben, ihre Probleme, Wünsche und Ängste teilen, (christliche) Gemeinschaft bilden und Gott preisen. Jegliches Funktionieren des Lebens war ihm fremd; in allem – so bemühte er sich und war Vorbild für andere – sollte Gott verherrlicht werden. Mit dieser Haltung erregte er auch immer wieder Widerstände unterschiedlichster Art und ebenso unerwartete Begeisterung.

Zugleich sah Wagner seine Kirche nicht nur als Weltkirche, sondern auch als Kirche für alle. Das könnte innerkirchlich ein Ärgernis gewesen sein, in einer Kirche, in der sich manche – aus den unterschiedlichsten Gründen – und trotz warnender Beispiele in der Schrift als die „besseren" Christen fühlten und mehr zu reden (oder wenigstens mitzureden) wünschten als vorgesehen; und die gleichzeitig das sechste Prinzip der Wagner'schen Synoden Grundsätze „Dialog als Appell für den totalen Einsatz des Christen (jedes Christen) für das Heil der Welt" als eine nicht leistbare Überforderung ansahen und bezeichneten.

Abb. 57: Diözese Barreiras (Brasilien), eine Partnerdiözese des Stiftes Kremsmünster – Kinderpastoral in einer Landgemeinde

Wagner selbst versuchte diesen Idealen treu zu bleiben, und zugleich vermittelte er allen, besonders aber Entwicklungshelferinnen und Entwicklungshelfern für ihren dreijährigen Einsatz: Im Nächsten, in der Afrikanerin oder dem Lateinamerikaner, Gott, Christus zu sehen und ihn zu lieben, „mit ganzem Herzen, mit ganzer Seele und mit ganzer Kraft“.[11] Diese Spiritualisierung des Personaleinsatzes vermittelte auch anderen Bereichen der Katholischen Kirche ein dialogisches Denken und ein weltweites solidarisches Denken. So wird verständlich, dass sich das älteste Kloster Oberösterreichs anlässlich seiner 1200-Jahrfeier 1977 dazu entschloss, in Brasilien eine Pfarre zu gründen, mit der bis heute enge Kontakte bestehen und aus der inzwischen eine Diözese wurde. Deren erster Bischof wurde P. Richard Weberberger aus Kremsmünster, der bereits 2010 viel zu früh verstarb, aber kurz vor seinem Tod noch bei der Ökumenischen Sommerakademie in Kremsmünster referierte.[12] Das Prinzip der Stabilitas loci hinderte und hindert auch Benediktiner nicht, weltweit zu denken und internationale, interreligiöse sowie interkulturelle Verantwortung wahrzunehmen. Zugleich zeigt dieses Projekt, dass das Missions-Denken in der Katholischen Kirche auch dialogisch geworden ist, obwohl kirchliche Zentral-Strukturen in ihrer Entwicklung noch nachhinken. Aber dies ist nicht der einzige „Cultural lag“ in internationalen Strukturen, deren Reformbedarf aus soziologischer Sicht deutlich zu sehen ist.[13] Diese Öffnungsbereitschaft und Wandlungsfreude – auch in der Katholischen Kirche – hat aber inzwischen einige Rückschläge erfahren.

Der 2023 verstorbene Weihbischof Dr. Helmut Krätzl, der „Sohn des Konzils“, wie er sich selbst bezeichnete, hat (in Abgrenzung zu den Konzils-Vätern, den Bischöfen aus aller Welt mit ihren Beratern) den Ausgang und die Periode nach dem Konzil als „im Sprung gehemmt“ bezeichnet,[14] ohne anzugeben, wohin „seine“ Kirche springen hätte sollen. Es bleibt vieles zu tun, der Katholischen Kirche – vor allem in Europa – wieder auf die Sprünge zu helfen. Innovatives Denken, entschlossenes Tun und hartnäckiges (d. h. nachhaltiges) Dran-Bleiben werden wichtig sein und wären im Sinne von Alois Wagner.

Meine persönliche Situation hat sich – nach Abschluss der Synode und meiner Übersiedlung nach Wien – grundlegend verändert. Ich hatte geheiratet, Kinder bekommen und wurde im Herbst 1976 als Soziologie-Professor an die JKU, die Johannes Kepler Universität Linz, berufen. Ich gründete das Institut, später Abteilung, für Politik- und Entwicklungsforschung und war dessen Leiter bis 2006. Unter Bruno Kreisky wurde ich auch Mitglied des Entwicklungshilfe-Beirates der Bundesregierung und 1977 vom Präsidenten des Österreichischen College, dessen Vorstand ich seit 1967 angehörte, zum Berater für die Dialog-Kongresse bestellt, die jahrelang zu Sommerbeginn im Juni in Alpbach stattfanden. Es gelang mir, den Kuratoriumsvorsitzenden der ÖFSE, Weihbischof Dr. Alois Wagner und einige weitere Mitglieder des ÖFSE-Kuratoriums wie Prof. Herta Pammer, Univ.-Prof. Dr. Dr. h. c. Hanns Pichler und Dr. Hermann Krobath sowie andere Vertreter der kirchlichen Entwicklungszusammenarbeit (EZA) wie Generalsekretär Anton Grünfelder, Dkfm. Hans Bürstmayr, Dr. Rudolf Kranewitter oder Prof. Dr. Otto Winkler, schon für den ersten Dialog-Kongress, der dem Thema „Dialog Westeuropa – Schwarzafrika" gewidmet war, zu gewinnen. Weihbischof Dr. Wagner übernahm ein Referat beim Kongress zum Thema „Die Beziehungen der christlichen Kirchen Westeuropas zu Schwarzafrika".[15] Auch an späteren Dialog-Kongressen nahm der Weihbischof teil. Dass sich aus diesen Teilnahmen und Mitwirkungen eine Dauerfreundschaft des Weihbischofs und späteren Erzbischofs zum Österreichischen College und späteren Europäischen Forum Alpbach entwickeln würde, war nicht abzusehen.

Noch weniger abzusehen war auch, dass das internationale und interkulturelle Interesse nach Kreisky schnell an Bedeutung verlor, der Zusammenbruch des Sowjetsystems zunächst zwar eine Reihe von internationalen Konferenzen zur Folge hatte, die auch von der Zivilbevölkerung und der Wissenschaft getragen waren, bei denen kirchliche Aktivitäten aber nicht im Vordergrund standen. In Österreich trat man eher aus Sicherheits- und ökonomischen Gründen als aus internationaler Verantwortung und als Mitwirkungsinteressent der Europäischen Union bei. Nach dem Terror-Anschlag in New York und Washington vom 11. September 2001 bestimmte der Terror-Schock der USA für Jahre die internationale Szene.

1 *Zapotoczky Klaus: Vom Wort zur Tat. Spiritualität für alle Menschen guten Willens, Trauner Verlag, Linz 2017, S. 12 ff.*

2 *Zapotoczky Klaus, a.a.O., S. 11 ff.*

3 *https://de.wikipedia.org/wiki/Alfred_Mozer*

4 *Zapotoczky Klaus: Friede statt Reichtum. Soziologische Überlegungen zur Entwicklungshilfe, Veritas Verlag, Wien–Linz–Passau 1968.*

5 *Schmauch Jochen: herrschen oder helfen? Kritische Überlegungen zur Entwicklungshilfe, Verlag Rombach, Freiburg im Breisgau 1967, S. 220 ff.*

6 *Zapotoczky Klaus: Pfarrerwahl in Syrien – Demokratisierung in der Kirche, in: „Seelsorger" 6/1966, Wien 1966.*

7 *Bittner Gerhard, Hödl Heinz, Kandlhofer Josef, Zapotoczky Klaus (Hrsg.): Afro-Asiatisches Institut 1959 – 2016, Verlag Südwind, Wien 2016.*

8 *Katzböck Wolfgang (Hrsg.): Kirche um der Menschen willen. Linzer Diözesansynode 1970–1972, Band 1, Verlag Sekretariat der Linzer Diözesansynode, Linz 1973.*

9 *Wagner Alois: Kirche um der Menschenwillen, in: Katzböck Wolfgang (Hrsg.): Linzer Diözesansynode 1970–1972, Band 2, Verlag Bischöfliches Ordinariat Linz, Linz – Wien 1974, S. 307 ff.*

10 *Wagner Alois, a. a. O., S. 310 f.*

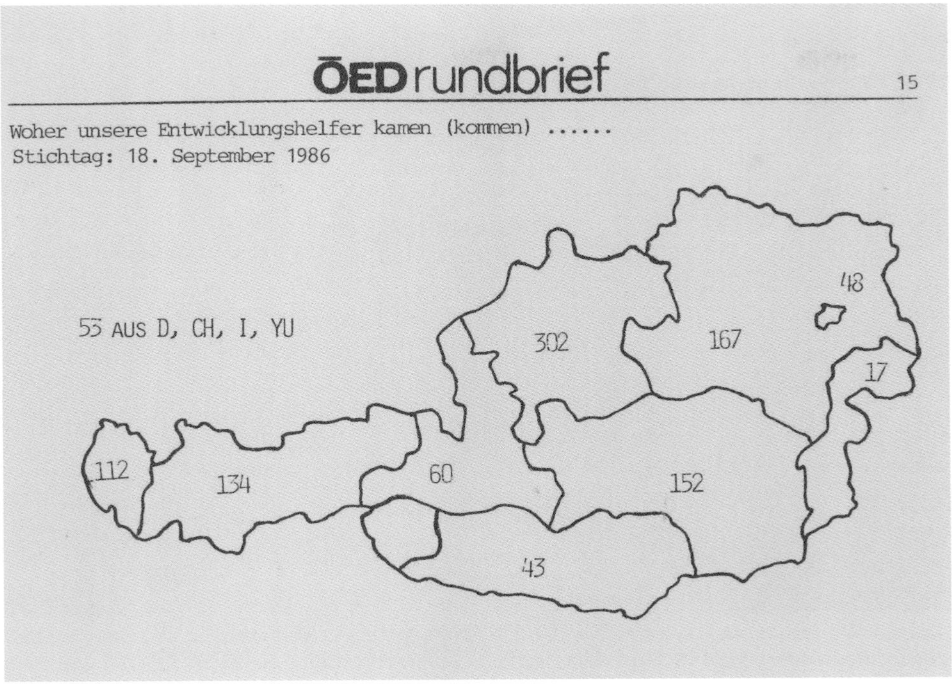

Abb. 58: „Woher unsere Entwicklungshelfer kamen/kommen" (ÖED/Stand 1986)

11 Die Grundordnung Gottes: Liebe und Furcht, in: Die Bibel. Einheitsübersetzung der Heiligen Schrift. Gesamtausgabe, Verlag Katholisches Bibelwerk, Stuttgart 2019, Dtn 6,5.

12 Weberberger Richard: Brasilien – Kirche für die Armen. Erfahrungen aus den Landkonflikten Barreiras, in: Lederhilger Severin J. (Hrsg.): Gerechtigkeit will ich. Christliche Provokation für die Ökonomie, 12. Ökumenische Sommerakademie Kremsmünster 2010, Peter Lang Verlag, Frankfurt/Main 2011.

13 Ogburn William F.: Kultur und sozialer Wandel. Ausgewählte Schriften, Luchterhand Verlag, Neuwied – Berlin 1969.

14 Krätzl Helmut: Im Sprung gehemmt. Was mir nach dem Konzil noch alles fehlt, Verlag St. Gabriel, Mödling 1998.

15 Wagner Alois: Die Beziehungen der christlichen Kirchen Westeuropas zu Schwarzafrika, in: Molden Otto (Hrsg.): Dialog Westeuropa – Schwarzafrika. Inventur und Analyse der gegenseitigen Beziehungen, Verlag Fritz Molden, Wien – München – Zürich – Innsbruck 1979, S. 113 ff.

Abb. 59: Am Festakt der Österreichischen Forschungsstiftung für Internationale Entwicklung (ÖFSE) am 10. März 1994 in Wien, anlässlich des 70. Geburtstages von Dr. Alois Wagner, nahm auch Kardinal Dr. Franz König teil. Im Bild rechts: Dr. Klaus Zapotocky als Vorsitzender der ÖFSE

Gerhard Bittner, ehem. Geschäftsführer der Österr. Forschungsstiftung für Int. Entwicklung, Wien

Ein Bischof zum Anlehnen

Alois Wagner zählt zu den Wegbereitern der österreichischen Entwicklungspolitik nach 1955. Die Katholische Kirche hatte nach den Jahren des Wiederaufbaus ab 1945 ihren Blick in ferne Länder gerichtet. Sie galten als „Entwicklungsländer", die durch gezielte Maßnahmen in ihrer eigenständigen Entwicklung unterstützt werden sollten. Die De-Kolonialisierung vorwiegend in Afrika rund um 1960 machte dies zusätzlich verständlich.

Pionierzeit der österreichischen Entwicklungshilfe

Die Maßnahmen waren in drei Bereiche gegliedert. Durch Projekte wurden kirchliche Partner in den Ländern direkt unterstützt. Vorreiter war die Katholische Frauenbewegung mit ihrer Aktion „Familienfasttag" ab 1958. Ein zweites Bemühen bestand in der Förderung von Studierenden aus Entwicklungsländern in Österreich. Kardinal Franz König hatte für diesen Zweck das „Afro-Asiatische Institut" 1959 gegründet. Und schließlich, auch dank der Initiative von Alois Wagner, die Entsendung von Entwicklungshelfern, wie dies über das „Landjugendwerk" ab 1961 und später den „Österreichischen Entwicklungsdienst" durchgeführt wurde.

Es war die Pionierzeit der österreichischen Entwicklungshilfe, maßgeblich geprägt durch Persönlichkeiten in der Katholischen Kirche. Neben Wagner sind Herta Pammer, Karl Wild, Eduard Ploier, Hans Bürstmayr, Karl Kumpfmüller, Klaus Zapotoczky oder Otto Winkler zu nennen. Auffällig ist die starke Präsenz von Personen aus Oberösterreich, alle engagiert in der Katholischen Aktion. In diesen Jahren entstand eine Reihe von Entwicklungsorganisationen. Die Finanzmittel kamen über offizielle Spendenaktionen. Die damalige „Volkskirche" mit etwa 1,8 Millionen Gottesdienstbesuchern 1970[1] ermöglichte dies. Nicht nur an der Kirchenbasis war Entwicklungshilfe vielbeachtet, das 2. Vatikanische Konzil galt als weltweiter Aufbruch; Papst Paul VI. veröffentlichte 1967 seine Enzyklika „Populorum Progressio". „Entwicklung ist ein anderes Wort für Friede", hieß es da.[2]
Das Engagement der Katholischen Kirche für Entwicklungshilfe war auch gesellschaftspolitisch von Bedeutung. Staatliche Stellen förderten nur in bescheidenem Umfang EH-Maßnahmen. Erst 1974 wurde für diese internationale Verpflichtung Österreichs ein EH-Gesetz beschlossen.

Mit ihrer Basisverbundenheit, vielen aktiven Pfarren – auch mit anderen in der „Dritte-Welt-Bewegung" – war die Kirche über ihren eigenen Wirkungsbereich anerkannt. Die Aufbruchsstimmung nach den 2. Vatikanum erreichte viele Menschen auch außerhalb des kirchlichen Intensivsegmentes. „Internationale Entwicklung“ war nicht selten Bindeglied zu anderen gesellschaftlichen Akteuren, so in der Sozialdemokratie, den Gewerkschaften oder in der Friedensbewegung. Nicht wenige Verantwortliche in der öffentlichen EZA wurden kirchlich sozialisiert, auch wenn später im Zusammenhang mit innerkirchlichen Entwicklungen – Stichwort „Humanae vitae“ – oftmals eine Entfremdung stattfand.

Spannungsfeld Heimat- und Weltkirche

Die persönliche Prägung von Alois Wagner als Entwicklungsexperte und späterer „Entwicklungshilfebischof“ (1969 bis 1981) dürfte in seiner Herkunft wie in seinen Auslandserfahrungen gelegen sein.[3] Die Familie, das bäuerliche Umfeld in Leopoldschlag vermittelten einen einfachen Lebensstil. Das Theologiestudium in Rom brachte den Auslandsstudenten viele Kontakte zu Kollegen aus den Ländern Afrikas, Asiens und Lateinamerikas. Zeit seines Lebens lebte er in der Spannung Heimat- und Weltkirche. Wer ihn bei Gottesdiensten im Innviertel oder bei internationalen Konferenzen begleiten konnte, erfuhr seine Volksverbundenheit ebenso wie sein diplomatisches Geschick.

Alois Wagner war eingebettet in eine interessante Priestergeneration, jene der in den 1920er- und 1930er-Jahren Geborenen. Diese Seelsorger waren noch vor dem Konzil ausgebildet worden, ihre erste Berufstätigkeit fand im traditionellen Umfeld damaliger Kirchenpraxis statt. Das Priesterbild war oftmals von „Pfarrherren“ geprägt. Und dann kam das Konzil mit seinem nachfolgenden Aufbruch, den Diözesansynoden in Österreich und der Mitverantwortung der Laien, etwa in den Pfarrgemeinderäten.

Bei der Pastoraltagung 1976 referierte der frühere Professor für Pastoraltheologie Alois Wagner über die „Schwerpunkte heutiger Pfarrseelsorge“. Unmissverständlich sprach er geänderte Rahmenbedingungen für die Pfarren an. „Sie sind nicht nur kirchlicher Verwaltungsbezirk, sondern Gemeinde, in der sich Kirche als Glaubensgemeinschaft im menschlich fassbaren Raum ereignet. Die einzelnen Christen sind nicht nur Empfänger pfarrlicher Dienste, sondern aktive Mitglieder dieser Pfarrgemeinde und nach ihren Fähigkeiten und Möglichkeiten zum Dienst an und in der Gemeinde verpflichtet.“[4]

Viele aus dieser Priestergeneration, so auch Alois Wagner, waren Träger eines neuen Kirchenbildes, das auch entwicklungspolitische Maßnahmen miteinschloss. Die offiziellen Spendenvorgänge[5] waren nicht so sehr Bettelei um milde Gaben, vielmehr auch Bewusstseinsbildung. Aus (Entwicklungs-)Hilfe wurde (Entwicklungs-)

Zusammenarbeit. Das ging nicht ohne politisches Statement. Wagner scheute klare Aussagen nicht, wenn er – wie seine Nachfolger – als Vorsitzender der „Kommission Iustitia et Pax" öffentlich auf Fehlentwicklungen aufmerksam machte.

Als Grundlage für dieses neue Verständnis kirchlicher Entwicklungsarbeit hatte er 1978 ein Nachdenken zu Inhalt und Aufgaben initiiert. Das Dokument „Entwicklungspolitik der Katholischen Kirche" wurde im Rahmen der Koordinierungsstelle[6] erarbeitet und 1980 publiziert. Im Vorwort schreibt Alois Wagner u. a.: „Armut und Unterdrückung, Ungerechtigkeit und krasse Ungleichheit der Entwicklungschancen sind heute zu einem weltweiten Skandal geworden." Und weiter: „Es bedarf umfassenderer Veränderungen im Verhalten und in der Politik in den Industrieländern den Entwicklungsländern gegenüber. Solche Veränderungen müssen von der Einsicht der Bevölkerung getragen werden, denn die Lebenschancen der Ärmsten in der Dritten Welt können nicht entscheidend und langfristig verbessert werden, ohne dass die Lebensbedingungen und der Lebensstil der Menschen in den reichen Ländern davon betroffen werden."[7]

Folgerichtig wurde „Anwaltschaft" als vierte Säule kirchlicher EZA-Maßnahmen verankert. Neben Projekten, der Studentenförderung und der Personalentsendung wurden nun auch entwicklungs-politische Bildungsmaßnahmen aus Spendenvorgängen finanziert.[8] Die Kirche war politischer geworden. Das kam nicht immer gut an. So etwa beim Eintreten für ein Ende der Apartheid in Südafrika, als Wagners Nachfolger Florian Kuntner 1988 die Einreise für einen Pastoralbesuch verweigert wurde. In der österreichischen Politik und Wirtschaft – Stichwort Waffenexporte – sah man das öffentliche Eintreten der Kirche für Gerechtigkeit und Frieden oftmals als Störfaktor. Die kirchlichen Akteure konnten sich auf das erwähnte KOO-Dokument berufen, das die Bischofskonferenz unter Vorsitz von Kardinal Franz König approbiert hatte. Viele in Österreichs Kirche wähnten sich in diesen Jahren ungefährdet im innerkirchlichen Aufbruch, konservativen Gruppen wurden kaum wahr- und wenig ernstgenommen. Das sollte sich wenige Jahre später durch Bischofsbesetzungen ändern.

Afro-Asiatisches Institut – AAI

Neben seiner bedeutenden Rolle bei der Gründung des „Österreichischen Entwicklungs(helfer-)dienstes – ÖED" war Alois Wagner bald in andere Funktionen gerufen worden. So 1970 als Kuratoriumsvorsitzender in das Afro-Asiatische Institut in Wien. Das AAI war 1959 von Kardinal Franz König als Betreuungseinrichtung für Studierende gegründet worden und mit dem Schwesterinstitut in Graz bald ein fester Bestandteil kirchlicher EZA. Die Anfänge waren von der Erwartung geprägt, Studiermöglichkeiten als Alternative der kommunistischen Welt entgegenzusetzen.

Abb. 60: Das Afro-asiatische Institut in Wien, Türkenstraße 3 - ein Hotspot der kirchlichen Entwicklungsarbeit in Österreich

Dafür stand u. a. Dr. Margarete Ottillinger, Kuratoriumsmitglied des AAI, die viele Jahre in sowjetischer Gefangenschaft verbüßen musste.. Der Missionsorden SVD in St. Gabriel wiederum engagierte sich mit seiner Asien-Expertise aus seelsorglichen Gründen. Vertretern der Katholischen Aktion war an der Studienförderung von Angehörigen aus Entwicklungsländern als EH-Maßnahme gelegen. Letzteres sollte sich durchsetzen. Mit einem Stipendienprogramm, Studienbegleitmaßnahmen, Studentenheimen und Studiersälen, einer Mensa und einem Café war das AAI der internationale Treffpunkt in der Wiener Studentenszene. Darüber hinaus versuchte das Institut durch Veranstaltungen auf die Situation in den Entwicklungsländern aufmerksam zu machen. Das Haus in der Türkenstraße (Wien IX) war von 8 bis 22 Uhr – auch an Wochenenden – offen und wurde täglich von rund 1.500 Personen frequentiert; mehr als 500 davon kamen in die Mensa. Das Jahresbudget betrug 1990 kaufkraftbereinigt zu 2022 rund 4,4 Mio. €.[9]

Der junge Weihbischof aus Linz, Alois Wagner, war vom Hochschulseelsorger Karl Strobl vorgeschlagen worden und fand sich in seiner Aufgabe hervorragend zurecht. Seine eigenen Studienerfahrungen in Rom, seine Kontakte zu damaligen Kollegen aus Entwicklungsländern ließen ihn für die Studierenden ein glaubwürdiger Partner sein. Zum 25-Jahr-Jubiläum 1984 schrieb er: „Das AAI ist ein Beitrag zum Bild, wie sich die Gesellschaft auf Gaststudenten einstellt. Es soll in Zukunft gerade diese Öffnung für Studenten aus diesen Ländern vertieft werden. Das AAI ist eine Brücke zwischen europäischer, afrikanischer und asiatischer Geistigkeit."[10]

Der Kontakt zu den Studentinnen und Studenten machte ihm sichtbares Vergnügen. Im Nachhall des erwähnten kirchlichen Dokumentes zur Entwicklungspolitik ermunterte Wagner dazu, ein konkretes AAI-Konzept zu erarbeiten. Die „Bildungshilfe" war in Diskussion geraten. Die Anwendbarkeit der Studien im Heimatland wurde ebenso in Zweifel gezogen wie ein „Kulturschock" als Auslöser für einen „Brain Drain" konstatiert. Das alles würde eine Rückkehr in das Heimatland erschweren.

1983 erschien das AAI-Grundsatzprogramm „Bildung & Entwicklung“[11] und wurde viel beachtet. Bereits Anfang 1982 musste Wagner nach Rom übersiedeln, blieb aber bis zur Fertigstellung des Dokuments noch Vorsitzender. Erst im Herbst 1983 folgte ihm Florian Kuntner.

1985 sollte sich die von Wagner und Kuntner vertretene Zielsetzung ändern. Nach dem Rücktritt von Kardinal König schlug AAI-Rektor Petrus Bsteh überraschend eine Statutenänderung vor. Das gegenüber allen Kulturen und Religionen offene Institut sollte ein Haus werden, das vorwiegend die Förderung von Katholiken zum Ziel hätte. Das Kuratorium lehnte einhellig ab. Der zu Rate gezogene Alois Wagner sprach von einer „Verengung“, die nicht sinnvoll wäre.

Man muss aber auch festhalten, dass Königs Nachfolger Kardinal Hans Hermann Groer es war, der, aus welchen Gründen auch immer, an einer Statutenänderung kein Interesse hatte. Und so blieb es für etwa weitere zehn Jahre beim Gründungsauftrag von 1959. Erst dann wurde unter Kardinal Schönborn die Sache anders entschieden und das Statut mit Grundzügen des Entwurfs aus 1985 verändert.

Abb. 61: In Würdigung der Verdienste von Franz Kardinal König und Weihbischof Alois Wagner um die Entwicklungshilfe wurden am 10. März 1994 vor dem damaligen ÖFSE-Haus in Wien, Berggasse 7, Linden aus ihren Heimatorten Leopoldschlag und Rabenstein gepflanzt.

Dies und die nachfolgenden Leitungsprobleme sind dokumentiert.[12] Auch wenn bereits nach zwei Jahren vieles wieder rückgängig gemacht werden musste: Das AAI erholte sich nach dem Crash nicht mehr, verlor Tätigkeiten und Bedeutung und wurde 2016 geschlossen. Wagner erlebte den Niedergang „seines" AAI nicht mehr.

Die Österreichische Forschungsstiftung für Internationale Entwicklung – ÖFSE

Alois Wagner war von 1976 bis 1985 auch hier Kuratoriumsvorsitzender. Die ÖFSE, 1967 vom AAI und dem ÖAD[13] gegründet, hat zum Ziel, die österreichische Entwicklungspolitik wissenschaftlich zu begleiten, die Leistungen Österreichs zu dokumentieren und diese Aufarbeitungen staatlichen und privaten Einrichtungen wie der interessierten Öffentlichkeit zu Verfügung zu stellen. 1978 kam die ÖFSE in eine Existenzkrise. Der Geldgeber, die EH-Abteilung im Bundeskanzleramt, sah für die ÖFSE-Tätigkeitsfelder „Forschung und Information" keinen Bedarf und stellte die Förderung ein. Die Folge waren Personalreduktionen und ein verringertes Tätigkeitsfeld. Übrig blieb der Bibliotheksbereich. Es stellte sich die Frage, ob nicht die wissenschaftliche Fachbibliothek in das AAI eingegliedert werden sollte, zumal sich die ÖFSE im selben Gebäude in der Türkenstraße befand. Diese an sich einfache Krisenbewältigung kam nicht zustande. Wagner und andere kirchliche Verantwortliche waren für ein Durchtragen der ÖFSE in den Krisenjahren. Die Entwicklungspolitik würde eine unabhängige wissenschaftliche Forschungseinrichtung benötigen. Das AAI könne dies nicht garantieren, in der Kirche könnten andere Zeiten kommen – ein für einen Bischof ungewöhnlicher Zugang.

Es war der Beginn einer erfolgreichen ÖFSE-Geschichte, die bis heute andauert. Längst ist die ÖFSE wieder in ihrem Stiftungsauftrag tätig: Forschung, Information und Dokumentation sind für die Entwicklungspolitik unverzichtbar. Alois Wagner wurde nach seiner Berufung nach Rom 1982 gebeten, den Kuratoriumsvorsitz weiterzuführen. Dies als Zeichen des Unverständnisses für den Wechsel. Erst 1985 legte Wagner seine Funktion zurück und übergab den Vorsitz an die Universitätsprofessoren Klaus Zapotoczky und J. Hanns Pichler, die wiederum diese Verantwortung mehr als 25 Jahre weiterführten.

Ein Bischof zum Anlehnen

Alois Wagner galt vielen als rastloser Kirchenmanager. Manchen fehlte eine betont spirituelle Komponente. Nun, er war ein Mann der Tat und der klaren Worte; bereiste und kannte viele Länder auf allen Kontinenten und wusste um die Bedeutung eines geeinten und christlich geprägten Europa. „Europa hat so oft begonnen neue Wege zu gehen, aber dann haben sich die christlichen Kirchen entzweit, und Jesus fiel unter das Kreuz der religiösen Eigenwilligkeit und leidet mit den Kirchen und deren Uneinigkeit."[14]

Abb. 62: Katholikentag 1983 in Wien: Bischof Alois Wagner mit dem indischen Erzbischof und späteren Kurienkardinal Simon Lourdusamy. Links der Autor Gerhard Bittner

Trotz der Enttäuschung, ab 1982 nicht in Österreich wirken zu können, behielt er seine fröhliche Grundstimmung. Alois Wagner war unkonventionell. Termine gab es oft auf Bahnhöfen, Flughäfen oder in Cafés wie dem „Jindrak" in Linz. Man bekam Linzer Torte oder Panettone aus dem Vatikan für die Familie. Im AAI musste man ständig mit ihm rechnen, hatte aber zwei Stunden Zeit, bis das Auto in Wien ankam. In Trastevere war Monsignore in den schlichten Trattorias bekannt und willkommen. Herzlichkeit versprühte er zuhause im Palazzo San Callisto und in der Linzer Domherrenwohnung. Aber es war nicht immer leicht, an seiner Mitarbeiterin Evi Tresp vorbeizukommen.

Seine Volksverbundenheit belegen u. a. viele Einladungen zu Firmungen in Oberösterreich, auch während seiner Rom-Zeit. In Ried/Innkreis musste regenbedingt die Feldmesse ins bereits besetzte Bierzelt übersiedeln. Mit einfachen Worten fand er Gehör. Die Biergläser wurden bis zum Schluss der Messe nicht angetastet. Er besuchte oft spontan Personen, etwa ehemalige Entwicklungshelfer, denen er sich verbunden fühlte. Beim Mord in der Wiener Synagoge 1981 hatte ein Attentäter kurzzeitig im AAI genächtigt. Wagner tröstete die Mitarbeiter, das offene Haus wurde beibehalten. Besucher in Rom wurden von ihm im Auto chauffiert oder vom Flughafen abgeholt. Mit diesem Verhalten drückte er Wertschätzung aus. Sein Wirken als Generalvikar in Linz wird auch auf Widerspruch gestoßen sein. Das ergibt sich nun einmal aus dieser Funktion. Wichtig waren ihm ein Ernstnehmen der Aufgaben, Vertrauen und Loyalität, die er oft in Vertrautheit verwandelte.

Der den Menschen zugewandte Seelsorger Alois Wagner war ein Bischof zum Anlehnen.

1 *Aktuell sind es unter 500.000 – Quelle: Statistik Bischofskonferenz 2022*

2 *Paul VI.: „Populorum Progressio", deutsch „Der Fortschritt der Völker" – vollständiger Text in Wikipedia*

3 *Auch die Nachfolger Wagners als „Entwicklungsbischöfe" waren „Bauernbuben". So Florian Kuntner aus Kirchberg/Wechsel in NÖ von 1982 bis 1994 und Heinrich Fasching aus Pierbach in OÖ 1994 bis 2008.*

4 *„Pfarrseelsorge – von der Gemeinde mitverantwortet", Pastoraltagung 1976; Verlag Herder 1977.*

5 *1980 erbrachten die sechs verpflichtenden Dritte-Welt-Sammlungen 14,4 Mio. ATS, das sind kaufkraftbereinigt 2022 etwa 30 Mio. €.*

6 *Die „Koordinierungsstelle für internationale Zusammenarbeit und Weltkirche – KOO" ist der offizielle Dachverband der Entwicklungsorganisationen in der Katholischen Kirche.*

7 *„Entwicklungspolitik der Katholischen Kirche in Österreich", Texte der Koordinierungsstelle – 1980.*

8 *Bittner, Gerhard / Grobbauer, Heidi: Entwicklungspolitische Inlandsarbeit – ÖFSE 2005.*

9 *Siehe AAI–Jahresberichte.*

10 *Alois Wagner, 25 Jahre AAI – in Bittner / Hödl / Kandlhofer / Zapotoczky: Afro-Asiatisches Institut 1959 – 2016, Verlag Südwind 2016.*

11 *AAI-Grundsatzprogramm „Bildung & Entwicklung" – 1983.*

12 *Siehe auch Bittner / Hödl / Kandlhofer / Zapotoczky: Afro-Asiatisches Institut 1959 – 2016, Verlag Südwind 2016.*

13 *Österreichischer Auslandsstudentendienst, heute „OeAD – Agentur für Bildung und Internationalisierung".*

14 *Alois Wagner, „Europa Kreuzweg" – Veritas Verlag, 1990.*

Abb. 63: Erste Sitzung des Österreichischen Synodalen Vorgangs (1973 – 1974) vom 25.–28. Oktober 1973 in der Konzils-Gedächtniskirche Wien-Lainz. Ab Bildmitte nach rechts: Weihbischof Alois Wagner, Franz Kardinal König, P. Alois Kraxner CSsR, N. N., Eduard Ploier, Walter Schaffelhofer (dahinter stehend)

Franz Steinmaßl, Verleger, Grünbach bei Freistadt

Alois Wagner und der ÖED - eine fragmentarische Erinnerung

Ich schicke voraus: Ich bin kein Wissenschaftler, und mein nachfolgender Beitrag ist eher journalistischer Natur. – Anfang 1974 begann ich beim Österreichischen Entwicklungshelferdienst – ÖED als Büro-Mitarbeiter mit den Arbeitsschwerpunkten Reiseorganisation und dienstrechtliche Belange der Entwicklungshelfer. Das leitende Triumvirat des ÖED bestand damals aus dem Vorsitzendem Eduard Ploier, Dr. Alois Wagner (damals noch nicht Weihbischof) als Geistlichem Assistenten und Hans Bürstmayr als Geschäftsführer, also meinem Chef.

Mein Arbeitsbeginn fiel zusammen mit einer ziemlich einschneidenden Neuerung für die Entwicklungshelfer: Denn mit 1. Jänner 1974 wurden sie Angestellte des ÖED und damit zur Gesetzlichen Sozialversicherung angemeldet. Zuvor hatten sie während ihres Einsatzes bloß ein Taschengeld erhalten und nach ihrer Rückkehr eine Wiedereingliederungs-Beihilfe. Die Risiken des Lebens als Entwicklungshelfer waren durch eine private Versicherung abgedeckt worden. Diese doch recht katholische Regelung, vorbei an den Gesetzen für Lohnsteuer und Sozialversicherung, war noch ein Erbe aus der Zeit des „Landjugendwerkes für Entwicklungshilfe", und diese Tatsache lädt ein zu einem Rückblick auf den katholischen Personaleinsatz in fernen Regionen, die man später unter „Dritte Welt" zusammenfassen wird.

Die Geschichte dieses Personaleinsatzes wird gerne – und verkürzt – in drei Schritten erzählt: 1952 wurde im Rahmen der FAO (weltweite Ernährungs- und Landwirtschaftsorganisation) erstmals eine Studie zum Thema „Hunger in der Welt" erstellt. 1960 fand ein internationales Treffen der Katholischen Landjugend (MIJARC) in Lourdes zum selben Thema statt, und 1961 reisten die ersten österreichischen Entwicklungshelfer, damals noch als „Laienhelfer", in das damalige Tanganjika. Das geschah bereits unter der Leitung des Zentralseelsorgers der Katholischen Landjugend, Alois Wagner, der schließlich 1963 das „Landjugendwerk für Entwicklungshilfe" als innerkirchliche Organisation gründete und dessen erster (und einziger) Leiter wurde.

Ob die FAO-Studie von 1952 und der MIIJARC-Kongress 1960 tatsächlich kausal zusammenhingen, kann ich nicht beurteilen. Aber hinzuweisen ist aus österreichischer Perspektive doch darauf, dass in den Fünfzigerjahren der katholische Horizont nicht ganz so provinziell war, wie man allgemein glauben könnte. Denn es gab – damals noch viel zahlreicher als heute – Missionare, also Weltpriester sowie

Abb. 64: Die ersten vier Entwicklungshelfer des ÖED bei der Sendung in ihre Einsatzgebiete

Ordensmänner und -frauen, die ihre Erfahrungen und Erlebnisse auch in der Heimat vermittelten, nicht zuletzt, um damit Spenden zu lukrieren.

Ich selbst kann mich noch erinnern, dass der damalige Mollner Pfarrer Josef Stegfellner so um das Jahr 1960 während der Wintermonate an Sonntagnachmittagen Missionare „Lichtbildervorträge" im Pfarrhof halten ließ, zu denen mich meine Mutter regelmäßig mitgenommen hat. Und auch auf der Ebene der kirchlichen Laienorganisationen, also hauptsächlich der Katholischen Aktion, entwickelten sich in den Fünfzigerjahren rege internationale Aktivitäten: Das begann schon 1949, als Karl Kumpfmüller den österreichischen Ableger der MIVA (Missions-Verkehrs-Arbeitsgemeinschaft) gründete und umtriebig, wie er war, der Katholischen Jungschar die Grundidee für ihre Sternsinger-Aktion (ab 1954) lieferte. 1958 begann die Katholische Frauenbewegung mit dem Familienfasttag, und 1961 folgte die Männerbewegung mit ihrer Aktion „Bruder in Not" (heute „Sei so frei").

1958 wurde Wagner Zentralseelsorger der Katholischen Landjugend. Auf einem Foto sieht man bereits die wichtigsten Protagonisten des Personaleinsatzes: im Vordergrund als Zweiten von links Alois Wagner, rechts von ihm Zentralführer Eduard Ploier und zwischen den beiden Zentralsekretär Hans Bürstmayr (Foto KJL

1958). – 1957/58 führte die KJL-Burschen-Zeitschrift „Wende“ eine Spendensammlung durch, um die Anschaffung eines Kleinflugzeuges für einem papua-neuguinesischen Bischof zu ermöglichen; diese brachte die für damals unglaubliche Summe von 343.000,– Schilling ein.

Österreichs erste Entwicklungshelfer

Und das Thema blieb auf der Tagesordnung: Im September 1958 findet in Wien die Generalversammlung der Internationalen Katholischen Landjugend MIJARC zur Problematik „Hunger in der Welt“ statt, und die Versammlung beschließt für 1960 einen entsprechenden Weltkongress. Dr. Alois Wagner äußerte sich dazu kurz und bündig: „Zum Weltkongress der ... MIJARC wollte man nicht fahren, ohne ein konkretes Werk zu tun. Die ersten Entwicklungshelfer zur Errichtung eines Katechisten-Ausbildungszentrums wurden in Tanzania (eigentlich damals noch Tanganjika; d. V.) eingesetzt.“

Diese ersten vier Laienhelfer oder auch „Missionshelfer“ waren:
- die Diplom-Krankenschwester Maria Eckert aus der Steiermark,
- der Landwirt Franz Hendler aus Niederösterreich,
- der Schlosser Gottfried Grassauer aus der Steiermark (nach anderen Quellen aus Wels/OÖ)
- und der Maurer Leopold Leeb aus Niederösterreich.

Der Kontakt zu dem tansanischen Bischof Charles Msakila (damals Diözese Karema, heute Sumbawanga) ist sicher über Dr. Wagner zustande gekommen. Er war auch federführend, als 1963 mit dem „Landjugendwerk für Entwicklungshilfe“ als Körperschaft kirchlichen Rechts ein eigener organisatorischer Rahmen für den Personaleinsatz geschaffen wurde. Das Werk wuchs über die fünf Jahre seines Wirkens auf insgesamt 118 EntwicklungshelferInnen, von denen 1967 noch 77 im Einsatz waren. Dr. Wagner leitete dieses kirchliche Werk, bloß unterstützt durch eine Sekretärin, bis zur Gründung des ÖED 1968.

Schon allein diese Zahlen belegen seine große Stärke: Er war ein Organisator, ein Netzwerker mit unglaublicher Energie, und als ein solcher „Macher“ bleibt nicht viel übrig für Nachdenklichkeit, und man ist auch nicht in der Gefahr, sich zu „vergrübeln“.

An der Spitze das Triumvirat

Mit diesem personellen Umfang war das Landjugendwerk aber auch an seine organisatorischen und finanziellen Grenzen gestoßen. Die großen Spenden- Organisatio-

Abb. 65: Das Leitungsgremium des ÖED 1958 mit Seelsorger Alois Wagner, Eduard Ploier, Rektor Karl Wild und Heinz Bürstmayr

nen Frauenbewegung, Männerbewegung und Jungschar machten sich schon ab 1966 Gedanken über ein breiteres Fundament für den Personaleinsatz, die schließlich im Juli 1968 zur Gründung des Österreichischen Entwicklungshelferdienstes - ÖED führten. Mitglieder waren nunmehr die genannten KA-Gliederungen sowie Landjugend und Caritas, die mit Beiträgen aus ihren Spendenaktionen dem Verein eine neue finanzielle Grundlage gaben. Rechtsform war nunmehr ein Verein, sein Obmann wurde Eduard Ploier, Geschäftsführer Dkfm. Hans Bürstmayr, und Dr. Wagner (ab 1969 Weihbischof) Geistlicher Assistent. Wie er diesen Schritt vom de facto Alleinverantwortlichen des Landjugendwerkes zum „Assistenten" beim ÖED persönlich empfunden hat, darüber gibt es keine mir bekannte Überlieferung. „Karrieresprung" war es sicherlich keiner.

Ich kam, wie eingangs erwähnt, mit Anfang 1974 zum ÖED (bis 1979) und wurde dem „Herrn Weihbischof" natürlich vorgestellt. Damit hatte es sich aber auch schon mit den persönlichen Kontakten. Wenn er den ÖED besuchte, reichte es für uns Büromenschen gerade zu einem flotten Gruß, während er schnurstracks ins Geschäftsführer-Büro zu Hans Bürstmayr durchmarschierte. Was er damals noch für den ÖED leisten konnte, darüber habe ich keine Wahrnehmung, denn Büro- und Vorstandsebene waren dort damals auch strikt getrennt. In den ersten ÖED-Jahren (vor „meiner" Zeit) hat er noch einige Projektreisen unternommen, später habe ich keine mehr in Erinnerung.

Als Weihbischof wurde er auch „Entwicklungspolitischer Referent" der österreichischen Bischofskonferenz. Dass er dort für den ÖED viel zu leisten vermochte, bezweifle ich, denn die selbstbewussten KA-Organisationen ließen sich von den Bischöfen sicher nicht viel dreinreden.

Die Spiritualität des Personaleinsatzes

Ob – und wenn Ja, was – Alois Wagner spirituell eingebracht hat, ist mir jedenfalls verborgen geblieben. Aber es war ja generell so, dass es innerhalb des ÖED bis in die späteren 70er-Jahre hinein keine über den Personaleinsatz hinausgehende Debatte gab. Denn im Zuge des neuen Denkens – Stichwort „1968", hier als Chiffre gemeint – hatte sich die entwicklungspolitische Debatte von den Phänomenen weg hin zu den ungerechten Strukturen verlagert, die lateinamerikanische Befreiungstheologie hatte an Gestalt und Bekanntheit gewonnen, und auch missionstheologisch hatten neue Gedanken Eingang gefunden.

Mit Ausnahme des Umstandes, dass sich einige unserer brasilianischen Projektträger ausdrücklich zu einer „Kirche der Armen" bekannten, war im ÖED wenig davon die Rede. Hans Bürstmayr war ein hervorragender Manager des Personaleinsatzes, aber seinen letzten größeren inhaltlichen Input hatte er für das einschlägige Kapitel des Österreichischen Synodalen Vorganges 1973/74 geleistet. – In diesem Umfeld hätte der Weihbischof geistliche Impulse setzen können, aber da kam von ihm nichts. Alle zwei Monate wurde der ÖED-Rundbrief an sämtliche aktiven und ehemaligen Entwicklungshelfer sowie das gesamte ÖED-Umfeld versandt, und Dr. Wagner steuerte regelmäßig ein geistliches Vorwort dazu bei. Im kleinen Kreis beschwerte sich die Rundbrief-Redakteurin einmal über die inhaltliche Dürre dieser Texte.

Ich selber habe mich einmal hingesetzt und als rein private Fingerübung einen Text über die „Spiritualität des Personaleinsatzes" zu schreiben begonnen. Material dafür entnahm ich dem Alten Testament (man kennt das ja: Genesis, Exodus, die zahlreichen sozialkritischen Prophetenworte usw.) und dem, was ich von der Befreiungstheologie aufgeschnappt hatte. Den fertigen Text gab ich irgendwann so nebenbei Hans Bürstmayr zu lesen, und der war davon so angetan, dass er ihn als offizielle ÖED-Borschüre drucken ließ. – Erst später habe ich erfahren, dass der Weihbischof Hans Bürstmayr daraufhin etwas indigniert gefragt hat, ob ich jetzt vielleicht der neue Geistliche Assistent des ÖED sei.

In allem tiefen Respekt vor der historischen Leistung Dr. Alois Wagners beim Aufbau des katholischen Personaleinsatzes für die Dritte Welt, von der schon weiter oben die Rede gewesen ist: Als Geistlicher Assistent des ÖED ist er schon erkennbar an seine theologischen und geistlichen Grenzen gestoßen. Seine Stärken lagen woanders.

Johannes Riedl, Landesschulratspräsident a.D.

Im Zeichen der Solidarität

Für die Mühlviertler Bevölkerung an der Grenze zur Tschechoslowakei war der „Eiserne Vorhang“ Provokation und Gefahr. Jenseits der Grenze wurde christliches Leben unterdrückt und wurden Christen verfolgt. Eingedenk dessen hat die Katholische Jugend an der Mühlviertler Grenze einen Kreuzweg gebetet, für Dr. Alois Wagner ein Herzensanliegen und Zeichen der Solidarität mit den verfolgten Christen jenseits der Grenze.

Abb. 66: Eine Maske aus Afrika, die Erzbischof Wagner dem Ehepaar Riedl schenkte

Nach Prof. Dr. Paul Zulehner hat Solidarität unterschiedliche Reichweite. Dr. Wagner lebte nicht nur die Einzelfallhilfe, sondern die Empathie und Unterstützung der Menschen in der 3. Welt. Mit seiner Makrosolidarität gehörte er zu den Pionieren der Entwicklungshilfe und Entwicklungspolitik. Zusammen mit der Katholischen Landjugend gründete er den Österreichischen Entwicklungsdienst (ÖED). Eine Vielzahl junger Menschen motivierte Dr. Wagner für temporäre Einsätze als Entwicklungshelfer. Oft suchte er selbst die Einsatzorte auf, um zu unterstützen und förderliche Kontakte zu knüpfen. – Meiner Frau und mir hat er immer wieder Geschenke afrikanischer Volkskunst mitgebracht.

Über 1.500 Entwicklungshelferinnen und Entwicklungshelfer brachten in Österreich ihre positiven Erfahrungen ein und engagierten sich für Weltoffenheit, Zusammenarbeit und Solidarität. Die entwicklungspolitische Szene Österreichs würde ohne sie und ohne Dr. Wagner anders aussehen. Aus dem ÖED wurde die Organisation HORIZONT3000 entwickelt, ein geistiges Erbe Wagners.

Leopold Liebletsberger, ehem. Missionshelfer, Rohrbach

Ich wurde dank Alois Wagner Entwicklungshelfer

Ich war in den 1950er-Jahren Mitglied der Katholischen Landjugend in der Pfarre Rohrbach. In Kontakt mit Alois Wagner bin ich ungefähr 1956/57 bei einer Jugendwoche auf der Burg Altpernstein gekommen. Leiter der Jugendwoche waren Eduard Ploier, Hans Bürstmayr und Kooperator Alois Wagner. Von da an besuchten ich und meine Freunde aus unserer Jugendgruppe Wagner immer wieder spontan im Büro der Katholischen Landjugend in Linz-Seilerstätte. Ich erinnere mich auch an eine spätere Exerzitienwoche bei Alois Wagner Anfang der 1960er-Jahre.

Zur Idee eines Entwicklungseinsatzes kam es nach der Lektüre von Berichten in der Jugendzeitschrift „Die Wende". Reportagen über die ersten Entwicklungshelfer hatten mein Interesse geweckt. Ich wandte mich an Alois Wagner. Dieser nahm meine interessierte Anfrage auf und sorgte dafür, dass der internationale Einsatz organisiert wurde.

Schließlich fiel die Entscheidung für einen Entwicklungshelfereinsatz in Bolivien im Apostolischen Vikariat Chiquito (heute Diözese San Ignacio), damals unter der Leitung des aus Mauerkirchen (OÖ) stammenden Bischofs Josef Calasanz (José) Rosenhammer OFM. Dort sollten wir in einem landwirtschaftlichen Projekt arbeiten. Als ich wenige Tage vor Beginn des Vorbereitungsseminars meinen Freunden in Rohrbach von meinem Vorhaben erzählte, entschloss sich spontan eines der Mitglieder unserer Jugendgruppe, Norbert Peinbauer, ebenfalls mit nach Bolivien gehen zu wollen. Nach Rücksprache bei Alois Wagner wurde auch er noch kurzfristig aufgenommen. 1963, bei einem sechsmonatigen Vorbereitungsseminar im Ausbildungszentrum Klausenhof (Dingden/BRD), wurden neben den deutschen Kandidaten auch vier Oberösterreichern (Peter Wimmer, Karl Johs, Norbert Peinbauer, Leopold Liebletsberger) die Grundlagen für den internationalen Einsatz vermittelt. Ungefähr in der Mitte des Kurses galt es eine Zwischenprüfung abzulegen. Alois Wagner war dazu extra aus Linz angereist.

Übrigens waren wir Kursteilnehmer in der Zeit des Vorbereitungskurses 1963 – vom deutschen Bundespräsidenten eingeladen – Gäste anlässlich der Gründungsfeier des Deutschen Entwicklungsdienstes in Bonn. Die Vorbereitung auf den Entwicklungshilfeeinsatz wurde in den letzten Monaten des Jahres 1963 mit einem Sprachkurs in Spanien abgeschlossen. Für eine gebührende Verabschiedung nach Bolivien sorgte Alois Wagner höchstpersönlich. Er chauffierte uns vier Ober-

Abb. 67: Alois Wagner bringt Norbert Peinbauer (rechts) und Leopold Liebletsberger persönlich nach Hamburg zur Abreise nach Bolivien

Abb. 68: Ablegen mit der „Louis Lumiere" vom Hamburger Hafen nach Bolivien

österreicher mit einem VW-Bus nach Hamburg, von wo am 3. Dezember 1963 die Abreise nach Bolivien per Schiff erfolgte. Ungefähr nach Ablauf der Hälfte unseres Einsatzes im Lauf der Jahre 1965/66 flog Alois Wagner eigens nach Bolivien und besuchte uns in unserer Entwicklungshilfestation, wo wir für ein Landwirtschaftsprojekt mitverantwortlich waren.

Nach der Rückkehr im Jahr 1967 nach Österreich und der Landung in Wien-Schwechat meldete ich mich sofort im ÖED-Büro in Wien, wo ich auch Alois Wagner persönlich antraf. Er begleitete mich tags darauf mit dem Zug nach Linz und bot mir auch seine Hilfestellung bei der Arbeitssuche an.

Auch nach meiner Rückkehr hatten wir immer wieder Kontakt. Er war zum Beispiel zu Gast bei der Eheschließung mit meiner Frau Leopoldine im August 1969 in Rohrbach. Wagner wusste zu diesem Zeitpunkt bereits von seiner Ernennung zum Linzer Weihbischof, sagte uns aber nichts davon. Wir erfuhren das erst später aus den Medien.

Abb. 69: Nach der Bischofsweihe nimmt Wagner den Beifall der Gläubigen in Empfang (1969)

Josefa Wassermair (†), ehem. Missionshelferin, St. Thomas b. Waizenkirchen

„Er war ein feiner Mensch"

Abb. 70: Josefa Wassermair verabschiedet sich von Alois Wagner vor ihrer Abreise nach Südafrika

Josefa Wassermair war mit Unterbrechungen vierzig Jahre lang als Missionshelferin in Südafrika im Einsatz. Immer fand sie Unterstützung und Hilfe bei Bischof Alois Wagner. Als fast Neunzigjährige war ihr Gedächtnis schon getrübt. Sie erinnerte sich aber noch, dass sie sehr von der Persönlichkeit des Bischofs beeindruckt war und ihn als hilfsbereiten, freundlichen und zugänglichen Menschen kennengelernt hatte. Für sie war Bischof Wagner ein sogenannter „feiner Mensch", wie man damals vor sechzig Jahren gerne sagte. – Josefas Bruder Hubert kennt die Lebensgeschichte seiner Schwester und erzählt:

Josefa ist in St. Thomas, einem kleinen Ort im Bezirk Grieskirchen, aufgewachsen. Sie besuchte nach der Grundschule die Hauswirtschaftsschule in Bad Ischl. Aufgrund ihrer sozialen Einstellung wurde sie nach entsprechender Ausbildung Kinderdorfmutter in St. Isidor bei Linz. Den Gedanken, einmal in die Mission zu gehen, hatte sie schon als junges Mädchen, und er verstärkte sich mehr und mehr.

Durch Zufall lernte sie im Kinderdorf St. Isidor Bischof Manfred Gottschalk SAC und den Pallottinerorden aus der südafrikanischen Kap-Provinz kennen. So ergab sich ein Angebot, nach Südafrika zu kommen. Zur gleichen Zeit lernte sie bei Exerzitien im Bildungshaus Puchberg Bischof Alois Wagner kennen. Sie erzählte ihm von ihren Plänen. Er hat meiner Schwester dann spontan geholfen. Das war im Jahr 1966; Josefa war damals 32 Jahre alt.

Durch den Österreichischen Entwicklungshilfedienst ÖED konnte meine Schwester die Ausbildung als Missionshelferin am Klausenhof in Westfalen machen. Alois Wagner unterstützte sie in allen Belangen auf dem Weg dorthin. Am Klausenhof lernte sie auch Univ.-Prof. Dr. Klaus Zapotoczky kennen, mit dem wir bis heute noch in Kontakt sind.

In der südafrikanischen Diözese Oudtshoorn kam sie in der Missionsstation Hotsprings zum Einsatz. Sie kümmerte sich um Mädchen und Frauen und bildete sie in Handarbeit und Haushalt aus. Nach vier Jahren war Josefas Auftrag als Entwicklungshelferin in Südafrika beendet, und sie kam als Kinderdorfmutter wieder zurück nach Österreich.

„Sister" Wassermair´s Suppenküche

Die Südafrikaner gaben jedoch keine Ruhe und beknieten sie, wieder zu kommen. 1973 gab sie den Bitten des Pallottinerordens und ihrer inneren Berufung nach und ging zurück nach Südafrika, diesmal auf eigene Faust. Sie wollte nur etwa drei bis vier Jahre bleiben. Geworden sind es letztlich 36 Jahre. Josefa wirkte in der Missionsstation Dysselsdorp im Karoo-Buschland und kümmerte sich um die verarmte schwarze Bevölkerung. „Sister" Wassermair, wie sie von ihren Schützlingen genannt wurde, lud in jeder Woche zwei Mal zu einer „Suppenküche" ein. Jeden Dienstag und Donnerstag stellten sich rund 300 hungernde Einheimische aus der Umgebung um zwei Schöpfer „Suppe" an. Sie bestand aus einem Eintopf von Gemüse, Sojaschrot, etwas Fisch oder Fleisch sowie vier Schnitten Brot. Ihre Kundschaft waren Straßenkinder, alleinstehende Mütter, arbeitslose Landarbeiter und alte Menschen. Immer wieder konnte Josefa Freunde und Organisationen in ihrer Heimat dafür gewinnen, für ihre Suppenküche zu spenden.

Josefa Wassermair aus St. Thomas war also insgesamt fast 40 Jahre lang als private Entwicklungshelferin in Südafrika im Einsatz. Dank der Unterstützung und mit Hilfe von Bischof Wagner konnte sie sich ihren Traum erfüllen, für die Ärmsten der Armen viel zu erreichen und Gutes zu tun.

Erinnerung nach dreißig Jahren

Im Mai 1996 unternahmen meine Frau Luise und ich mit einer kleinen Reisegruppe von Freunden und Bekannten aus dem Bezirk Grieskirchen eine Reise nach Italien, mit zwei Tagen Aufenthalt in Rom. Unser Reiseführer war der bekannte Rom-Kenner „Gustl" Heuberger aus Peuerbach. Für den Petersdom und das Künstlerviertel war Bischof Wagner zuständig. Als bei der Vorstellung der einzelnen Teilnehmer der Name Wassermair fiel, fragte Bischof Wagner sofort, ob wir mit Josefa

Wassermair verwandt seien. Wir bejahten natürlich und waren überrascht, dass er Josefa nach so langer Zeit – dreißig Jahren – noch in Erinnerung hatte. Er war sichtlich erfreut uns kennenzulernen und erkundigte sich ausführlich nach meiner Schwester. Nachmittags waren wir in sein Wohngebäude (Residenz) eingeladen. Als wir den wunderschönen Garten besichtigten, rief er plötzlich: „Wo sind denn die Wassermair´s, kommt zu mir, wir machen ein Foto für Josefa in Afrika, die wird sich sicherlich freuen!" Abends trafen wir einander in Trastevere in einer urigen Trattoria zum Abendessen. Bischof Wagner und seine Sekretärin halfen fleißig beim Servieren. Es wurde ein sehr gemütlicher und langer Abend!

Anteilnahme aus Südafrika

Abb. 71: Bischof Edward Adams, Diözese Oudtshoorn (Südafrika)

Im Juli 2023 ist meine Schwester Josefa im Alter von 89 Jahren gestorben. Zu ihrem Tod hat mir Edward Adams, Bischof der Diözese Oudtshoorn, einen berührenden Brief geschrieben, in dem es heißt:

„Mein tiefstes Mitgefühl gilt der ganzen Familie. Menschlich gesehen sind wir alle sehr traurig über den großen Verlust eines so wunderbaren Menschen, aber als Christen freuen wir uns, dass sie jetzt bei dem ist, den sie so sehr geliebt hat, und für den sie den Ärmsten der Armen mit so viel Liebe und Zärtlichkeit gedient hat. Für mich ist sie eine Heilige!

Ich hatte das große Privileg, 27 Jahre lang mit ihr zusammenzuarbeiten, deshalb kann ich sagen, dass sie für mich eine Heilige ist. Ihre Schwester ist eine große Frau, die ihr Leben als Laienmissionarin in Afrika und unter den Armen verbrachte und nur für sie arbeitete. Sie hat das über 35 Jahre lang großartig gemacht und durch sie habe ich Euch alle als Familie kennengelernt. Deshalb sage ich, dass ich menschlich gesehen euren großen Verlust intensiv fühle.

Mit freundlichen Grüßen in Christus! Edward Adams".

Hubert Lammerhuber (†), ehem. Missionshelfer, Linz

Der erste Missionshelfer aus Oberösterreich

Abb. 72: Das Ehepaar Lammerhuber mit Erzbischof Wagner

Ich war ein Pionier der Entwicklungshilfe, da kannte ich Alois Wagner noch gar nicht. Er hat sich aber später auf meine Erfahrungen gestützt. – In den Fünfzigerjahren habe ich nach der Bundesgewerbeschule bei einer Baufirma in Linz gearbeitet, wohnte im Kolpinghaus und war Mitglied der Katholischen Arbeiterjugend. Da ich mir über meinen Berufsweg nicht im Klaren war, fragte mich der Geistliche Assistent der KAJ, Hans Weidinger, ob ich nicht etwas Sinnvolles machen wolle. Er würde dem Bischof Rosenhammer in Bolivien für einen Einsatz dort eine Anfrage schreiben. Bischof Josef Rosenhammer stammte aus Mauerkirchen im Bezirk Braunau, war ein Franziskanermönch und 1938 als Missionar nach Bolivien gereist, um einer Verhaftung durch die Nationalsozialisten zu entgehen.

Der Bischof hat mir gleich einen Vertrag geschickt. Ich sollte mich auf fünf Jahre verspflichten, die Reise würde er bezahlen. Ich hätte volle Verpflegung und bekomme 20 Dollar im Monat. Ich war allerdings nicht versichert; habe aber trotzdem bei meiner Firma gekündigt und mich bis zur Abreise auf meinen Einsatz vorbereitet, weil ich ja nicht wusste, was mich erwarten würde. 14 Tage war ich in einer Schlosserei, dann in einer Ziegelbrennerei und habe auch Reitstunden genommen. Sogar einen Sprengkurs und einen Kochkurs habe ich vorsorglich gemacht.

Mit dem LKW nach Bolivien

Karl Kumpfmüller von der Missions-Verkehrs-Arbeitsgemeinschaft MIVA in Stadl-Paura hat mich außerdem gefragt, ob ich nicht einen LKW, den die Katholische Jungschar für Bischof Rosenhammer gespendet hatte, nach Bolivien transportieren könnte. Ich hatte aber nicht einmal einen Führerschein dafür, musste den erst machen und dann noch üben, denn ich sollte ja mit dem fünf Tonnen schweren Fahrzeug bis Bolivien fahren. Nach einer kleinen Abschiedsfeier bin ich direkt von Stadl-Paura über Innsbruck bis Genua zum Schiff gefahren. Immer musste ich in Klöstern der Franziskaner übernachten, damit es nichts kostete. In Genua hat mich ein Franziskanerpater an den Tisch der Mönche mitgenommen. Als die daraufgekommen sind, dass ich kein Priester bin, musste ich meine Suppe nehmen und irgendwo abseits essen. Drei Monate war ich unterwegs, bis ich in Bolivien angekommen bin.

Zunächst bin ich zweieinhalb Jahre in Bolivien geblieben und habe ein Pfarrzentrum und eine Schule aufgebaut. Dann hat mir meine Braut in Österreich mitgeteilt, dass ihre Eltern sie nicht nach Bolivien fahren ließen und sie nicht fünf Jahre warten wolle. Bischof Rosenhammer hat mir ein halbes Jahr Urlaub gegeben mit der Auflage, dass ich in Österreich mit Vorträgen Spenden sammeln müsse, um die Reisekosten aufzubringen. Ich konnte dann meinen Schwiegervater überreden, seine Tochter nach Bolivien fahren zu lassen. Außerdem konnte ich drei weitere Handwerker, einen Schmied, einen Tischler und einen Installateur, mitnehmen, sodass wir jetzt eine kleine Kolonie von Entwicklungshelfern, damals noch Missionshelfer genannt, waren. Erst 1965 bin ich mit meiner Frau nach Österreich zurückgekehrt.

Chauffeur des Bischofs

Weihbischof Alois Wagner habe ich erst kennengelernt, als ich wieder zurück war. Er war sehr an meinen Erfahrungen interessiert und hat mit mir über meine Arbeit in Bolivien geredet, und ich konnte ihm einiges mitteilen. Dann hat er den Entwicklungshelferdienst gegründet und zwei Helfer auch nach Bolivien entsandt, allerdings zu einem anderen Einsatzort. Diese hatten schon einen richtigen Vertrag, waren in Deutschland eigens ausgebildet worden, und sie waren versichert, was ich ja nicht gewesen war.

Alois Wagner war ein sehr offener Mensch. Er war oft bei uns zu Hause, ist plötzlich vor unserer Tür gestanden. Ich habe ihn dann oft mit dem Auto gefahren, wenn er zu einem Vortrag musste. Meine Brüder und ich haben ihn auch in Rom besucht, so wie viele andere Oberösterreicher. Als er dann Erzbischof war, habe ich ihn nicht mehr so oft getroffen. Einmal sind wir aber bei einer Feier im Linzer Kolpinghaus nebeneinander gesessen. Da hat er sich ein wenig geärgert, weil der Linzer Bischof vor ihm, dem Erzbischof, begrüßt wurde. Das hat er mir zugeflüstert, aber ich weiß nicht, ob das ernst gemeint war.

Clemens Höglinger OPräm., Pfarrer, Altenfelden

Priesterstudent aus Afrika

Seit meinem Eintritt in das Stift Schlägl (8. 12. 1970) war mir Dr. Alois Wagner als Weihbischof und wesentlicher Stütze für Diözesanbischof Franz Zauner ein Begriff. Vor allem machte er sich verdient bei der Umsetzung der von seinem Bischof in Rom erreichten Liturgiereform. Auch bei der Diözesansynode 1970–1972 spielte er eine bedeutende Rolle. So scheint 1974 in der Pfarrchronik meines Vorgängers Josef Doppler – Jahrgangskollege und wohl auch Weihekollege – Weihbischof Wagner mit einem Vortrag in Altenfelden auf. Das Thema „Wandelbares und Unwandelbares im Christentum" zog viele Besucher an. Für das Jahr 1984 findet sich in der Chronik Altenfelden Alois Wagner schon als Kurienbischof in Rom vermerkt. Beim Besuch in Altenfelden, wo auch sein Bruder Hermann Wagner wohnte, spendete er neunzig Firmlingen das Sakrament

Ein Anruf aus Rom

Einige Jahre später – ab 1986 – wurde ich für eine Dritte-Welt-Gruppe in meiner Heimatpfarre Rohrbach zuständig. Dadurch erfuhr ich auch viel über Dr. Alois Wagner, der in Rom inzwischen als Kurienbischof den Päpstlichen Rat „Cor Unum" leitete. – Der erste persönliche Kontakt war dann erst im Jahr 1997 ein Telefonanruf (vermutlich) aus Rom: Am Apparat Erzbischof Wagner, der vielleicht von meinem Engagement bei der Dritten-Welt-Gruppe wusste, die sich inzwischen „Eine Welt für Alle" nannte. Die Anfrage an mich lautete: „Könntest du dir vorstellen, einen afrikanischen Priester einige Wochen bei dir aufzunehmen, damit er besser Deutsch lernen und auch die Pfarre kennenlernen kann?" Natürlich erbat ich mir Bedenkzeit.

Aber nach Rücksprache mit dem Pfarrgemeinderat und mit Einverständnis der Pfarrhaushälterin kam es zum gegenseitigen Austausch aller Daten, und so wurde der Wunsch des Bischofs Wirklichkeit. – Vom pastoralen Sommersprachkurs des WEKEF („Arbeitskreis Weltkirche und Entwicklungsförderung der Diözese Linz") im Mühlviertler Schloss Riedegg kam schließlich im August 1997 mit privatem Taxi der erwartete Frederick Tusingire aus Uganda zu uns. Mag auch die Unterkunft etwas provisorisch gewirkt haben, die Aufnahme war herzlich und die Verpflegung gut. Durch die Gottesdienste kam es bald zu ersten Kontakten und Einladungen.

Es war eine schöne Fügung, dass Frederick nicht der erste afrikanische Besucher in der Pfarre war. Schon zwei Jahre zuvor war im Rahmen der Aktion „Bruder in Not" ausgerechnet der Heimatbischof von Frederick zu Gast gewesen. Bischof Kalanda aus Fort Portal kam schon am Samstag vor dem 3. Adventsonntag 1995, übernachtete und predigte bei allen Gottesdiensten. – Damals war von Frederick noch keine Rede. Was im Sommer 1997 Erzbischof Wagner auch nicht wissen konnte: Welch enger Kontakt zwischen uns beiden Priestern entstand. So ließ der angehende Doktor der Theologie es sich nicht nehmen, anlässlich meines 50. Geburtstags zu meiner und aller Überraschung in Altenfelden zu „erscheinen", ermöglicht durch Spenden von Freunden in der Pfarre. Zum Abschluss seines Studiums machte ich dann einen Gegenbesuch in Rom.

Abb. 73: Pfarrer Clemens Höglinger schloss Freundschaft mit Frederick Tusingire (Uganda), den ihm einst Erzbischof Alois Wagner als Priesterstudenten nach Altenfelden vermittelt hatte.

Im Pfarrhof von Kitagwenda

Die größte Überraschung kam danach. Knapp vor meinem 25-jährigen Priesterjubiläum kam 2001 von Frederick aus Afrika die Einladung, ihn doch in seiner Heimatpfarre „Kitagwenda" zu besuchen und in der Zeit im Pfarrhof zu wohnen. So eine Gelegenheit durfte ich nicht versäumen, und so kam ich mit Hilfe meines Abtes und durch Freunde zu meinem ersten Aufenthalt in Afrika. Konkret führte meine Reise in die Diözese Fort Potal in Uganda. Diese drei Wochen in Afrika werden für mich unvergesslich bleiben. Dieses Erlebnis verdanke ich letzten Endes Erzbischof Alois Wagner.

Ein paar Monate davor im Jahr 2001 war von diesem Angebot noch keine Rede, als ich auf meine Initiative hin Erzbischof Wagner einlud, nach Altenfelden zu kommen: Anlass war eine „Männermesse" der KMB (Katholische Männerbewegung) mit anschließendem Vortrag im Pfarrsaal. – Nie hätte ich freilich gedacht, dass seine Gesundheit schon so angeschlagen war, und er nicht einmal ein Jahr später im 78. Lebensjahr bereits zu seinem Herrn heimgehen würde.

Seine Liebe für Christus und seine Kirche, für die Menschen und für die Evangelisierung weltweit wird mir unvergessen bleiben. Gottes Fügung hat seinen Mitbruder im geistlichen Amt und Jahrgangskollegen Monsignore Josef Doppler ein Jahr später zu Allerheiligen nachfolgen lassen – keine 80 Jahre alt. Beide „Seelsorger" werden in Altenfelden und in mir immer ein ehrendes Andenken haben. Bei dem verstorbenen Bischof Wagner kommt hinzu, dass ja die Verbindung mit seinen Angehörigen in der Gemeinde Altenfelden nach wie vor aufrecht ist – heute freilich schon mit der nächsten Generation.

Franz Winkler, Kaufmann, Altenberg

Eine gemütliche Mühlviertler Jause

Ich habe Alois Wagner schon als Jugendseelsorger gekannt. Viel später bin ich wieder mit ihm zusammengekommen. Da war er schon in Rom. Er hat Priester-Studenten zum Deutschlernen nach Oberösterreich gebracht. Die waren im Petrinum untergebracht, und dort haben wir einander zufällig getroffen. Wir sind ins Reden gekommen wegen einer Jause für die Studenten. Da habe ich gesagt: Eine gemütliche Mühlviertler Jause bringen wir bei uns im Wohnzimmer fesch zusammen. Wir stellen einfach Biertische auf.

Alois Wagner ist dann etliche Jahre mit den Studenten zu uns gekommen. Das waren immer 20 bis 25 Studenten, Priesterkandidaten, die Wagner hier untergebracht hat. Bier haben sie ja fast nicht getrunken, nur Mineralwasser und Orangensaft. Ich habe einmal in der Schlägler Brauerei steinerne Bierkrüge gekauft und sie ihnen dann mitgegeben, auch wenn sie nur Saft daraus getrunken haben. Das war eine ganz nette Geschichte.

Es waren Studenten aus aller Welt, zum Beispiel aus Indien, aber die meisten kamen aus Afrika. Ich konnte mit ihnen nicht wirklich reden. Sie haben Englisch gesprochen, zum Teil Französisch. Manche konnten aber schon einige Worte Deutsch.

Bischof Wagner war immer dabei. Er ist mit den Studenten sehr kameradschaftlich umgegangen, als ob sie seine Regional-Jugendführer gewesen wären; ganz gemütlich hat er sich dazugesetzt und mit ihnen geredet über Österreich, was bei uns vor sich geht. Dann hat er wieder gefragt, wie es bei ihnen zu Hause ist, und hat die Informationen ausgetauscht. Ich habe mich über diese Besuche gefreut und immer wieder zu Alois Wagner gesagt: Du kannst jederzeit wiederkommen, wenn du Studenten hast. Eine richtige Mahlzeit zu kochen wird uns zu viel, aber eine Mühlviertler Jause können wir immer machen.

Gegenbesuch in Rom

Ich war dann auch bei Alois Wagner in Rom. Das war eine Reise mit Dr. Mittermayr vom Katholischen Bildungswerk. Wir haben von Wagner eine unwahrscheinlich schöne Führung bekommen, waren in Räumen, die sonst niemand besuchen kann. Er hat uns von Mittag bis zum Abend betreut, ist mit uns in ein Restaurant gegangen, in dem französische Schwestern waren. Die haben dann am Abend religiöse Lieder für uns gesungen. – Bischof Wagner hat sich sehr um uns gekümmert. Wir waren doch ein ganzer Reisebus voll mit Oberösterreichern.

Ich weiß heute nicht mehr, ob er damals lieber in Oberösterreich gewesen wäre, aber in Rom hat er sich wohlgefühlt und so getan, als wäre er dort daheim. Als er dann wieder in Oberösterreich war, haben wir einander immer wieder bei Veranstaltungen getroffen und uns über jedes Wiedersehen gefreut.

Abb. 74: Bischof Wagner war gern gesehener Gast im Hause Winkler. Sitzend neben Alois Wagner Hochschulprofessor Dr. Wilhelm Zauner. Er hat Wagner im Dezember 1977/Jänner 1978 bei einer Projektreise nach Brasilien, Bolivien und Peru begleitet

Abb. 75: Afrikanische Priesterstudenten bei ihrer Mühlviertler Jause in Altenberg

Abb. 76: Bischofshof in der Linzer Herrenstraße 19, Amtssitz und Wohnung des Weihbischofs und Generalvikars Dr. Alois Wagner

IM DIENST DER DIÖZESE

„*Möge auch der Ärger vergessen werden, der viele wegen der Vorgangsweise in der Nachfolgefrage erfasst hat. Ich hoffe, dass das so große Interesse für diese Frage in unserer Diözese Segen und Frucht bringt. Jetzt bitte ich alle, den neuen Bischof mit allen Kräften zu unterstützen.*“

Alois Wagner

Siegfried Primetshofer, ehem. Direktor der Finanzkammer der Diözese Linz

Ein Laie als Zeremoniär

Abb. 77: Diözesanbischof Dr. Franz Zauner erteilt Alois Wagner die Bischofsweihe im Linzer Mariendom, assistiert von Bischof James Odongo aus Uganda

Eigentlich habe ich es einem glücklichen Zufall zu verdanken, dass ich in den Dienst bei Weihbischof (WB) Dr. Alois Wagner aufgenommen wurde. – Im Herbst 1969 haben Prof. DDr. Josef Häupl, mein Onkel P. Bruno, mein Bruder Franz und ich mindestens einmal wöchentlich im Turnsaal der Kreuzschwestern in Linz Federball gespielt, und meist sind wir dann noch kurz beisammengesessen. Bei so einer Zusammenkunft sagte Prof. Häupl, dass der neue Weihbischof einen Sekretär und Zeremoniär suche, und zwar einen Laien. Dies war zur damaligen Zeit noch nicht alltäglich, da die Bischöfe meist einen Priester als Zeremoniär hatten.

Ich habe auf die Frage, ob ich mir das vorstellen könne, grundsätzliches Interesse geäußert. Prof. Häupl hat dies Weihbischof Alois Wagner mitgeteilt. Dieser kannte mich bereits von den Vorlesungen in Pastoraltheologie an der Philosophisch-Theologischen Diözesanlehranstalt. Es wurde ein Vorstellungstermin vereinbart mit dem Ergebnis, dass wir uns beide eine Zusammenarbeit gut vorstellen konnten. Das Problem war nur: Ich hatte noch den Grundwehrdienst abzuleisten. Weihbischof Wagner

Abb. 78: Wagners Bischofsweihe am 26. Oktober 1969 im Linzer Dom – ein bewegender Tag für die Eltern und die beiden leiblichen und Ordens-Schwestern

erwirkte über das Sekretariat der Bischofskonferenz, dass ich vorzeitig abrüsten konnte. Somit wurde ich mit 1. Februar 1970 als Bischöflicher Sekretär, Zeremoniär und Chauffeur bei Alois Wagner angestellt. Da er als Weihbischof im Bischofhof wohnte, überließ er mir sein Zimmer im Caritashaus in der Seilerstätte.

Bischof Wagner war darüber hinaus auch in der Entwicklungshilfe beim ÖED (Österreichischer Entwicklungshelferdienst) und beim AAI (Afro-Asiatisches Institut) in Wien tätig. Dies bewirkte, dass er fast jede Woche einmal nach Wien fahren musste. Beim ÖED arbeitete er sehr intensiv mit Dkfm. HansBürstmayr und Edi Ploier, dem Direktor des Bildungshauses Puchberg, zusammen.

Die notwendigen oftmaligen Fahrten nach Wien hatten zur Folge, dass das Büro in Linz immer unbesetzt war. Deshalb wurde nach etwa einem Jahr ein eigener Chauffeur, Karl Aglas, angestellt. Ich konnte damit nun die Büroagenden ganz übernehmen. Unsere Büros waren übrigens im 1. Stock des Bischofhofs auf der Süd-Ost-Seite.

Viel Zeit beanspruchten in dieser Zeit die Vorbereitungen und dann die Durchführung der Linzer Diözesansynode, die 1970 im Herbst begann. Für die zukünftige Seelsorge in unserer Diözese erhoffte sich Bischof Wagner dabei wichtige Leitlinien und konkrete Ergebnisse. Fast zur selben Zeit war er auch beim Österreichischen Synodalen Vorgang leitend tätig. Dies hatte zur Folge, dass er für diese Tagungen öfters nach Wien fahren musste.

Geheimgespräche im Garten

Im Auftrag der Österreichischen Bischofskonferenz musste Wagner an der Ostdeutschen Synode in Dresden teilnehmen. Die Fahrt und auch das Dabeisein waren für mich sehr interessant. Wir besuchten bei der Hinfahrt den Kardinal in Prag und dann auch noch einen Bischof im Nordwesten der Tschechoslowakei. Die Gespräche mit beiden Würdenträgern, übrigens wegen der Gefahr des Abhörens nicht in den Büros, sondern im jeweiligen Garten geführt, waren für mich sehr spannend.

Abb. 79: Wagners Antrittsbesuch bei Papst Paul VI., der ihn mit 1. September 1969 zum Titularbischof von Siccenna und Weihbischof in Linz ernannt hatte

Die Sitzungen in Dresden standen natürlich unter intensiver Beobachtung der staatlichen Stellen. Gespräche im kleineren Kreis, z. B. im Hotelzimmer, fanden immer mit eingeschaltetem Radio statt, sodass das Abhören erschwert wurde. Dort sah ich auch, wie notwendig die großzügigen Unterstützungen der Bischöfe aus der Bundesrepublik Deutschland für die ostdeutschen Diözesen waren.

Ein Personalplan mit Emotionen

Da die Zahl der Priesterweihen abnahm und Alois Wagner als Generalvikar auch für die Besetzung der Pfarren mit Priestern zuständig war, arbeitete er an einem Personalplan. Dabei wurden für die Pfarren je nach Größe, Schulen, Betrieben usw. Punkte vergeben. Je nach Punkteanzahl wurde fixiert, welche Pfarre einen Pfarrer und eventuell einen Kaplan in naher Zukunft erhalten sollte. Wagner bemühte sich, auch Religionsprofessoren für die Übernahme von Pfarren zu motivieren. Der Erfolg war dabei nicht überragend. Ebenso war er darauf bedacht, die Orden noch mehr für eventuell einmal vakante Pfarren einplanen zu können. Da diese Veränderungen auch den Priestern nahegebracht werden mussten, besuchte er viele Dekanatskonferenzen. Dabei ging es oft sehr emotional zu.

An so eine Sitzung im Dekanat Sarleinsbach kann ich mich noch gut erinnern. Das Dekanat war zur damaligen Zeit nur mit Weltpriestern besetzt. Laut Personalplan war aber für eine spätere Zeit auch der Einsatz von Prämonstratensern des Stifts Schlägl vorgesehen. Dechant Krahwinkler, der „Heilige" genannt im Gegensatz zu seinem Bruder, dem Pfarrer in Mondsee, welcher der „Eilige" geheißen wurde, sagte – angeblich im Namen aller Priester des Dekanats – mit lauter Stimme, dass sie im Dekanat lauter „Schwarze" (gemeint Weltpriester) bleiben und keinen „Weißen" (gemeint waren Chorherren von Schlägl) in ihren Reihen haben wollten. Jahre später haben sich solche Diskussionen erübrigt.

Wie schon einmal betont, war die Missions- und Entwicklungshilfe ein ganz großes Anliegen von Bischof Wagner. Um die Hilfen zu koordinieren, schuf er den diözesanen Arbeitskreis „Weltkirche und Entwicklungsförderung (WEKEF)", der sich auch um die Entwicklungshelferinnen und -helfer sorgte. Die Leitung dieses Arbeitskreises übertrug Wagner nach kurzer Zeit Josef Ahammer, der in der Zwischenzeit zu mir in das Sekretariat des Weihbischofs übersiedelt war. Zur Unterstützung der Priester und Bischöfe in den Missionsländern gründete er den „Internationalen Priesterhilfsdienst", der im Bischöflichen Ordinariat beheimatet war und mit Hilfe von Messstipendien den Betreffenden wertvolle Hilfe leistete. Eine weitere Hilfe war, dass er in den Sommermonaten Priester aus Afrika, die in Rom studiert hatten, zur Aushilfe in den Pfarren einlud. Diese hielten dann oft noch Jahre danach mit ihren Aushilfspfarren Kontakt und bekamen so zusätzlich finanzielle Unterstützungen.

Jedes Wochenende drei Pfarren

Zu den Hauptaufgaben eines Bischofs gehören natürlich die Visitationen und Firmungen in den Pfarren. Das hatte zur Folge, dass praktisch mit dem ersten Wochenende nach Ostern bis in den Juli hinein stets drei Pfarren zu besuchen waren, ausgenommen das Pfingstwochenende, an dem nur Firmungen gefeiert wurden. Die Visitation in der jeweils ersten Pfarre begann am frühen Freitagnachmittag und dauerte bis Samstag nach dem Mittagessen, die zweite von Samstag bis Sonntag und die dritte fand dann bis Montag statt. Da an einem Montag aber viele Pfarrangehörige nicht mehr an den Gottesdiensten teilnehmen konnten, da sie arbeiten mussten, fiel die dritte Visitation an einem Wochenende bald weg. Dafür war jedoch an einem solchen Sonntagnachmittag noch eine Pfarrfirmung angesetzt.

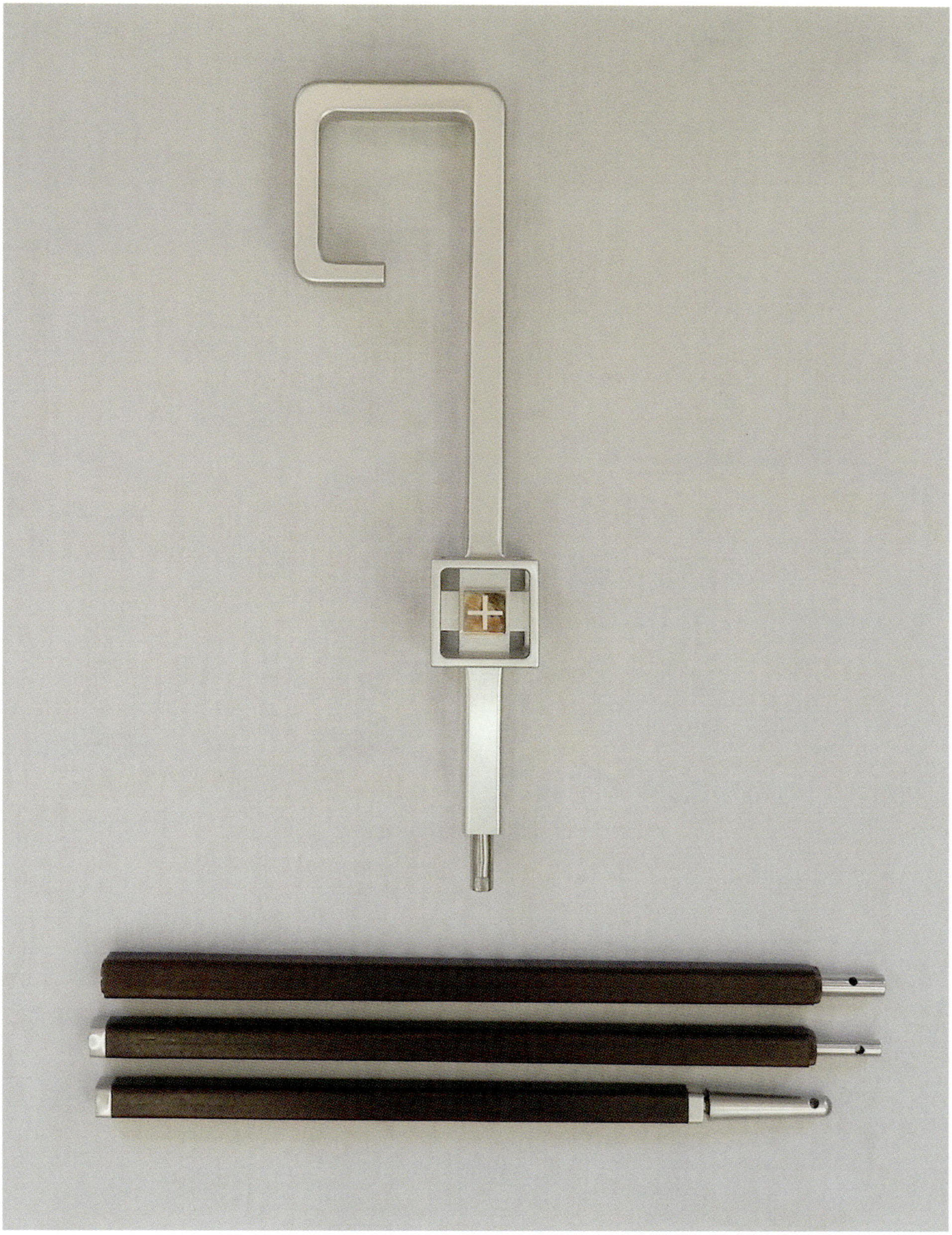

Abb. 80: Pastorale

PASTORALE

Linz Bischofshof

Das Pastorale (Bischofstab) wurde für Bischof Alois Wagner vcn der VÖEST gefertigt. Der Entwurf stammt vom Künstler Helmuth Gsöllpointner. Der Holzstab wurde in der Holzfachschule in Hallstatt gestaltet.
Um 1970

Aluminium, teils mit Goldauflage
Maße: 50cm (Oberteil), 139cm (Stab)

Die Visitation hatte vor allem den Zweck, Gespräche mit den pfarrlichen Gremien, den Religionslehrkräften, dem Priester und Personen des öffentlichen Lebens zu führen. Besonders wichtig aber waren die Gottesdienste mit der Pfarrbevölkerung und die Spendung des Firmsakramentes. Bei diesen Messfeiern hielt der Bischof immer die Predigten. Meine Aufgabe im Rahmen der Visitationen war hauptsächlich, die organisatorischen Abläufe zu koordinieren und bei den kirchlichen Feiern als Zeremoniär tätig zu sein. Zu den einzelnen Visitationen sind wir immer nur zu zweit gefahren; so ergab sich die Möglichkeit, wichtige Dinge intern zu besprechen – auch manch Unangenehmes, was oftmals sehr wichtig war.

Wenn zwischen den einzelnen Visitationen etwas Zeit blieb, besuchte der Weihbischof noch Pfarrer in Orten an der Fahrtstrecke. Diese Zeit wurde aber auch für Kurzbesuche bei Priestern, die im Krankenhaus lagen, genutzt. Es war immer sein Bestreben, möglichst viel Kontakt mit den einzelnen Priestern zu haben und dafür jede Möglichkeit wahrzunehmen.

Weihbischof Wagner feierte aber ebenso Ereignisse, die mit einer Weihe verbunden waren, wie zum Beispiel Diakonatsweihen oder Altarweihen, die nach erfolgter Kirchen-Innenrenovierung begangen wurden.

Für mein Empfinden war Wagner ein innovativer und weitblickender Mann. Was er als wichtig für die kirchliche Zukunft ansah, vertrat er mit Überzeugung und Durchsetzungskraft. So fällt mir beispielsweise ein, dass er die Nachforschungen über Franz Jägerstätter sehr unterstützte und auch öffentlich dafür eintrat. Einige Male besuchten wir dessen Grab und auch Franziska Jägerstätter, die er sehr schätzte. Dieses öffentlich Eintreten wurde aber nicht immer gutgeheißen. Ich erinnere mich noch sehr gut, wie der Obmann des oberösterreichischen Kameradschaftsbundes beim Weihbischof vorgesprochen hat. Dabei ging es sehr emotional zu. Der Bischof versuchte sein Eintreten für Jägerstätter sachlich zu begründen und dessen Gewissensentscheidung zu respektieren. Er betonte ausdrücklich, dass er die Soldaten, die am Krieg teilgenommenen hatten, auf keinen Fall verurteilen wollte. In den folgenden Jahren kam es allmählich zu gegenseitigem Verständnis.

Besuch bei den Geschwistern

Neben all diesen öffentlichen Aufgaben war Wagner aber bestrebt, die familiären Bindungen, soweit zeitlich möglich, wahrzunehmen. Wir hatten ein so gutes gegenseitiges Verhältnis, dass mich der Bischof auch immer an seiner Familie teilhaben ließ. Das war eine schöne Zeit. Wir besuchten seine Schwestern, die im Orden der Franziskanerinnen von Vöcklabruck lebten. Zur damaligen Zeit waren Sr. Gonzaga im Krankenhaus Braunau und Sr. Priscilla im Kindergarten in Fran-

Abb. 81: Als Weihbischof unterstützt Wagner den noch residierenden Diözesanbischof Franz Zauner

kenburg eingesetzt. Sein Besuch galt aber auch seinem Bruder August und dessen Familie, die in Leopoldschlag im Elternhaus wohnten und die Landwirtschaft als Nebenbetrieb führten. Sein Bruder Hermann besaß eine Pappenfabrik in Neufelden. Mit ihm und seiner Familie hatte er mehr Kontakt. So verbrachte er mit dessen Töchtern Ulli und Monika in den ersten Jahren nach seiner Bischofsernennung immer ein paar Tage zum Skifahren auf der Wurzeralm. Ich habe mich sehr gefreut, dass ich dabei sein durfte, und erinnere mich noch gerne an diese Zeit.

Die siebenjährige Tätigkeit bei Weihbischof Wagner war für mich sehr interessant und abwechslungsreich. Ich habe in dieser Zeit unsere Diözese gut kennengelernt und bin mit dem Bischof sicher in etwa drei Vierteln der Pfarren aus irgendeinem Anlass unterwegs gewesen. Darüber hinaus begegnete ich vielen Menschen aus verschiedensten gesellschaftlichen Schichten. Alois Wagner hatte die Gabe, mit Menschen leicht ins Gespräch zu kommen. Dies ergab eine Vielfalt an Möglichkeiten. In den ersten Jahren nach seiner Ernennung zum Bischof war ich praktisch „Tag und Nacht" bei ihm. Ich möchte es fast als „Vater-Sohn-Verhältnis" bezeichnen. Was ich an ihm überaus geschätzt habe, war, dass er mich in der ganzen Zeit nie öffentlich korrigiert oder zurechtgewiesen hat. Dies erfolgte immer im menschlich verständlichen, internen Rahmen.

Es gehört zum Wesen einer Erinnerung, dass so manches dem Vergessen anheimfällt. Dies trifft sicher auch auf meine Erinnerungen an Bischof Alois Wagner zu, sodass ich bei Weitem dessen Persönlichkeit nicht gerecht werde.

Johann Hainzl, ehem. Ordinariatskanzler der Diözese Linz

Die Sorgen der Priester und Ordensleute

Meine erste Begegnung mit Weihbischof Dr. Alois Wagner datiert vom 26. Oktober 1969, als wir „Petriner“ – Schüler des Gymnasiums Petrinum – in den Mariendom gingen, um an der Weihe des neuen Weihbischofs teilzunehmen. Nie hätte ich gedacht, acht Jahre später dessen Sekretär zu werden. Im Frühjahr 1977 wurde ich dann gefragt, ob ich dieses Amt übernehmen könnte. Eine Bedingung war, dass ich das Theologie-Studium jedenfalls abschließen müsse – ich war damals im achten Semester. Daraufhin arbeitete ich im Sommer intensiv an der Diplomarbeit, um wenigstens diesen Teil des Abschlusses möglichst fertig zu haben. Für Vorlesungsbesuche blieb nur ganz wenig Zeit, so dass ich mit den Professoren jeweils Themenbereiche aus der Literatur für die Prüfungen vereinbaren durfte.

Zur Familie entstand eine gute Verbindung, weil Wagner unser Traupriester wurde und den Sohn getauft hat. Auch besuchte er uns daheim.

Zuerst Weihbischof

Am 1. September 1969 wurde Dr. Alois Wagner zum Weihbischof von Linz ernannt. Dies geschah wohl auf Wunsch von Diözesanbischof Franz Zauner. Denn wenige Monate später, am 7. März 1970, begann die Linzer Diözesansynode, und für dieses große Vorhaben ernannte Bischof Zauner seinen Weihbischof zu deren Präsidenten. Meine Erinnerungen an dieses für die Diözese so wichtige Ereignis habe ich im Kapitel „Alois Wagner – Motor der Synode“ festgehalten.

Erst nach dem Ende der Synode, am 1. August 1973, ernannte Bischof Zauner seinen Weihbischof auch zum Generalvikar der Diözese. Er sollte die Beschlüsse der Diözesansynode verwirklichen und vor allem die kirchlichen Personalprobleme lösen, die immer dringlicher wurden.

Viel Zeit für die Priester und Ordensleute

Als Generalvikar oblagen Wagner nun die Personalangelegenheiten. Eine große Unterstützung hatte er dabei in Mag. Josef Ahammer, der zunächst Ordinariatsreferent war und ab 1978 Ordinariatskanzler. Besondere Sorge und viel Zeit widmete Wagner als Generalvikar den Begegnungen mit Priestern und Ordensleuten. Er bemühte sich sehr, deren Anfragen um einen Gesprächstermin möglichst rasch zu

Abb. 82: Am 1. August 1973 ernannte Bischof Zauner Weihbischof Alois Wagner als Nachfolger von Ferdinand Weinberger zum Generalvikar der Diözese Linz

erfüllen sowie telefonische und schriftliche Anfragen umgehend zu beantworten. Wichtig waren ihm auch jene Priester, die sich mit einem besonderen Anliegen an ihn gewandt hatten oder eine Krise durchmachten. Er besuchte immer wieder auch kranke und betagte Priester zu Hause.

Oft nahm er an Dekanatskonferenzen teil und bekam so einen guten Einblick in die Anliegen der Pfarrseelsorger. Gerade in der Situation der sich verringernden Zahl von Priestern förderte er die Planungen an der Basis. Hier machte sich der Rückgang, vor allem in der Seelsorge, ab 1970 immer stärker bemerkbar. Gab es 1970 in der Diözese noch 1.187 Welt- und Ordenspriester, von denen 684 in der territorialen Seelsorge ihre Hauptaufgabe hatten, waren elf Jahre später von 1.049 Priestern nur mehr 602 in den Pfarren. Dennoch gelang es, den Beschlüssen der Synode entsprechend, die Anzahl der Priester in der kategorialen Seelsorge von 1973 bis 1981 spürbar zu erhöhen, wobei besonders die Betriebsseelsorge ausgebaut wurde.

Rückgang der Priesterweihen

In dieser Zeit gab es in der Diözese einen spürbaren Rückgang der Weihen von Weltpriestern. Von 1950 bis 1970 fanden es bis auf ganz wenige Ausnahmen immer zwischen zehn und zwanzig solche Weihen statt, ab 1971 fast immer zwischen fünf und zehn. Dazu kam eine große Anzahl von Laisierungen gerade von meist noch jüngeren Diözesanpriestern. In den Jahren 1969 bis 1978 legten fünfzig Priester ihr Amt nieder. Von 1981 bis 1989 waren es weitere elf Priester.

Für die Lösung personeller Fragen, insbesondere Besetzungen und Versetzungen, wurde das Personalgremium zur Beratung des Generalvikars eingerichtet. Für den gesamten Bereich der Personalbesetzungen wurde der Arbeitskreis „Dienstpostenplan" geschaffen; dieser erarbeitete wesentliche Grundorientierungen dafür, wie viele und welche personellen Besetzungen in den einzelnen territorialen und kategorialen Bereichen geschehen könnten. Insbesondere wurde der Dienstpostenplan für alle Pfarren der Diözese Linz und für alle Dekanate ausgearbeitet und diente als grundsätzliche Richtlinie.

Das Referat für kirchliche Sozialforschung der Diözese wurde beauftragt, die Pfarren nach verschiedenen Kriterien (Anzahl der BewohnerInnen und KatholikInnen, Verteilung der Berufsgruppen und Altersstruktur, Größere Betriebe und Schulen im Pfarrgebiet, Krankenhäuser und Heime ...) mit Punkten zu bewerten. Anhand der sich daraus ergebenden Punktezahl wurde dann nach einem Schlüssel festgelegt, wie viele hauptamtliche MitarbeiterInnen vorgesehen waren. Zugleich wurde auch angegeben, welche Pfarren gemeinsam betreut werden könnten.

Abb. 83: Bei seinen zahlreichen Betriebsbesuchen als Weihbischof scheute sich Wagner auch nicht vor dem Einstieg in das 1975 noch bestehende Kohlebergwerk Ampflwang

Die Anzahl der Mitarbeiterinnen und Mitarbeiter in diözesanen Ämtern war nach dem Krieg im Lauf der Jahre immer stärker angewachsen. Wagner förderte deren individuelle Tätigkeit, indem er die Gründung von Betriebsräten in diesen Ämtern sehr begrüßte. Außerdem bekamen die Amtsleiter die Möglichkeit, gemeinsam mit den Personalvertretungen auf einer „Plattform" besonders Fragen sozialrechtlicher Natur abklären zu können. In einem mehrjährigen Diskussionsprozess gelang

Abb. 84: Weihbischof Wagner bei der Segnung der neuen Steyreggerbrücke über die Donau, 1979, rechts der evangelische Superintendent Leopold Temmel

schließlich die Erstellung einer gemeinsamen diözesanen Besoldungs- und Dienstordnung für alle Ämter.

Für die LaientheologInnen wurde das „Kuratorium für Laientheologen" geschaffen und ein eigener Referent bestellt; unter dem Vorsitz Wagners wurden die Grundsätze des Einsatzes von LaientheologInnen in den verschiedenen pastoralen Bereichen erarbeitet, insbesondere auch die Auswahlkriterien und die Voraussetzungen für eine Anstellung. Die Notwendigkeit einer pastoralen Einführung sowie Begleitung bereits angestellter pastoraler MitarbeiterInnen wurde erkannt und studiert.

Als Sekretär und Zeremoniär durfte ich vom 17. 8. 1977 bis zum 17. 1. 1982 mit Weibischof und Generalvikar Dr. Alois Wagner zusammenarbeiten. Dass er nicht Diözesanbischof von Linz wurde, hat mich sehr betroffen gemacht. Über den Weg des langen Abschieds von Linz berichte ich im Kapitel „Alois Wagner – Der logische Nachfolger".

Quellen:
Schematismen der Diözese Linz (1970, 1973, 1975, 1978, 1981). Josef Ahammer, Alois Wagner, in: Rudolf Zinnhobler (Hg.), Die Bischöfe von Linz, Linz 1985, S. 368–384 (hier insbesondere S. 376–378).

Klaus Birngruber, Direktor des Linzer Diözesanarchivs

„Man gibt seine eigene Geschichte nicht aus der Hand"

Alois Wagner als Weichensteller für das diözesane Archivwesen in Linz

Weihbischof Alois Wagner gilt in der Hausgeschichte des Linzer Diözesanarchivs als großer Förderer, der wesentlich dazu beigetragen hat, dass dieses Institut der Diözese in den frühen 1970er-Jahren überhaupt ins Leben gerufen und ausgebaut werden konnte.

Der erste Archivdirektor, der 2016 verstorbene Kirchenhistoriker Prof. Dr. Rudolf Zinnhobler, hat in einem Vortrag am 6. März 1989 die Geschichte des Diözesanarchivs festgehalten. Anlass war die Segnung von dessen neuen Räumlichkeiten im Priesterseminar durch Diözesanbischof Maximilian Aichern. Zinnhobler zu den Anfängen des Archivs:

„Anfang der Siebziger-Jahre wurde die Archivfrage wieder besonders aktuell, da wegen der enorm angewachsenen Bestände eine Lösung gesucht werden musste, die die sachgerechte Verwaltung des Archivmaterials ermöglichen sollte. Man überlegte neuerdings die Abgabe von Archivmaterial an das Landesarchiv. Der damalige Weihbischof Dr. Alois Wagner hat sich für die Belassung der im Bischofhof untergebrachten Archivbestände in Eigenverwaltung besonders verdienstvoll eingesetzt. Er sprach damals den seither oft zitierten Satz: ‚Man gibt seine eigene Geschichte nicht aus der Hand.'"[1]

Die Chronologie der Ereignisse und die Rolle Wagners sollen im Folgenden anhand der überlieferten Akten nachgezeichnet und vertieft werden. Im Sommer 1972 wurde die Frage des Diözesanarchivs aus Anlass der ins Auge gefassten (und letztlich vollzogenen) Überstellung des Stadtpfarrarchivs Urfahr an das Archiv der Stadt Linz erstmals auf höherer Ebene diskutiert. Der für die Archivagenden im Ordinariat zuständige DDr. Peter Gradauer verfasste am 21. Juni 1972 eine Art Memorandum zur Archivsituation und berichtete dabei von einer am 29. Mai des Jahres veranstalteten Gesprächsrunde, an der er gemeinsam mit den Kirchenhistorikern DDr. Josef Lenzenweger, Dr. Rudolf Zinnhobler und DDr. Karl Rehberger teilnahm und wo die Archivfrage (offenbar erstmals) ausführlich diskutiert wurde – mit deutlicher Tendenz, das Archivgut in der Obhut der Kirche zu belassen.[2]

Nach diesem Treffen gab es also zwei Möglichkeiten, die man den Entscheidungsträgern vorlegte: Entweder man gründet ein eigenes Diözesanarchiv, etwa nach dem Vorbild von St. Pölten, oder man gibt das Archiv in die Obhut des OÖ. Landesarchivs. Diözesanbischof Franz Zauner sprach sich zunächst für eine Abgabe an die staatlichen Stellen (mit Ausnahme der Akten der letzten zehn Jahre) aus. Allerdings wurde die Frage postwendend im Gremium zurückgestellt.[3] Der bei der Sitzung anwesende Weihbischof Wagner nahm daraufhin Kontakt zu Zinnhobler auf, mit dem er ohnehin wegen der Vorbereitung des Jubiläums „200 Jahre Linzer Diözese" in regelmäßigem Austausch stand: „Bezüglich der Frage eines Diözesanarchives habe ich beim Konsistorium am 4. Juli darauf hingewiesen, dass man eine Entscheidung treffen soll. Die Meinung war geteilt und man stellte die Frage zurück." Wagner stieß bei diesem Thema auf großes Interesse bei Prälat Franz Vieböck, Kanonikus Ludwig Kneidinger und Dekan Karl Böcklinger. Er schlug daher vor, dass sich Zinnhobler mit dem damals für die Ordinariatsarchiv-Agenden zuständigen DDr. Peter Gradauer beraten und dem Generalvikar Kanonikus Ferdinand Weinberger Bericht erstatten möge, damit dieser eine Antwort formulieren könne. „Die Frage ist also im Laufen und ich [Alois Wagner, Anm.] hoffe, dass sich eine Entscheidung über lang oder kurz doch ergeben wird."[4]

Das Scharnier in der Archivfrage

Wagner blieb fortan das Scharnier zwischen Kirchenhistorikern und Konsistorium in der Archivfrage. Das Konsistorium beauftragte in der Folge Zinnhobler am 14. Oktober 1972 mit der Abgabe einer Stellungnahme, die er am 1. Dezember 1972[5] formulierte und in der er sich für die Beibehaltung des Archivgutes in kirchlicher Verwaltung aussprach, wenn es gelänge, die notwendigen räumlichen und personellen Ressourcen zu schaffen.[6] Davor war die „Zukunft des Diözesanarchivs" Thema beim Konsistorium am 24. November 1972. Im Beisein von Weihbischof Wagner kristallisierte sich dabei im Sinne von Gradauer und Zinnhobler die Belassung in Eigenverwaltung als beste Lösung heraus.[7] Beim nächsten Konsistorium am 19. Dezember 1972 wurde infolge des Zinnhobler-Gutachtens bereits eine Projektgruppe (Zinnhobler, Gradauer, Regens Josef Wiener, Dr. Josef Wöckinger) eingesetzt, welche die Unterbringung des Archivs genau erörtern sollte.[8]

Weihbischof Wagner war über die nun einsetzenden Planungen ständig informiert, wie Korrespondenzen mit Dr. Zinnhobler um den Jahreswechsel 1972/73 belegen.[9] Am 26. Jänner 1973 informierte Wagner den Kirchenhistoriker über die im Konsistorium wohlwollende Förderung diözesangeschichtlicher Aktivitäten und wünschte ihm dabei besonders, „dass Du mit den zuständigen Personen eine Lösung für das Diözesanarchiv findest".[10] Dieser Hinweis bezieht sich auf den offiziellen Auftrag des Ordinariats an Zinnhobler vom 9. Jänner 1973 zur Gründung der genannten Projektgruppe.[11] Am 15. Jänner 1973 informierte Wagner Dr. Zinnhobler in einem persönlichen Schreiben über die Beratungen im Konsistorium am 19. Dezember 1972. Daraus geht hervor, dass der Weihbischof selbst aktiv wurde, indem er praktische Aktivitäten wie die umgehende Ermittlung des Schriftgut-Umfanges im Bischofhof anforderte und so hoffte, „dass in diesem Sinne tatsächliche konkrete Planungen unternommen werden können". Er schloss das Schreiben mit dem Satz: „Grundsätzlich finde ich die Aufarbeitung dieser Frage [des Archivs, Anm.] sehr wichtig und hoffe, dass wir zu einer guten Lösung kommen."[12]

Es ging nun Schlag auf Schlag weiter, und wieder war Wagner (und nicht etwa Generalvikar Weinberger, der generell bei all dem im Hintergrund blieb) begleitend aktiv: So beauftragte er Dr. Zinnhobler, Erkundigungen über die Archivverhältnisse in den anderen Diözesen Österreichs einzuholen.[13] Daher konnte am 27. März 1973 dem Ordinariat beziehungsweise dem Konsistorium „nach Klärung verschiedener Vorfragen", die von Weihbischof Wagner begleitet wurden, ein umfangreiches Papier mit konkreten Vorstellungen zu einem Diözesanarchiv in „unbedingter" Eigenverwaltung und dessen Bedeutung und Nutzen für die Diözese vorgelegt werden.[14] Damit war die Grundsatzentscheidung gefallen; die Planungen im Jahr 1973 wurden von nun an noch zielgerichteter vorangetrieben.

Entscheidung für das Priesterseminar

Als im August 1973 Weihbischof Wagner zum Generalvikar ernannt wurde, übernahm er gewissermaßen von Amts wegen die Verantwortung für die Belange der diözesanen Archivverwaltung. Immer wieder gab es fortan – wie aus beiläufigen Bemerkungen in einigen Schreiben hervorgeht – Gespräche und Informationsaustausch, wenn es etwa um die finanzielle und personelle Ausstattung des Archivs ging, das letztlich in den Räumlichkeiten des Priesterseminars untergebracht werden konnte. Gegen Jahresende 1973 wurde Dr. Zinnhobler von Weihbischof-Generalvikar Wagner „mit Freude" und in „Absprache mit dem hochwst. Herrn Diözesanbischof und nach Beratung im Konsistorium" als Archivdirektor bestellt,

Abb. 85: Vignette einer Archivschachtel des Linzer Diözesnarchivs

Abb. 86: Univ.-Prof. Dr. Rudolf Zinnhobler mit Erzbischof Dr. Alois Wagner und Generalvikar Mag. Josef Ahammer an der Philosophisch-Theologische Hochschule der Diözese Linz (Abschiedsvorlesung Zinnhobler) (1998)

um „diese wichtige Einrichtung im Laufe der Jahre" aufzubauen „und in entsprechender Weise für die verschiedenen Anliegen fruchtbar" zu machen.[15]

Noch im November 1974 gab es zwischen Wagner und Zinnhobler ein grundsätzliches Gespräch über die Archivfrage, wobei (offenbar) endgültig festgehalten wurde, dass der „Beschluss des Konsistoriums, das Diözesanarchiv in Eigenverwaltung zu behalten [...] vollinhaltlich aufrecht [bleibe] und die notwendige finanzielle Ausstattung" – für deren möglichst unkomplizierte Abrechnung mit der Finanzkammer über das Ordinariat sich Wagner persönlich einsetzte – „bereitgestellt werde".[16] Zwar formelhaft, doch sicherlich ernst gemeint, sprach der Weihbischof dem Archivdirektor mehrfach Dank für die Leitung des Archivs und die gute Sorge um dieses aus.[17]

Als Schlusssatz dieses Beitrags sei nun, ein halbes Jahrhundert nach der Gründung, im Namen des Diözesanarchivs – und nicht minder ernst gemeint – der Dank an Alois Wagner für sein Engagement um das diözesane Archivwesen ausgesprochen.[18]

1 Zinnhobler, Rudolf: Segnung des Diözesanarchivs (6. März 1989). In: Neues Archiv für die Geschichte der Diözese Linz 7 (1991/92) 129–135, hier 130.

2 Schreiben Dr. Peter Gradauer an das Bischöfliche Ordinariat bzw. Konsistorium vom 21. Juni 1972, Diözesanarchiv Linz (DAL), DAL-A/1, Sch. 3, Fasz. 1.

3 Protokoll des Konsistoriums v. 4. Juli 1972, DAL, Gremien, Konsistorium, Sch. 3, Fasz. 1.

4 Brief Weihbischof Wagner an R. Zinnhobler vom 5. Juli 1972, DAL-A/1, Sch. 3, Fasz. 1.

5 Ebd., Schreiben Generalvikar Weinberger an R. Zinnhobler, Zl. 2169 v. 14. Okt. 1972, DAL-A/1.

6 Ebd., Schreiben R. Zinnhobler an das Bischöfliche Ordinariat v. 1. Dez. 1972.

7 Protokoll des Konsistoriums vom 24. Nov. 1972, DAL, Gremien, Konsistorium, Sch. 3, Fasz. 1.

8 Ebd., Protokoll des Konsistoriums vom 19. Dez. 1972.

9 Brief Zinnhobler an Wagner vom 8. Jänner 1973 (Dank für einen weihnachtlichen Brief und kurze Information über den Planungsstand), DAL, Pers-A/4, Zinnhobler Rudolf.

10 Ebd., Brief Wagner an Zinnhobler vom 26. Jänner 1973.

11 Brief des Bischöflichen Ordinariats an Zinnhobler vom 9. Jänner 1972 (z. Zl. 2168/72), DAL, DAL-A/1, Sch. 3, Fasz. 1.

12 Ebd., Brief Wagner an Zinnhobler vom 15. Jänner 1973.

13 Ebd., Schreiben Zinnhobler an die Bischöflichen Ordinariate aller Diözesen Österreichs vom 25. Jänner 1973. Das Ergebnis übermittelte Zinnhobler schriftlich mit Schreiben vom 19. Februar 1973 mit Informationen zum Stand der Archivplanungen (ebd.).

14 Ebd., Schreiben Zinnhobler an das Bischöfl. Ordinariat vom 27. März 1973.

15 Bestellungsschreiben unter Zl 2727/73 vom 11. Dez. 1973, DAL, Pers-A/4, Zinnhobler Rudolf. Vgl. auch Zinnhobler, Rudolf: Die wissenschaftlichen Einrichtungen der Diözese Linz, Ordinariats-Archiv Linz. In: Jahrbuch des oö. Musealvereines 120 II (1975) 131–134, hier 131.

16 Schreiben Zinnhobler an Wagner vom 29. November 1974, DAL-A/1, Sch. 3, Fasz. 1.

17 Etwa ebd., Schreiben Weihbischof Wagner an Zinnhobler unter Zl. 2221/74 v. 11. Dezember 1974.

18 Für Hinweise danke ich freundlichst Archivdirektor i. R. Dr. Johannes Ebner, der Weihbischof-Generalvikar Wagner in seinen frühen Jahren als Diözesanarchivar (ab 1976) noch persönlich gekannt hatte.

Thomas Hintersteiner, Sekretär/Zeremoniär

Erinnerungen von Jugend an

Meine ersten Erinnerungen an Bischof Alois Wagner stammen aus der frühen Kindheit: Der damalige Weihbischof hat unsere Stadtpfarre Vöcklabruck visitiert und eine Kindersegnung gehalten. Das war eine andere Feier als die übliche Messe, die ich kannte; und ich kann mich noch genau erinnern, dass ich mich als Kind gewundert habe, warum der Herr Bischof (in Chorkleidung mit Stola), der Stadtpfarrer Johann Friesenecker und die Kapläne nur mit dem schwarzen Talar im Altarraum der Stadtpfarrkirche waren, und nicht mit den gewohnten Mess-Paramenten ... Jedenfalls bekamen wir alle ein Bischofsbild mit einem Gebet auf der Rückseite, das wir gemeinsam mit dem Bischof beteten. Am Ende der Feier wurden wir alle einzeln vom Bischof gesegnet.

Eine weitere Erinnerung ist die Eröffnung und Wiedereinweihung der länger nicht benützten Dörflkirche nach ihrer umfassenden Renovierung im Jahr 1980: Weihbischof Wagner kam an einem Abend in unsere Stadtpfarre, wurde in einem Festzug (mit der Kutsche) zur Dörflkirche geleitet, wo er dann die feierliche Festmesse zelebrierte und fulminant predigte.

In Rom gab es mit den Ministranten beziehungsweise während des Theologiestudiums mehrere persönliche Begegnungen mit Kurienbischof Wagner, die immer sehr herzlich verliefen. Wir fühlten uns von ihm in Rom immer sehr gut und aufmerksam begleitet und betreut.

Ich war (Generalvikar Josef Ahammer kam eines Tages mit dieser Anfrage auf mich zu) seit dem Weißen Sonntag 1998 Bischöflicher Zeremoniär von Bischof Maximilian Aichern OSB, ab 2005 von Bischof Ludwig Schwarz SDB. Auch von Erzbischof Alois Wagner bekam ich seit seiner Rückkehr von Rom nach Linz immer wieder Anfragen, ihn zu Firmungen und anderen Gottesdiensten zu begleiten.

Damals war ich auch in der Pfarre Linz-St. Paul zu Pichling bei Pfarrer Günther Türk tätig. Nach der Krebserkrankung und dem allzu frühen Tod unseres Pfarrers im März 2001 war es Erzbischof Alois Wagner, der uns in diesem Jahr gleich viermal in der Pfarre besuchte: Er feierte mit uns die Sonntagsmesse am Faschingsonntag und spendete im Gemeindegottesdienst auch eine Taufe. Am Beginn der Fastenzeit kam er zur Abendmesse des Aschermittwochs und legte uns das Aschenkreuz auf (insbesonders die Firmlinge waren dazu eingeladen). In der Osterzeit spendete Erzbischof Wagner unseren Firmlingen in einer bewegenden Feier (mit Dialogpredigt: „Ja, Du, komm heraus zu mir!") das Sakrament. Und nachdem im Sommer 2001

auch die Internationale Ministrantenwallfahrt nach Rom stattfand, versammelten sich (gegen Ende des Schuljahres) mit ihm die 220 teilnehmenden Ministrantinnen und Ministranten aus der Diözese Linz in unserer Pfarrkirche, um mit ihm die Heilige Messe zu feiern und Impulse aus dem Glauben der frühen Christen in Rom für die Wallfahrt zu erhalten.
Seine letzte öffentlich gefeierte Heilige Messe war das Hochamt zum Dreikönigsfest 2002 in der Linzer Kathedrale, bei der ich als Sänger des Domchors dabei war. Erzbischof Wagner predigte mitreißend über das Thema der Weisen aus dem Morgenland: Gott-Sucher und Gottes-Künder sollen wir sein! - Vielen ist diese Homilie im Gedächtnis geblieben.

Vielen Dank für das lebendige Glaubenszeugnis unseres Erzbischofs!

Abb. 87: Erzbischof Dr. Alois Wagner bei der Internationalen Ministrantenwallfahrt vor der Pfarrkirche Pichling (2001), Zeremoniär Thomas Hintersteiner links hinter Wagner

Abb. 88: Linzer Diözesansynode 1970 – 1972: Besuch des Päpstlichen Nuntius in Österreich, Girolamo Prigione, im Gespräch mit Bischof Zauner

Abb. 89: Synoden-Präsident Weihbischof Wagner mit den Stellvertretern Dr. Inge Loidl und Eduard Ploier

Josef Schicho, ehem. Chefredakteur der Linzer Kirchenzeitung

Ein kontaktfreudiger, kompromissbereiter Vorsitzender

Zur Verwirklichung der Anliegen des II. Vatikanischen Konzils und zur kirchlichen Erneuerung in unserem Land hat vor allem die Linzer Diözesansynode von 1970 bis 1972 beigetragen. Bereits in der Vorbereitungszeit und vor allem durch seine erfolgreiche Arbeit als Präsident der diözesanen Kirchenversammlung hat Alois Wagner entscheidend mitgewirkt.

Als Seelsorgeamtsleiter Franz Vieböck 1968 vom Diözesanbischof Franz Zauner mit den Vorarbeiten der Diözesansynode und dem Vorsitz in der Vorbereitenden Zentralkommission beauftragt wurde, war Wagner bereits eines der Mitglieder des Arbeitskreises, der für die Grundlagen der Diözesanversammlung sorgte, des sogenannten „gremialen Synoden-Sekretariats". Es waren vor allem Referenten des Seelsorgeamtes, die in Pastoralbereichen tätig waren, entsprechende Kontakte zur Basis hatten und sich zusätzlich zu ihren Aufgaben der Synodenvorbereitung widmen konnten. Dazu gehörten beispielsweise Walter Suk für die Stadtseelsorge, Rektor Karl Wild für die Landseelsorge und das Bildungshaus Puchberg, Jugend- und Betriebsseelsorger Josef Mayr für die kategorielle Seelsorge, Josef Schicho für Öffentlichkeitsarbeit und Liturgiereferent Franz Schmutz als späterer Synodensekretär. Wagner war zunächst für das territoriale Verbindungsteam zuständig, wo kirchliche Angestellte Kontakte zu einem oder zwei Dekanaten übernahmen; dies liegt jetzt bei den Dekanatsassistentinnen und -assistenten. Joe Mayr besorgte das kategorielle Verbindungsteam.

Als Weihbischof empfohlen

Ich erinnere mich noch an eine der Sitzungen, die wöchentlich oder vierzehntäglich stattfanden, bei der Wagner entschuldigt war. Einer der Teilnehmer berichtete, dass er in einem Schreiben vom Päpstlichen Nuntius gefragt worden sei, ob Prof. Alois Wagner für die Aufgabe als Linzer Weihbischof geeignet sei. Nach einiger Diskussion empfahlen die Anwesenden vor allem auch wegen der kommenden Diözesansynode eine solche Ernennung, die dann am 1. September 1969 erfolgte. Diözesanbischof Zauner beauftragte im Frühjahr 1970 den Weihbischof als Präsidenten der Diözesansynode. Prälat Vieböck, Eduard Ploier und Dr. Inge Loidl wurden Vizepräsidenten. Das Präsidium bewährte sich bei der Synodenarbeit sehr. Wagners Kontaktfreudigkeit, viele Pfarrbesuche und Vorträge sowie seine Kompromiss-Bereitschaft waren eine große Hilfe für die Kirchenversammlung, an der 145 vor allem durch Wahlen bestimmte Priester, 127 zu einem wesentlichen Teil gewählte Laien, davon 22 Frauen und 15 Ordensschwestern, sowie zwei Ordensbrüder teilnahmen.

Aufbruchstimmung in den Pfarren

Die Diözesansynode brachte eine große Aufbruchstimmung in der Diözese und in vielen Pfarren. Das in Oberösterreich schon sehr beachtete und verwirklichte Laienapostolat fand reichliche Betätigung, verstärkte die nachkonziliare Begeisterung und Bereitschaft zum Einsatz für die kirchlichen und humanitären Anliegen. Wenn es in den darauf folgenden Jahren auch manche „Dämpfer" gab, so hatte die Diözesansynode in vielen Bereichen doch durchaus eine Langzeitwirkung.

Unter den von Diözesanbischof Zauner zum Großteil bestätigten und verlautbarten Beschlüssen bekam die Schaffung der Pfarrgemeinderäte, Dekanatsräte und des diözesanen Pastoralrates sehr große Bedeutung. Vor allem bewährte es sich, dass in den Pfarren und Gruppen bereits die Synodenräte gewählt wurden und sich bei der Diskussion der Synodenvorlagen engagierten. So konnten die späteren Pfarrgemeinderäte und anderen Gremien bereits eingeübt werden. Schon bei den ersten acht Arbeitspapieren gab es mehr als 1300 Stellungnahmen aus den Pfarren und Gruppen.

Fragebögen an alle Haushalte

Große Bedeutung hatten auch die von Wagner intensiv geförderten Bildungs- und Diskussionsangebote sowie die breite Befragung der oberösterreichischen Bevölkerung. Im März 1969 wurden mit einem Brief und Fragebogen des Bischofs alle Haushalte der Diözese zur Mitsprache eingeladen. 116.421 ausgefüllte Fragebögen wurden zurückgesandt und ausgewertet. 14 Prozent aller Oberösterreicher haben ihre Anliegen und Wünsche bekanntgegeben, die bei den Vorlagen und Beschlüssen einbezogen wurden. Allerdings löste es Unbehagen aus, dass z. B. die am öftesten genannten Wünsche, Abschaffung des Zölibats und Reform der Ohrenbeichte, wegen der Zuständigkeit der Weltkirche bis heute auf eine Verwirklichung warten.

Bei der Ohrenbeichte hat das „gläubige Volks" selbst die Initiative ergriffen und die Zahl der Beichten drastisch reduziert. Bisher erfolglos war leider die Anregung zur Diakonatsweihe für Frauen. Viele in der Diözese verwirklichbare Beschlüsse etwa bei der Sakramenten-Spendung und -vorbereitung oder bei der Mitverantwortung der Laien sind heute fester Bestandteil des kirchlichen Lebens in unserer Diözese. – Eine wichtige Aufgabe hatte Synodenpräsident Wagner durch die laufende Information und Einbindung des Diözesanbischofs in die Synodenarbeit.

Abb. 90: Der Autor dieses Beitrages, Dr. Josef Schicho, im Gespräch mit Erzbischof Wagner in Rom

Vizepräsident des Synodalen Vorgangs

Wagners erfolgreiche Synodenarbeit wurde auch dadurch anerkannt, dass er für den anschließenden gesamtösterreichischen „Synodalen Vorgang" 1973 und 1974, dessen Präsident Kardinal König als Vorsitzender der Bischofskonferenz war, durch eben diese Bischofskonferenz zum Vizepräsidenten gewählt wurde. Weitere Vizepräsidenten waren Professor Dr. Wilhelm Zauner, Minister a. D. Dr. Piffl-Perčević und Dr. Agnes Niegl. Wagner war gemeinsam mit den Diözesanbischöfen Zauner und Laszlo sowie Vertretern der Pastoralkommission dann auch Mitglied des Gremiums, das für die Weiterarbeit und die Durchführung des Synodalen Vorgangs geschaffen wurde. Bei der Vorbereitung und den Vollversammlungen war der Linzer Weihbischof auch wesentlich bei den Anliegen der weltweiten Partnerschaft und Entwicklungsförderung wie auch bei den Medien und der Erwachsenenbildung einschließlich der Fernkurse und Glaubensinformation engagiert.

Johann Hainzl, ehem. Ordinariatskanzler der Diözese Linz

Ein Weihbischof für die Synode

Nach zwei Jahren Vorüberlegungen wurde von Bischof Franz Zauner mit 1. Oktober 1968 eine Diözesansynode offiziell angekündigt. Knapp ein Jahr später, am 1. September 1969, wurde Dr. Alois Wagner zum Weihbischof von Linz ernannt, und zu seinen künftigen Aufgaben gehörte besonders die Durchführung der Diözesansynode. Bei der konstituierenden Sitzung der Vollversammlung der Synode am 7. März 1970 ernannte Bischof Zauner seinen Weihbischof zum Präsidenten der Synode. Im März 1973 bestätigte der Diözesanbischof die letzten Beschlüsse der Linzer Diözesansynode, die mit der darauffolgenden Veröffentlichung im Linzer Diözesanblatt rechtswirksam wurden.

Mit 1. August 1973 ernannte Bischof Zauner seinen Weibischof auch zum Generalvikar der Diözese Linz. Damit waren die Verwirklichung und Durchführung der Beschlüsse der Diözesansynode und die Bewältigung der kirchlichen Personalprobleme, die immer deutlicher sichtbar wurden, die besondere Sorge und Aufgabe Wagners. Es zeigte sich aber bald, dass er von den Menschen in der Diözese weiterhin primär als Weihbischof und nicht so sehr als Generalvikar gesehen wurde.

Die Folgen der Synode

Es war Wagners großes Anliegen, dass ein Grundthema des Zweiten Vatikanischen Konzils „Kirche ist Volk Gottes und damit sind alle Kirche" in besonderer Weise verwirklicht werde. Ein wichtiges Element dazu war die Diözesansynode unter dem Leitspruch „Kirche um der Menschen willen". Schriftlich und mündlich, durch Vorträge, Predigten und Diskussionen, wurde gerade diese Grundauffassung von der allgemeinen Verantwortung des Volkes Gottes für die Kirche durch Wagner immer wieder dargelegt, und die engeren Mitarbeiter wurden in dieser Richtung motiviert.

Ein zentrales Element der Synode war die Mitberatung der Priester und Laien vor allem in pastoralen Fragen. Daher wurden bereits 1973 Pastoralrat, Dekanatsrat und Pfarrgemeinderat errichtet, wobei aber die Dekanatsräte erst im Laufe mehrerer Jahre ihre Aufgaben wirklich erkannten. Aber auch manch anderes Gremium entstand für verschiedene Fragen und Anliegen.

Neben der Einrichtung der Pfarrgemeinderäte wurden die bei der Synode beschlossenen Änderungen bei den Tauf- und Firmfeiern für die Menschen bald sichtbar. Taufen sollten als Feiern der Familie und – wenn möglich – auch der Gemeinde gestaltet werden. Ebenso traten Firmungen in den Pfarren an die Stelle der „Massenfirmungen“ zu den Pfingsttagen im Linzer Mariendom. So konnten die Firmungen zu einer möglichst lebendigen Begegnung der Firmspender, aber ebenso der Paten und aller Mitfeiernden werden. Zugleich wurde auch in den Pfarren die Firmung stärker bewusst, und sie konnten in die Feier miteinbezogen werden.

Abb. 91: Synoden-Beschlüsse erforderten auch entsprechende Abstimmungen. Von links: KA Präsident Anton Hanl, Pfarrer Friedrich Oisser, Schulamtsdirektor Georg Scherrer, Bischofsekretär Gottfried Schicklberger, Prof. Hans Hollerweger, DFK-Direktor Dr. Josef Wöckinger, Priesterseminar-Regens Dr. Engelbert Schwarzbauer

Stärkung der Dechanten

In der Dechantenkonferenz wurden Überlegungen zu einer Änderung der Dekanatszugehörigkeit einzelner Pfarren angestellt. Die Neuordnung (1974) betraf besonders das Untere Mühlviertel. Dort wurde das Dekanat Pabneukirchen aufgelöst und das Dekanat Perg neu errichtet. Zugleich änderten sich auch die Grenzen der benachbarten Dekanate. Wichtig war in diesem Zusammenhang auch die Stärkung der Stellung der Dechanten und der Dekanatskämmerer.

Wichtig war auch eine Verbesserung und Intensivierung der Zusammenarbeit in der diözesanen Kurie. Dazu wurde die „Amtsleiterkonferenz“ als Gesprächsbasis zwischen den diözesanen Ämtern für die Lösung konkreter Fragen eingerichtet. Diese Konferenz, die ab 1972/73 regelmäßig alle 14 Tage durchgeführt wurde, ergab die Möglichkeit einer viel engeren und intensiveren Zusammenarbeit, einer gegenseitigen Information und einer persönlicheren Begegnung, was einer ganzheitlichen pastoralen Konzeption der diözesanen Leitung dienen sollte. Gleicherweise wurde auch das Bischöfliche Konsistorium regelmäßig, und zwar alternierend mit der Amtsleiterkonferenz, abgehalten.

Klaus Zapotoczky, Soziologe, Johannes Kepler Universität Linz

Vom Pfarrgemeinderat zum Synodenvorstand

Mit Beginn meiner Beschäftigung an der neugegründeten Hochschule für Sozial- und Wirtschaftswissenschaften in Linz verdichteten sich ab April 1966 meine Kontakte mit den entwicklungspolitisch Tätigen hier und in Wien immer mehr und auch die Kontakte mit der Pfarre Linz-Kleinmünchen. Diese hatten sich während meiner Auslandsaufenthalte in Belgien und Deutschland und nach der Übersiedlung meiner Eltern nach Bad Ischl sukzessive reduziert (es dürfte auch zu Meinungsverschiedenheiten zwischen meinen Eltern, die sich Jahrzehnte lang für Angelegenheiten der Pfarre eingesetzt hatten, und dem Pfarrer und seinen Mitarbeitern gekommen sein, womit ich mich aber, weil ohnehin nicht anwesend, nie beschäftigt habe). Nun wurden sie auf unübliche, eher kuriose Weise wieder aufgefrischt und auf eine neue Basis gestellt. Das stand im engen Zusammenhang mit der diözesanen Entscheidung, Pfarrgemeinderäte zu gründen und eine stärkere Mitwirkung der Laien in der Kirche im Sinne des Konzils aufzubauen. Diese Bemühungen dürfen aber nicht darüber hinwegtäuschen, dass es auch in der Diözese Linz klerikal orientierte Gruppen gab und gibt, die – zum Großteil auch in bester Absicht – diese Entwicklung ablehnen und für ein Unglück halten. Der aus Ostpreußen stammende, dem Orden vom Kostbaren Blut – wir nannten dessen Mitglieder scherzhaft „Sanguiniker" – angehörende Pfarrer Otto Grunwald, der während des NS-Regimes aus dem Alt-Reich in die Ost-Mark verbannt worden war, sah die Chancen dieses neuen Ansatzes und wollte einen arbeitsfähigen Pfarrgemeinderat in Linz-Kleinmünchen aufbauen.

Anlässlich eines Vortrages, den ich – wenn ich mich recht erinnere – im Frühjahr 1967 in einer katholischen Bildungseinrichtung vor vorwiegend jugendlichem Publikum hielt, fielen mir mehrere ältere Männer aus der Pfarre Kleinmünchen im Publikum auf, die unmöglich zufällig und aus eigenem Antrieb zum Vortrag gekommen sein konnten. Tatsächlich baten mich diese Bekannten und Freunde nach dem Vortrag zu einem kurzen Gespräch, zu dem ich gerne bereit war. Das Anliegen war die Frage, ob ich bereit sei, mich mit dem Pfarrer nach längerer Zeit wieder zu einem persönlichen Gespräch zu treffen. Dies war für mich kein Problem, und ich vereinbarte in der Folge ein Treffen mit P. Otto im Pfarrhof; dabei ersuchte mich der Pfarrer, für die geplante Pfarrgemeinderatswahl zu kandidieren. Für mich war diese Anfrage eine willkommene Gelegenheit, die langjährige Mitarbeit in der Pfarre nach langer Unterbrechung und einer gewissen gestörten Beziehung meiner – nun nicht mehr in der Pfarre wohnenden – Eltern unter neuen Bedingungen wieder aufzunehmen.

Abb. 92: Anträge an die Synode rufen auch Juristen auf den Plan: Bildmitte Kirchenrechtler Prof. Dr. Bruno Primetshofer

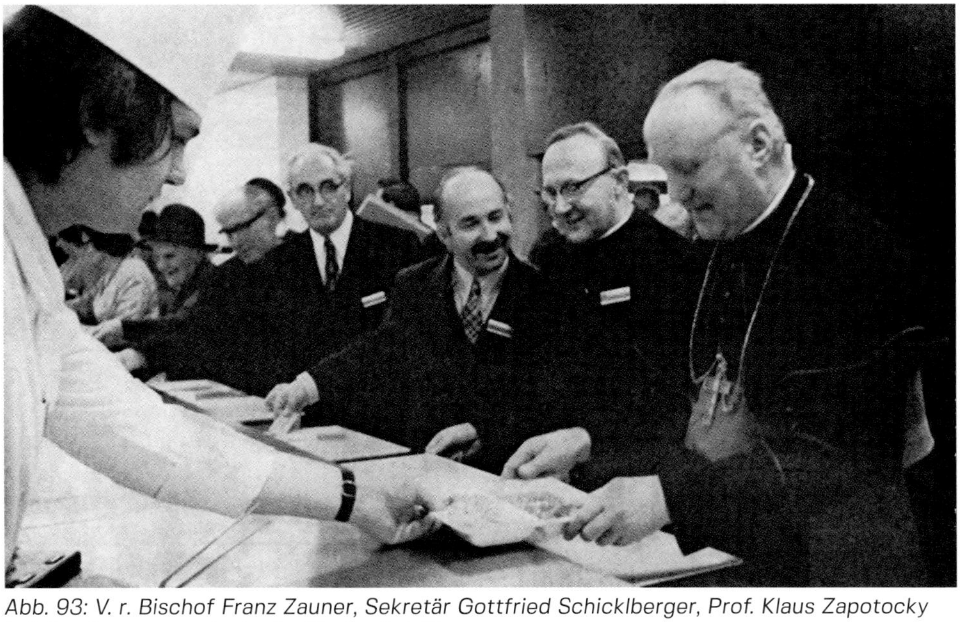

Abb. 93: V. r. Bischof Franz Zauner, Sekretär Gottfried Schicklberger, Prof. Klaus Zapotocky bei der Essensausgabe in der Hochschul-Mensa.

Die meisten Stimmen

Für mich war es auch keine Überraschung, dass ich, der Sohn des langjährigen, in der Pfarrgemeinde ansässigen und über deren Grenzen hinaus tätigen Gemeindearztes, als einer der ganz wenigen Kandidaten fast allen namentlich bekannt war, die meisten Stimmen erhielt und daher später auch zum Pfarrgemeinderats-Vorsitzenden gewählt wurde. So kam es, dass ich auch Mitglied des Dekanats- und Diözesan-Synodenrates wurde. Als ich im Rahmen einer kleinen Studie dann noch feststellte, dass der Anteil der von der Basis Gewählten auf jeder Ebene geringer wurde und im Vorstand des Diözesan-Synodenrates überhaupt kein von der Basis Gewählter vertreten sei, sagte Alois Wagner zur mir: Das werden wir sofort ändern, in der nächsten Sitzung schlage ich vor, Dich in den Vorstand zu kooptieren. So kam es, dass ich – fast von Anfang an – im Vorstand des Diözesan-Synodenrates Mitglied war und an fast allen der mehr als 120 Sitzungen des Vorstands des Diözesan-Synodenrates teilnahm – auch als ich ab 1971 beruflich in Wien tätig war und so sehr viel Zeit investieren musste. Diese neue berufliche Tätigkeit und die schwierige Aufbauarbeit der Soziologie an der Philosophischen Fakultät der Universität Wien erschwerten mein Engagement für die Diözese Linz und die Weiterarbeit im Sinne der Synode. Gleichzeitig ergaben sich neue Aufgaben im Bereich der Entwicklungszusammenarbeit. Außerdem heiratete ich in dieser Zeit, versuchte in Wien eine Wohnung zu finden und hatte diese entsprechend zu gestalten.

Der Impuls zum Aufhören

So kam es, dass ich mich zu wenig um die Dynamisierung der kirchlichen Arbeit in der Diözese Linz kümmerte und es auch allgemein nach dem Abschluss der Synode zu synodalen Ermüdungserscheinungen kam. Dieser Impuls zum Aufhören wurde auch strukturell dadurch unterstützt, dass der Präsident der Synode, Weihbischof Dr. Wagner, den ihm erteilten Auftrag an den Diözesanbischof im feierlichen Abschlussgottesdienst der Synode zurückgab, alle jahrelang intensiv arbeitenden Gremien ihre Arbeit einstellten und so den Mühen und dem Ringen um die Beschlussfassungen Erleichterung und Ruhe folgten; und so wurde die eigentliche Arbeit der Umsetzung nicht begonnen beziehungsweise folgten den beschlossenen Worten keine Taten. Wie schwierig es ist, vom Wort zur Tat zu finden und welche Netzwerke aufzubauen sind, um (langfristig) verlässlich zusammenzuarbeiten, habe ich an anderer Stelle ausgeführt. Die mühsam geschaffenen Synodengremien stellten ihre Arbeit ein, und die nicht oder kaum eingebundenen „normalen" Strukturen in Pfarren, Dekanaten und der Diözese brauchten einige Zeit – wie auch die Veröffentlichung der Beschlüsse –, bis sie wieder funktionstüchtig waren. Auch dann hatten sie aber eher wenig Interesse, sich mit den Synoden-Ergebnissen zu beschäftigen, geschweige denn das Leben entsprechend zu gestalten.

Abb. 94: Aufmerksames Synoden-Plenum im Hörsaal 1 der neuen Linzer Hochschule für Sozial- und Wirtschaftswissenschaften (heute Johannes Kepler Universität). 1. Bank: die Kapläne Karl Appl und Ernst Bräuer

Abb. 95: Zur Themen-Vorbereitung der Diözesansynode wurden die Messbesucher befragt

Eine ehrliche Standortbestimmung

Auch in anderen Diözesen hatten Synoden stattgefunden, und man dachte zunächst daran – dem deutschen Beispiel folgend – eine gesamtösterreichische Synode vorzubereiten; Weihbischof Dr. Wagner, der inzwischen Sprecher der Österreichischen Bischofskonferenz geworden war, wurde mit Vorbereitungsarbeiten beauftragt. Nach den – nicht immer guten – Erfahrungen mit der deutschen Synode empfahl es sich, die gesamtösterreichischen Bemühungen der Bischofskonferenz einen synodalen Vorgang zu nennen und diesen Vorgang im Bildungshaus der Jesuiten in Wien-Lainz durchzuführen.

Auf Empfehlung von Alois Wagner ersuchte mich der damalige Diözesanbischof von St. Pölten, Dr. Franz Zak, in der Bischofskonferenz für „kjJugend" zuständig, eine Vorlage zum Thema „Jugend" für den synodalen Vorgang zu erstellen. Bevor ich mich mit Vertretern der „Jugend", die damals der katholischen Amtskirche im Allgemeinen und den Bischöfen im Besonderen sehr skeptisch gegenüberstanden, in Verbindung setzte, fragte ich den Bischof ausdrücklich: Wollte er beziehungsweise wollten die Bischöfe tatsächlich die Erwartungen der „Jugend" an die Zukunft und ihr Leben erfahren, weil da – höchstwahrscheinlich – Ansichten dabei sein würden, die für die Kirche nicht akzeptabel seien? Bischof Dr. Zak versicherte mir, man wolle eine „ehrliche Standortbeschreibung".

Darauf bemühte ich mich, Mitglieder für eine vorbereitende Arbeitsgruppe trotz großer Widerstände zu gewinnen und rekrutierte schließlich eine – für meine Begriffe – durchaus brave und eher „linientreue" Gruppe, unter ihnen zwei Klosterschwestern. Ich erarbeitete also mit diesem eher nicht revolutionären Team ein moderates, wie mir schien durchaus diskussionswürdiges und auch – vielleicht mit einigen Änderungen – annehmbares Papier (bei manchen Fragen wie Geschlechtsverkehr vor der Ehe, Anti-Baby-Pille und Ähnlichem meinten die beiden Schwestern: Seht uns einfach als nicht anwesend an). Dann überreichte ich das Papier dem Jugend-Bischof und erfuhr später von Delegierten des Synodalen Vorgangs: Unsere Vorschläge seien den Mitgliedern gar nicht zur Diskussion übergeben worden, sondern man habe einen (eher) konservativen Kaplan gebeten, ein neues, brauchbares Papier zu erstellen.

Als ich dieses Faktum den Jugendvertretern mitteilte, sagten diese: „Wir haben es Dir gleich gesagt, dass ‚von den Bischöfen' nichts anderes zu erwarten ist." Auch ich war zunächst verärgert, bis mir klar wurde, dass dies nicht die „einsame Entscheidung" eines Bischofs oder „der Bischöfe" gewesen sein konnte; sondern diese musste von einem gewählten und bestellten Gremium – vorwiegend aus Laien bestehend – getroffen worden sein, dem eine problemnahe Auseinandersetzung mit existenziellen Fragen junger Menschen und ihren – vielleicht nicht mehr zeitgemäßen – eigenen Ansichten in diesem Rahmen nicht sinnvoll erschienen war.

Die Angst vor dem Gesichtsverlust

Manche Amtsträger – gleichgültig auf welcher Ebene und vielleicht auch in welchem Bereich – sind eben fortschrittlicher und mehr am Dienst an den Menschen orientiert, und viele andere, die auch wichtige Ämter innehaben können, befürchten vor allem, Macht und Einfluss zu verlieren oder einen Gesichtsverlust „ihrer" Kirche oder Institution zu erleiden, und ordnen dieser (oft ängstlichen) Sorge vieles, vielleicht zu vieles, unter. Das erinnert mich an ein Bekenntnis bei einer Feier am Christ-Königs-Fest aus meiner Jugendzeit: In der Liebe zu Christus soll uns niemand übertreffen. Vielleicht lieben manche „ihre" Kirche mehr als das Haupt dieser Kirche, ohne es zu merken

Bei mir bewirkte dieses Erlebnis eine langjährige – ungerechtfertigte – innere Distanzierung von den Bischöfen. Glücklicherweise hatte ich vielfältige Gelegenheiten, diese Haltung zu revidieren. – Aber der „perfekte Schein" ist innerhalb und außerhalb der Kirche eine große Gefahr für das Zusammenleben und Zusammenhalten der Menschen. Innerhalb der Katholischen Kirche ist eine solche Haltung oft noch durch einen Klerikalismus geprägt, der nicht nur von Amtsträgerinnen und Amtsträgern, sondern auch von anderen vertreten wird und dann besonders unangenehm wirken kann.

Alle diese Positionen können mit und ohne innere Überzeugung vertreten werden, sodass es schwerfällt, zwischen ehrenhaftem und gewissenhaftem Überzeugungs-Handeln und berechnendem Nützlichkeits-Handeln zu unterscheiden. Damit kann aber vielen bemüht Suchenden der Zugang zu einer lebensprägenden Spiritualität erschwert werden.

Hans Gruber, Betriebs- und Gefangenenpfarrer em

Der beleidigte Reformer und sein Tröster

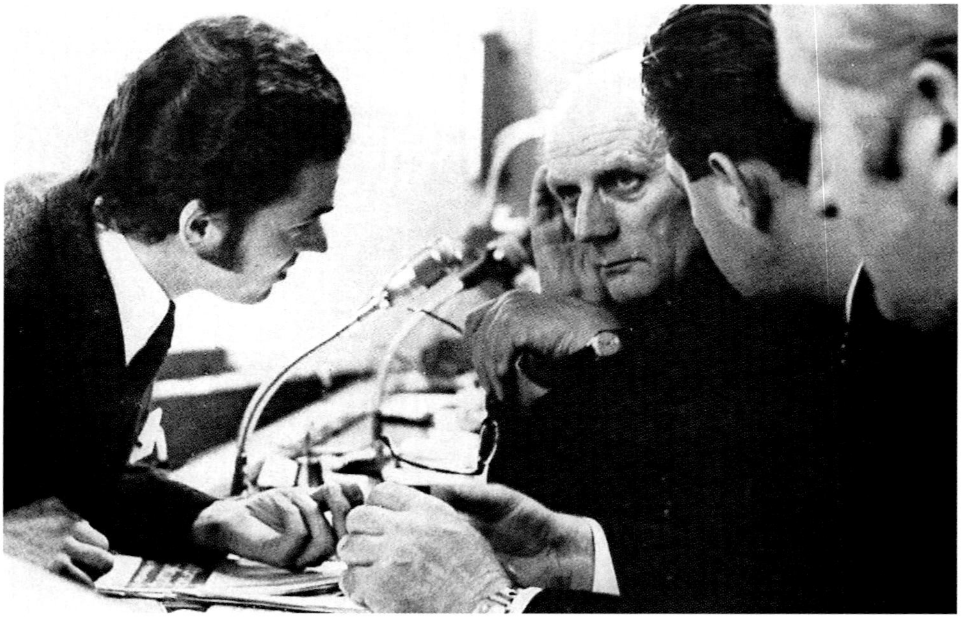

Abb. 96: Delegierter Kaplan Hans Gruber (links), versucht den skeptischen Sitzungsleiter, Dechant Karl Thöne (Grein), zu überzeugen

Es war nach der zweiten Sitzungsperiode des Vatikanischen Konzils im Spätherbst 1962. Bischof Zauner besuchte die Priesterseminaristen zu einem begeisterten Bericht über seine Konzilserlebnisse. Wegen seines Eintretens für die Volkssprache in der Liturgie wurde er zum Sprecher der liturgischen „Vorlage" gewählt. Stolz berichtete er über seine Vorreiter-Rolle. Auf dieser Begeisterungswelle schwimmend startete er eine Serie von Vorträgen in den Pfarren und Dekanaten. Zauner war endgültig als Reformbischof etabliert.

Durchaus in seinem Sinne war es, dass Priester und Laien eine Diözesansynode einforderten. Auch gefiel es ihm, dass neue Wege zur Themenerhebung beschritten wurden. So wurde eine Umfrage mit dem Slogan gestartet: „Dem Bischof seine Meinung sagen!" – 116.000 Antworten kamen retour!

Im Herbst 1970 fand die erste Sitzung im großen Hörsaal der Linzer Hochschule für Sozial- und Wirtschaftswissenschaften statt. Erstmals in der Geschichte nahmen auch Laien, Männer und Frauen, als Abgeordnete teil. Noch dazu war die Sitzordnung demokratisch anhand der Platzierung des Familiennamens im Alphabet erstellt. Das ergab eine erstaunliche Mischung!

Aus der Umfrage wurden neun Themen als Beratungsmaterie ausgewählt. Sie reichten von der Diskussion der Erstbeichte bei Kindern bis zur Aufhebung des Pflichtzölibats. Manches davon überstieg die Fassungskraft des „Reformbischofs". Den Sitzungsvorsitz hatte er wohlweislich schon seinem Weihbischof Alois Wagner übergeben. Das enthob ihn der Pflicht, sich regelmäßig zu Wort zu melden. Hin und wieder „platzte ihm aber der Kragen". Das war zunächst bei Themen, die nur Rom entscheiden konnte. Der Bischof meinte dazu, die Versammlung nehme sich der Themen an, die ihre Kompetenzen entschieden überstiegen. („Nicht einmal das Konzil hat diese Themen aufgegriffen!") Eine andere eruptive Wortmeldung des Diözesanbischofs wurde in der Diskussion um das Vetorecht der Priester im Pfarrgemeinderat provoziert. Auf sich bezogen stellte er anklagend fest: „Ich bin nur mehr ein Strohmann, der überall die Unterschrift zu setzen hat!"

An solchen kritischen Punkten der Synode war Weihbischof Wagner gefragt. Er funktionierte als „Fleisch gewordene Beruhigung". Typisch war, dass er in den Pausen hektisch versuchte, mit aufgebrachten Menschen in Kontakt zu kommen. Er warb um Verständnis für den zornigen Bischof. Wir jungen Kapläne analysierten das Bischofsverhalten als das „eines beleidigten Reformers, der von dem überholt wird, was er selbst angestoßen hat".

Abb. 97: Bischof DDr. Franz Zauner war als „Motorrad-Bischof" über Oberösterreich hinaus bekannt. Im Konzil festigte er als Liturgiker seinen Ruf

Walter Wimmer, ehem. Vorsitzender des Priesterrates der Diözese Linz

Verteidiger des Konzils

Abb. 98: Kurz nach seinem Wechsel von Oberösterreich in den Vatikan begleitete Wagner Linzer Priesterseminaristen mit Regens Rudolf Panhofer und Dr. Walter Wimmer in Rom zur Audienz bei Papst Johannes Paul II.

Zwanzig Jahre lang war ich Vorsitzender des Priesterrates der Diözese Linz. In dieser Funktion habe ich eng mit den Linzer Bischöfen zusammengearbeitet. Ich erinnere mich an viele, oft auch heitere Begegnungen mit Bischof Alois Wagner. Eines möchte ich vor allem hervorheben:

Alois Wagner hat die Beschlüsse des II. Vatikanischen Konzils nicht nur befolgt, sondern auch verteidigt. Und er hat alle möglichen Rückschläge bedauert und auszugleichen gesucht. So hat er sich auch für die Frauen und Ihre Stellung in der Kirche sehr eingesetzt.

Josef Schicho, ehem. Chefredakteur der Linzer Kirchenzeitung

Gefragt bei Journalisten

Alois Wagner hatte ein Nahverhältnis zu den Journalisten, zu den Zeitungen sowie zu Fernsehen und Radio. Da der Großteil der österreichischen Bischöfe eher eine vorsichtige und ausweichende Beziehung hatte, wandten sich die Medienvertreter vor allem an Wagner, wenn sie Stellungnahmen zu Kirchen- und Glaubensfragen haben wollten. So wurde der Linzer Weihbischof praktisch zum Mediensprecher der österreichischen Oberhirten, wenn auch der Vorsitzende der Bischofkonferenz Kardinal König der offizielle Medienbischof Österreichs war. Natürlich ergaben sich bisweilen auch Diskussionen und Probleme, etwa als die Redaktion der Linzer Kirchenzeitung vermehrt soziale und die Gesellschaft betreffende Themen und Anliegen aufzugreifen begann, um über den kirchlichen Kreis hinaus beachtet zu werden.

Durch Vorschläge wie die Abschaffung der Religionsnoten zur Verminderung des Leistungsdrucks in Schulen, Beseitigung der B-Züge in den Hauptschulen, Reform oder gar Abschaffung der Gefängnisse fand die Kirchenzeitung Beachtung in der Öffentlichkeit. Manche Anliegen wie echter Mutterschutz für schwangere Schülerinnen und Studentinnen oder die Unterstützung bei der Verhinderung der Inbetriebnahme des ersten Atomkraftwerks in Österreich beziehungsweise des Baus von zwei weiteren waren erfolgreiche Beiträge zu wichtigen gesellschaftlichen Entscheidungen.

Heiße Eisen in der Kirchenzeitung

Alois Wagner sowie der Wiener Weihbischof und Schulreferent in der Bischofskonferenz Helmut Krätzl mussten öfters für Stellungnahmen in den Medien herhalten und hatten es nicht leicht. Von Krätzl stammte der damals halb im Scherz, halb im Ernst gemachte Ausspruch, er zittere jede Woche, wenn er die Linzer Kirchenzeitung aufschlage, was wieder „angestellt" worden sei. Der Sekretär von Diözesanbischof Zauner, Kanonikus Gottfried Schicklberger, gab uns den Rat, wir sollten „heiße Eisen" erst aufgreifen, wenn sie abgekühlt seien. Wagner distanzierte sich nicht von uns, brachte aber manche Korrekturen an. Die Zusammenarbeit zwischen Wagner und mir wurde besonders bei den Glaubensthemen, für die ich mich 30 Jahre lang besonders engagierte und viel schrieb, nicht in Frage gestellt. Von ihm kamen auch manche Anregungen wie die Forderung zum 1. Mai, auf Überstunden zu verzichten, wenn dadurch andere Menschen Arbeit bekommen könnten.

Abb. 99: Wenige Jahre nach der Bischofsweihe wurde Wagner Pressesprecher der Bischofskonferenz. Im Bild eine Pressekonferenz mit den Bischöfen Johann Weber und Stefan Laszlo (von links)

Zusammenarbeit mit Wagner gab es dann auch, als ich im Frühjahr 1998 diözesaner Beauftragter für die Privatradios wurde. Vor allem nach seiner Rückkehr nach Linz bat ich ihn regelmäßig um Sendungen zu kirchlichen und religiösen Fragen in den Privatradios, was er gerne übernahm. Die Aufnahmen machten wir meist im Domherrenhaus, wo Wagner eine neue Beheimatung hatte.

Erwähnen möchte ich noch, dass Wagner die vielbeachteten und erfolgreichen Medienverbundprogramme in den 70er-Jahren in Österreich und Deutschland verfolgte, die seinen Intentionen sehr entsprachen. Dazu gehörte das von der Katholischen Aktion Österreichs und den Einrichtungen der Erwachsenenbildung mitgetragene ORF-Studienprogramm „Wozu glauben?" mit 14 Hörfunksendungen vom Jänner bis zum April 1974, einem Arbeitsbuch und dem Angebot von Gruppentagen und anderen Veranstaltungen. Ein gemeinsames Projekt mit dem deutschen Fernsehen und Erwachsenenbildungsorganisationen war das Verbundprogramm: „Warum Christen glauben?" Im Mittelpunkt stand die dreizehnteilige Fernsehreihe des Südwestfunks Baden-Baden und das von deutschen, österreichischen und Schweizer Theologieprofessoren verfasste Theologische Sachbuch mit gleichem Titel. Es gab zahlreiche Begleitinitiativen. Ich selbst war bei einer Einführung in Baden-Baden. Das Katholische Bildungswerk und die Katholische Aktion in unserer Diözese waren beim Verbundprogramm zur zeitgemäßen Glaubensinformation sehr engagiert.

Wolfgang Katzböck, ehem. Leiter der Pressestelle der Diözese Linz

Auf sein Lachen hat er nie vergessen

Erzbischof Wagner im Spiegel der Presse

„Er war ein Stern für die Armen und die 3. Welt" – „Wir sind sehr dankbar für sein geistliches Lebenswerk für unsere Diözese Linz, aber ebenso für die Kirche in Österreich und für die Weltkirche" – „Oberösterreich verliert mit Erzbischof Wagner eine ganz große Persönlichkeit mit ansteckender Herzlichkeit". - Über den Tod von Erzbischof Alois Wagner am 25. Februar 2002 berichteten in den darauf folgenden Tagen die heimischen Medien in zum Teil ausführlichen Nachrufen und mit den Würdigungen seiner Verdienste durch die Spitzen der Kirche und des Landes.

Hier einige Zitate aus dem Medienecho zum Ableben des Seelsorgers und Diplomaten:

Wagner war bekannt für seine Offenheit, sein Bekenntnis zur Pluralität der Glaubensformen und dafür, sich die Freiheit des Christenmenschen zu nehmen, dann und wann auch Positionen zu vertreten, die (noch?) abseits des Lehramts stehen. (Die Presse)

Seine ansteckende Herzlichkeit und die Offenheit gegenüber Gesellschaft und Medien waren es wohl, die ihn zum Sympathieträger machten. Wagner gehörte zu jenen, die die Konzilsempfehlung zur Öffnung der Kirche ernst nahmen. (OÖ. Nachrichten)

Für Tausende österreichische Pilger war seine Herzlichkeit sprichwörtlich. Wer Kurienbischof Alois Wagner in Rom erlebte, verließ die Ewige Stadt mit dem Bild einer freudebringenden Kirche, die „unser Mann in Rom" verkörperte. (Die Furche)

Solange es seine Gesundheit erlaubte nahm er Einladungen zu Vorträgen und zu Gottesdiensten gerne an. Als Firmspender fand der einstige Jugendseelsorger auch noch im Alter spontanen Kontakt zu den jungen Menschen. (Neues Volksblatt)

„Es geht darum, Christus zu suchen und durch eigene Taten ein Stern für andere zu sein." Diese Worte gab Erzbischof Wagner noch am Dreikönigstag beim Festhochamt im Linzer Dom den Besuchern mit nach Hause.Tatsächlich war er selbst sein ganzes Priesterleben ein Stern, der den Weg weisen wollte in eine bessere Welt. (OÖ. Rundschau)

Erzbischof Wagner durfte sich in Rom der allergrößten Wertschätzung durch Papst Johannes Paul II. erfreuen. (Kronen Zeitung)

Außer den verschiedenen Beiträgen zum Leben von Alois Wagner in diesem Gedenkbuch ist es wohl auch von Interesse, die wesentlichen Eckdaten seines Wirkens als Weihbischof, Kurienbischof und Erzbischof im Spiegel der Pressemeldungen darüber in Erinnerung zu rufen. Als langjähriger Pressereferent der Diözese Linz (1969 – 2003) kann ich dabei auf das ab Beginn meiner Tätigkeit gesammelte Archiv der diözesanen Pressestelle zurückgreifen. Es wird seit 2004 vom Diözesanarchiv Linz betreut, dem ich für die Unterstützung für diesen Beitrag herzlich danke.

Eine diözesane Pressestelle

Den Anstoß für die Einrichtung einer diözesanen Pressestelle mit 1. 1. 1969 gab die in Vorbereitung befindliche Linzer Diözesansynode (1970–1972). Bis dahin waren Informationen aus dem kirchlichen Leben Oberösterreichs vor allem Sache des Linzer Kirchenblattes und des damals vom Katholischen Pressverein der Diözese Linz herausgegebenen Linzer Volksblattes. Einen Stempel „Kirchliche Pressestelle" gab es zwar schon, er wurde aber zuvor kaum verwendet. Dr. Alois Wagner war – neben seiner Lehrtätigkeit als Professor für Pastoraltheologie – auch Referent für Glaubensinformation im Seelsorgeamt (das später in Pastoralamt umbenannt wurde). Damit war er zweifellos auch in die Errichtung der diözesanen Pressestelle eingebunden, die praktischerweise dem Seelsorgeamt zugeordnet wurde.

In die intensive Phase der Synoden-Vorbereitung platzte am 3. September 1969 die Nachricht aus dem Vatikan, dass Dr. Alois Wagner zum Weihbischof von Linz ernannt worden sei. Während die Personalentscheidung zwar begrüßt wurde, gab es jedoch kritische Stimmen von Priestern und Laien, weil die Diözese in die Entscheidung offensichtlich nicht eingebunden war. Dessen ungeachtet wurde die Bischofsweihe am 26. Oktober 1969 im Linzer Mariendom zum großen religiösen sowie volks- und weltkirchlichen Fest mit rund 10.000 Mitfeiernden.

Neues Leben für den Bischofshof

Für den neuen Weihbischof, war es keine Frage, gerade im Hinblick auf die bevorstehende Diözesansynode, die Medieninformationen und die Kontakte zu den Redaktionen zu unterstützen. Ich genoss von Anfang an das Vertrauen des Weihbischofs. Er konnte sich auf meine verantwortungsbewusste journalistische Arbeit verlassen.

Abb. 100: Wagner zu Gast im OÖ. Presseclub, mit dessen Präsidenten Dr. Hannes Leopoldseder

Abb. 101: Wagner begründete den jährlichen Medienempfang für Journalistinnen und Journalisten. Einen Gastbischof aus Afrika instruierte er im „Gut Holz!".

Das gute gegenseitige Verhältnis führte dazu, dass ich als Pressereferent und Laie später als Gast an den Sitzungen des Priesterrates der Diözese und an der Konferenz der Dechanten teilnehmen und über die Ergebnisse und Beschlüsse dieser Gremien aus eigener journalistischer Sicht und Verantwortung die Medien und damit die Öffentlichkeit informieren konnte. Nach der Diözesansynode wurde die Anwesenheit des Pressereferenten auch bei den Vollversammlungen des diözesanen Pastoralrates zur Selbstverständlichkeit.

Mit der Übersiedlung in den Linzer Bischofshof brachte der neue Weihbischof Leben in den bisher eher ruhigen Jakob Prandtauer-Bau in der Herrenstraße 19. Bischöfe und Priester aus Übersee, österreichische Missionare, Missionsschwestern und EntwicklungshelferInnen kamen zu Besuch. Wagner suchte auch von sich aus den Kontakt zu den Verantwortlichen im Land aus Politik, Wirtschaft, Kultur, auch Sport.

Der Bischofshof wurde auch für festliche Begegnungen, Ausstellungen und Präsentationen geöffnet. So gab es 1972 eine Ausstellung der burgenländischen St. Margarethener Passionsspiele mit 60 großformatigen Farbdiakästen im bi-

Abb. 102: Der Bischofshof wurde für den jährlichen Adventmarkt geöffnet

schöflichen Festsaal zu sehen. Langspielplatten anlässlich „50 Jahre Linzer Dom“ (1974), „25 Jahre MIVA/Missions-Verkehrs-Arbeitsgemeinschaft“ (1975) oder „Entwicklung zum Frieden“ (über die kirchliche Entwicklungshilfe) wurden ebenfalls dort mit viel Prominenz präsentiert.

Abb. 103: Die Missions-Verkehrs-Arbeitsgemeinschaft (MIVA) wurde zum 25 Jahr-Jubiläum mit einer Schallplatte gewürdigt

Jährlicher Medienempfang

Um zwanglose Kontakte mit Journalistinnen und Journalisten zu ermöglichen, wurde ab 1972 zum jährlichen kirchlichen „Mediensonntag“ im Frühjahr ein Medienempfang des Bischofs veranstaltet. Die Einladung dazu wurde von Beginn weg sehr gut von den Medienschaffenden angenommen. Es wäre nicht Weihbischof Wagner gewesen, hätte er nicht gleich in den Anfangsjahren dazu auch einen afrikanischen Gast-Bischof mitgenommen. Altbischof Franz Zauner – Journalisten gegenüber bekanntlich sich eher reserviert verhaltend – kam sogar 1973 ebenfalls zum Medienempfang in einem Gasthaus in Hofkirchen im Traunkreis. Er ließ sich von seinem jungen Weihbischof auch zum Kegeln anregen. In den folgenden Jahren wurden mit dem Medienempfang vor allem kirchliche Einrichtungen, diözesane Bildungshäuser, Schulen usw. vorgestellt. Den jährlichen Brauch des Medienempfangs führten später die Bischöfe Aichern, Schwarz und Scheuer weiter.

Die ungezwungene Kontaktfreudigkeit mit allen Bevölkerungskreisen – mit jungen Menschen wie mit Senioren, mit Fabriksarbeiterinnen wie mit Wissenschaftlern, geistlichen Mitbrüdern und Menschen in den Missions- und Entwicklungsgebieten der Welt – kennzeichneten auch sein bischöfliches Wirken. Und selbst gegen unangenehme Journalistenfragen hatte er keine Aversion. Da konnte auch bei „harten“

Interviewfragen wie – „Können Sie ausschließen, dass ...“ – Wagner seelenruhig antworteten: „Ich schließe nichts aus und nichts ein.“ Der Reporter hatte erreicht, was beabsichtigt war: „Weihbischof Dr. Wagner schloss nicht aus, dass ...“.

Es war absehbar, dass der Linzer Weihbischof in der Bischofskonferenz – neben den Agenden für die Entwicklungshilfe – bald auch die Funktion des Medienbischofs übertragen bekam.

Dr. Herbert Watschingers Vermächtnis im Maasailand Tansanias

Wagners Aufgaben in den Missions- und Entwicklungsgebieten der „Dritten Welt“ werden in diesem Erinnerungsbuch mehrfach beleuchtet. Von den zahlreichen Reisen des Linzer Weihbischofs soll an dieser Stelle beispielhaft über einen medial besonderen Oberösterreich-Bezug berichtet werden. Der Linzer Arzt und Priester Dr. Herbert Watschinger (1922 – 1991) begann 1964 im Maasailand Tansanias seine medizinische und seelsorgliche Tätigkeit. Mit finanzieller Unterstützung aus der Heimat wurde in Wasso-Loliondo im Norden Tansanias ein Hospital errichtet. Ein Jahrzehnt später erbaute Dr. Watschinger in Endulen, 180 km von Loliondo entfernt, ein weiteres Hospital, mit dem Schwerpunkt der Tbc-Behandlung der Maasai. Zur Eröffnung des ebenfalls mit großer Hilfe der Katholiken und des Landes Oberösterreich errichteten Hospitals am 2. Februar 1976 reiste eine kleine Delegation aus der Heimat in das Maasailand, mit dabei: Weihbischof Dr. Wagner, Landeshauptmann Dr. Erwin Wenzl, der Bruder des Missionsarztes, Prof. Dr. Bruno Watschinger, und der Verfasser dieses Beitrages. Zu dem Fest kamen, neben staatlicher und kirchlicher Prominenz Tansanias, rund 1200 Maasai aus dem weiten Einzugsgebiet. Watschingers Vermächtnis wird nach seinem Tod bis heute in der Heimat unterstützt.

16 Monate Warten auf einen Bischof

Die Tatsache, dass mit dem Rücktritt von Diözesanbischof Zauner nicht gleichzeitig Weihbischof Wagner zu seinem Nachfolger und damit zum Linzer Diözesanbischof ernennt wurde, löste ein breites Medienecho aus. In Kommentaren wurden Vermutungen über den Grund angestellt. Der Papst und die päpstliche Kurie ließen sich 16 Monate Zeit bis zur Entscheidung über Wagners berufliche Zukunft und die Ernennung eines neuen Linzer Bischofs. Einen Querschnitt über die Medienberichte und Kommentare in Zeitungen und Rundfunk finden Sie im Abschnitt „Der logische Nachfolger“ ab Seite 209.

Abb. 104: Zur Eröffnung und Segnung eines mit oberösterreichischer Unterstützung im Massailand erbauten Hospitals reiste Wagner mit einer kleinen Delegation aus der Heimat an. Im Bild der aus Oberösterreich stammende Arzt und Priester Dr. Herbert Watschinger (1976)

Vatikan-Führung, wo sonst niemand hineinkommt

Die Übernahme neuer Aufgaben in der Weltkirche, mit Dienstort im Vatikan, brachte freilich Veränderungen bei den Kontakten mit Oberösterreich. Aber auch im Rom war Bischof Wagner gern für Führungen durch den Vatikan „buchbar". Er vermittelte dabei den Rom-Pilgerinnen und -Pilgern aus der Heimat das Gefühl, Räume zu erleben, in die sonst niemand hineinkommt. Diese Exklusivität – die es freilich nicht war – genossen aber selbst JournalistInnen von österreichischen Kirchenzeitungen und diözesanen Pressestellen. Schweizergardisten öffneten dem „beliebtesten Bischof" des Vatikans und seinen Gästen bereitwillig die Tore, und man erlebte die frisch renovierte Sixtinische Kapelle im kleinen Kreis, noch vor der Öffnung für die Touristenströme!

Abb. 105: Ende Jänner 1982 war Bischof Alois Wagner noch zu Gast beim Franz-von-Sales-Essen des Katholischen Journalistenforums, ehe er zu seiner neuen Aufgabe in Rom abreiste

Wagner vertritt Vatikan bei UN-Organisationen

Mit 1. Oktober 1992 wurde Alois Wagner von Papst Johannes Paul II. zum „Ständigen Beobachter des Vatikans" bei verschiedenen Ernährungs- und Landwirtschafts-Organisationen der Vereinten Nationen in Rom ernannt. Damit verbunden war seine Ernennung zum Erzbischof. „Papst schickt Wagner an die Hungerfront" titelten die OÖ. Nachrichten dazu. Dass der wieder sehr agile Wagner für höhere Aufgaben vorgesehen war, habe sich seit einiger Zeit abgezeichnet, schrieb dazu Friedrich Gruber in den OÖN. Der Papst habe ihm schon früher teilweise heikle Missionen übertragen.

Im Gespräch mit der „Linzer Kirchenzeitung" betonte der neue Erzbischof, dass jede Mission auch mit sozialen Aufgaben verbunden sei: „Es ist grundsätzlich so, dass immer dann, wenn eine der vier Säulen kirchlichen Lebens – Verkündigung, Liturgie, Seelsorge, Sozialdienst – zu wenig oder zu viel beachtet wird, etwas schief läuft". – Die Heimat des gebürtigen Mühlviertlers sei die Dritte Welt, hieß es im „Standard", für die er nicht so sehr als Missionar, sondern als Bruder tätig sei.

Ein starkes Stück Kirche

Nach 18 Jahren im Vatikan kehrte der „Entwicklungshilfe-Pionier" (so die OÖ. Rundschau) im Oktober 1999 In seine oberösterreichische Heimat zurück. In gewohnter Weise übernahm Erzbischof Wagner wieder Messfeiern und Firmungen, Vorträge und Einkehrtage. Am Dreikönigstag 2002 feierte er im Linzer Dom das Hochamt und hielt seine letzte Predigt. Wagner deutete die Symbole des Epiphanie-Festes mit dem Appell an die Gläubigen: „Sei Licht, sei Stern für Deine Mitmenschen." Er selber war „ein starkes Stück Kirche". Am 25. Februar 2002 hat ihn Gott von seiner Krankheit erlöst (Zitate aus dem „Jahrbuch der Diözese Linz 2003").

Als letztes Medienecho sei in diesem Rückblick noch registriert: Der Begräbnisgottesdienst und die Beisetzung des Verstorbenen in der Krypta des Linzer Mariendomes am 7. März 2002 wurden vom ORF Oberösterreich live in Hörfunk und Fernsehen übertragen.

Franz X. Rohrhofer, Publizist

Ein loyaler Diener seines Herrn

Als ich im September 1965 als Redakteur zum Linzer Volksblatt des Katholischen Pressvereins kam, ging das II. Vatikanische Konzils soeben zu Ende. Es herrschte Aufbruchstimmung in der katholischen Kirche. Die Fenster zur Welt schienen geöffnet, ein frischer Wind sollte durch das fast 2000 Jahre alte Gemäuer wehen.

Von dieser Hoffnung war auch die Jugend erfasst. Einer, der diese Hoffnung mittrug, war der Linzer Jugendseelsorger Alois Wagner. Die jungen Aktivisten waren bereit, sich auch in der Öffentlichkeit zu ihrer Kirche zu bekennen, und ihr Seelsorger wusste sie dafür zu begeistern.

Willkommener Ansprechpartner

Für uns Journalisten war dieser Dr. Alois Wagner ein willkommener Ansprechpartner. Er war immer für Schlagzeilen gut, redete in manchen Streitfragen nicht lange um den Brei herum, und wusste andererseits die Medien für sich und seine Aktivitäten zu gewinnen. Für seine Karriere in der alten, misstrauischen Institution Kirche mag diese offene Art eines jungen Priesters nicht immer förderlich gewesen sein, wir Medienleute bedienten uns aber ziemlich unbekümmert dieses auskunftsfreudigen Kirchenmannes.

Alois Wagner machte aber doch Karriere in der Diözese Linz, wurde Weihbischof und Generalvikar und schließlich Sprachrohr der katholischen Kirche in Österreich. Er war angesichts der wachsenden Verantwortung in seinen Funktionen nicht mehr so aussagefreudig, aber inoffiziell noch immer ein offenherziger, kritischer Partner der Medienleute. Dass er nicht wie vielfach erwartet Bischof von Linz wurde, mussten wir so gesehen mit Bedauern zur Kenntnis nehmen.

Die Verbindungen zum ehemaligen Medienbischof blieben aufrecht. Es gab Besuche in Rom. Im Mai 1993 war Erzbischof Alois Wagner in Linz Ehrengast der Arbeitsgemeinschaft katholischer Journalisten beim sogenannten „Franz von Sales"-Essen, zu dem jährlich im Gedenken an den Patron der Journalisten eingeladen wurde. In der Einladung zu diesem Treffen von Journalisten wurde betont, dass der Erzbischof „selbstverständlich als Gast auch für Anfragen zur Verfügung stehen werde".

Abb. 106: Franz Rohrhofer im Interview mit Bischof Alois Wagner

Der römische Standort

Da hatte ich allerdings inzwischen meine eigenen Erfahrungen gemacht. Als ORF-Mann hatte ich bei einem Heimaturlaub des Erzbischofs ein Interview im Bischofhof vereinbart. Es war inzwischen viel geschehen in der Katholischen Kirche. Die Euphorie der Jahre nach dem Konzil war verflogen. An ihre Stelle war der dringende Ruf nach Reformen getreten, der schließlich in einem Kirchenvolksbegehren mit 500.000 Unterschriften mündete. Fragen, die man einem Vertreter der römischen Kurie unbedingt stellen wollte und musste.

Da allerdings stieß ich beim Kurien-Erzbischof Alois Wagner an die Grenzen. Er, der früher so offenherzig geantwortet hatte, wich jetzt allen Fragen zu diesen heiklen Themen aus. Er erzählte mir breit von seinen Aufgaben in Rom, bei den innerkirchlichen Streitthemen stieß ich auf Beton. Mir wurde bald klar: Der Standort bestimmt den Standpunkt. Alois Wagner war ein treuer, loyaler Diener seines Herrn im Vatikan.

Ein lernender Bischof

Ein ähnliches Erlebnis hatte ich 1982 auch mit dem neuen Bischof von Linz. Ich lud Maximilian Aichern zum ersten Interview nach seiner Bestellung in das ORF-Landesstudio ein und versuchte gleich in gewohnter Weise die heiklen Kirchen-Themen dieser Zeit anzusprechen. Nach wenigen Minuten brach Bischof Maximilian das Gespräch ab mit dem nicht unberechtigten Argument, er kenne seine Diözese noch zu wenig und sei zunächst als Lernender unterwegs. Später hat sich das Verhältnis von Bischof Maximilian zu den Journalisten sehr positiv entwickelt. Die jährlichen Medienempfänge des Bischofs waren gut besucht und stets von einer sehr offenen, bisweilen auch heiteren Atmosphäre geprägt. Als langjähriger Vorsitzender des katholischen Journalistenforums bin ich Bischof Maximilian dafür noch heute dankbar.

Abb. 107: Im Gespräch mit Journalisten bezeichnete sich der neue Bischof Maximilian Aichern gerne als „lernender" Bischof

Franz X. Rohrhofer, Publizist

Karrieresprung oder Verbannung

Abb. 108: Zwei Tage nach seiner Ernennung zum neuen Linzer Bischof stellte sich Abt Maximilian Aichern im Linzer Bischofshof den Medien vor. Wagner war eine Woche zuvor zum Vizepräsidenten des Päpstlichen Rates Cor Unum ernannt worden.

Im August 1980 hatte Papst Johannes Paul II. das Rücktrittsgesuch von Diözesanbischof Franz Zauner angenommen, ihn aber noch zum Apostolischen Administrator der Diözese bestellt. Die Nachfolge schien also noch nicht entschieden, das Spekulieren mit den Namen möglicher Kandidaten war eröffnet.

An erster Stelle wurde Weihbischof Alois Wagner genannt, und er machte sich wohl auch selbst berechtigte Hoffnungen. Seine zahlreichen Aktivitäten seit seiner Weihe zum Weihbischof lassen den Schluss zu, dass der Mann aus Leopoldschlag in der Berufung zum Linzer Diözesanbischof seine Erfüllung gefunden hätte. Er gründete Initiativen in allen Bereichen, war treibende Kraft in zahlreichen Gremien und Institutionen und setzte auch österreichweit merkbare Akzente. Dass ein Weihbischof Sprecher der österreichischen Bischofskonferenz wurde, war nicht selbstverständlich.

Mag sein, dass sein offen zur Schau gestellter Ehrgeiz nicht allen gefiel, in der hierarchisch strukturierten katholischen Kirche sind solche Ambitionen nicht immer erwünscht. Außerdem mag Alois Wagners offene, ungezwungene Art mit Menschen umzugehen und auch gegenüber Frauen keine Berührungsängste zu haben, manch strengem Kirchenoberen missfallen haben. Warum der erfolgreiche, von vielen erwünschte Weihbischof und Generalvikar in seiner Diözese letztlich nicht zum Diözesanbischof berufen, sondern nach Rom weggelobt wurde, ist bis heute nicht wirklich beantwortet.

Der Nuntius und die Synoden

Ein Grund könnte die nachkonziliare Gegenströmung gewesen sein, die sich zu dieser Zeit breit machte und in Österreich die Bischofsernennungen der nächsten Jahre prägte. Die Nicht-Berufung Alois Wagners war ein erster Beweis für diese Tendenz. Immerhin war seit 1976 in Wien ein päpstlicher Nuntius mit vorkonziliarer Mentalität tätig, der seine besonderen Vorstellungen von Bischofskandidaten hatte. Nach seinem Rücktritt 1984 zeichnete Nuntius Mario Cagna in einem Abschlussbericht ein düsteres Bild von der Kirche in Österreich. Die Bischöfe hätten sich vor allem durch die Synoden der 70er-Jahre selbst beschnitten, indem sie einen Apparat an demokratischen Strukturen schufen, deren Sklaven sie wurden. Es werde daher „mutige und heilige Bischöfe brauchen, die ohne Zögern Strukturen und Personen verändern und überall die Identifikation mit dem Papst und seinem Lehramt stärken“[1]. Der Linzer Weihbischof, der noch dazu Präsident der Linzer Synode gewesen war, entsprach möglicherweise nicht diesen strengen Maßstäben des Wiener Nuntius, der aber bei Bischofsernennungen ein Schlüsselfunktion innehatte..

Abb. 109: „Wir sind Kirche“ geht auf das Kirchenvolksbegehren von 1995 zurück

Bischofsernennungen waren seit dem II. Vaticanum in einem neue Licht zu sehen und sollten in den nächsten Jahren zu einer der Grundforderungen kirchlicher Reformbewegungen werden. Im Urchristentum galt noch der Satz: Wer für alle in der Gemeinde verantwortlich sein soll, soll auch von allen gewählt werden. Der Einfluss der weltlichen Mächte auf die Bischofsernennungen stellte dieses Prinzip später auf den Kopf: So wurde der Linzer Bischof Johannes Maria Gföllner 1915 noch von Kaiser Franz Joseph bestellt und dann erst vom Papst bestätigt. Das II. Vatikanum dachte neu: Es betonte die Kirche als Volk Gottes, die Gewissensfreiheit des Einzelnen und die Berufung jedes einzelnen Getauften zur Mitwirkung in den Entscheidungsprozessen der Gemeinde oder Diözese.

Dass es auch berechtigte Einwände gegen die Mitwirkung des Kirchenvolkes an der Berufung seines Bischofs gibt, ist unbestritten. Sie provoziert den Konflikt und eröffnet einflussreichen Kreisen die Chance, auf geheimen Wegen Entscheidungen in ihrem Sinn durchzusetzen. Seit der Wahl von Johannes Paul II. sind diese Chancen größer geworden und haben in Österreich bei den Bischofsberufungen seit 1986 ihren deutlichen Niederschlag gefunden. Paul Zulehner spricht es im Zuge des Kirchenvolksbegehrens deutlich aus: „Damals begann eine Politik, welche sich rückwirkend immer deutlicher als tragische Instrumentalisierung Roms durch kleine Kreise aus Österreich (am rechten Flügel der ÖVP, unter dem Hochadel und reaktionären Katholiken) herausgestellt hat“[2]. Immerhin hat diese Geheimpolitik zum Aufstand des Kirchenvolkes im Volksbegehren 1995 mit mehr als 500.000 Unterschriften geführt.

Dass das Kirchenvolk einer Diözese inzwischen dazugelernt hat, zeigte das Jahr 2009: Rom bestellte den Pfarrer von Windischgarsten, Gerhard Maria Wagner, zum Weihbischof von Linz – entgegen den Erwartungen des Domkapitels und ohne Einbindung des Diözesanbischofs. Nach heftigen Diskussionen und einer Welle von Kirchenaustritten zog Gerhard Wagner die Konsequenzen und nahm die Berufung nicht an. Seither wurde die Frage nach einem Weihbischof für die Diözese gar nicht mehr gestellt.

1981 waren die Verhältnisse noch anders. Gegen alle Erwartungen wurde Weihbischof Alois Wagner nicht an die Spitze der Diözese, sondern in die Kurie nach Rom berufen. Doch ein Proteststurm blieb aus. Dass mit dem Abt von St. Lambrecht in der Steiermark, Maximilian Aichern, ein zwar weithin unbekannter, aber nicht als konservativ verschrieener Benediktiner Bischof wurde, milderte den Unmut. Ärger und Verwunderung waren aber im Kirchenvolk weit verbreitet. Alois Wagner selbst bemühte sich, jede Protestwelle zu unterbinden, indem er erklärte, er werde als gehorsamer Diener der Kirche die Entscheidung selbstverständlich anerkennen. Dass er persönlich enttäuscht war und gerne in Oberösterreich geblieben wäre, lässt sich aber in den Erinnerungen der Zeitzeugen zwischen den Zeilen leicht ablesen. Er soll sogar heimlich „einige Tränen weggewischt haben“. Diese Äußerung lässt die offiziellen Stellungnahmen des Vatikans und der Diözese, die Berufung nach Rom sei ein von Alois Wagner angestrebter Karriereschritt gewesen, in einem anderen Licht erscheinen. Es war eher eine Versetzung denn eine Beförderung!

Der Weihbischof wusste sehr wohl, wie es bei den Amtsträgern und bei den Gläubigen in der Diözese gärte. In einem Interview in der Weihnachtsausgabe 1981 der Linzer Kirchenzeitung sagte er: „Möge auch der Ärger vergessen werden, der viele wegen der Vorgangsweise in der Nachfolgefrage erfasst hat. Ich hoffe, dass das so große Interesse für diese Frage in unserer Diözese Segen und Frucht bringt. Jetzt bitte ich alle, den neuen Bischof mit allen Kräften zu unterstützen."

Erstaunlich ist aus heutiger Sicht, wie in der katholischen Amtskirche Österreichs versucht wurde, den für die Diözese Linz so entscheidenden Vorgang der Bischofsernennung herunterzuspielen und als ganz normalen Ablauf hinzustellen. Es sollte Stillschweigen herrschen, Diskussionen über Hintergründe waren nicht erwünscht. Ein Redakteur der Kirchenzeitung, der nach einem Gespräch mit dem Wiener Erzbischof Franz Kardinal König die Neuigkeit veröffentlichte, Alois Wagner sei nach Rom berufen, musste sich vom Herausgeber maßregeln lassen. Transparenz war nicht gefragt, Rom sollte nicht verärgert werden. Bei vielen Funktionären und Gläubigen blieb ob dieser Geheimnistuerei nur Verwunderung zurück.

In den folgenden Seiten erinnern sich Zeitzeugen, wie sie diese Vorgänge des Jahres 1981 erlebt haben.

1 *Zeitschrift „News", 18. Mai 2005*
2 *Kirchenvolks-Begehren, Kirche auf Reformkurs, Hg. Paul Zulehner, S. 56*

Johann Hainzl, ehem. Ordinariatskanzler der Diözese Linz

Der lange Weg zum Abschied aus Linz

Am 12. August 1980 wurde in den Medien veröffentlicht, dass Papst Johannes Paul II. den Rücktritt von Bischof DDr. Franz Sal. Zauner aus Altersgründen angenommen habe. Zugleich wurde er zum Apostolischen Administrator der Diözese Linz ernannt. Weihbischof Wagner befand sich zu dieser Zeit auf Kur in Bad Mühllacken und erfuhr die Nachricht ebenfalls aus den Medien. Später gestand er im kleinen Kreis, dass er ziemlich enttäuscht war, weil ihn niemand im Vorhinein davon in Kenntnis gesetzt hatte.

Er selbst war sich – wie wahrscheinlich die meisten Katholiken in Oberösterreich – sicher, dass er in absehbarer Zeit zum Diözesanbischof bestellt werden würde. Als dann aber die Bekanntgabe eines Nachfolgers für Bischof Zauner immer länger auf sich warten ließ, wurde die Frage immer lauter, wann denn Wagner endlich Diözesanbischof würde. Zugleich wurden diverse Vermutungen laut und sogar bösartige Gerüchte, für die Wagner sich [bis nach Rom?] verantworten musste. Ein Beispiel, das mich auch persönlich geschmerzt hat: Es wurde behauptet, dass Linz eine Marianische Diözese sei und einen Marienverehrer als Bischof brauche/verdiene – und Wagner sei eben kein Marienverehrer. Das war eine glatte Unterstellung. Denn dazu muss ich sagen, dass bei jeder Visitation, und deren gab es jedes Jahr über dreißig, der Bischof in seiner Visitationspredigt fünf Punkte nannte, die für Katholiken wichtig seien. Der fünfte Punkt war immer die Betonung, dass eine gesunde Marienverehrung eine zentrale Aufgabe sei. Aber offensichtlich kümmerte das niemanden.

Unerträgliche Situation

Als nach einem Jahr im Herbst 1981 noch immer keine Entscheidung gefallen war, wurde die Situation in der Diözese und besonders für Wagner selbst immer schwieriger (und unerträglicher?). Laufend wurde er zu diesem Thema angesprochen und konnte nichts sagen, weil er selbst nichts wusste. Er konnte aber auch kaum seine Gefühle zum Ausdruck bringen, was ihn sichtlich belastete, wie ich aus manchen Bemerkungen spürte.

Off the Records eine persönliche Anmerkung:

Im Herbst 1981 ließ Wagner einige Male seinem Ärger freien Lauf und machte mich wegen Kleinigkeiten, die ihm nicht gepasst hatten, zur Schnecke. Josef Ahammer als Ordinariatskanzler tröstete mich und sagte, dass die Nachfolge nun wirklich bald geklärt sein werde. Und dann sei ich entweder weiterhin Sekretär des Diözesanbischofs Wagner. Wenn eine andere Lösung komme, würde ich der Erste sein, der entscheiden könne, welche Aufgabe ich dann bekäme. Damit war ich zufrieden.

Im Sommer/Herbst 1981 kam eine Reihe von afrikanischen Bischöfen nach Linz. Das blieb nicht unbemerkt, und so fragte ein Journalist [Bert Brandstetter], ob das denn nicht doch etwas zu bedeuten habe. Ich konnte ihn beruhigen, weil zu dieser Zeit die Afrikanischen Bischofskonferenzen der Reihe nach zu ihren Ad-Limina-Besuchen nach Rom kamen und immer wieder Bischöfe die Gelegenheit wahrnahmen, gleich nach Linz weiterzureisen. Einige sagten ganz klar, dass sie mit Weihbischof Wagner viel besser über geplante Projekte und seelsorgliche Anliegen sprechen konnten als mit Mitarbeitern in der Kurie. Diese mussten oft erst im Atlas nachschlagen, wo sich denn die Diözese befinde. Aber Wagner kannte viele Diözesen in Afrika von seinen Besuchen bei Entwicklungshelfern, die aus Österreich stammten. Einige hatten das nach eigener Aussage auch offen in Rom deponiert.

Die Nuntiatur ruft an

Im Dezember 1981 wurde es „ernst". Am 7./8. Dezember fand eine Visitation in Steyr statt. Bei der Rückkehr nach der Pfarr-Rundfahrt (am 7. 12.) eilte der Pfarrer ins Pfarrheim zu den Pfarrgemeinderäten. Gleichzeitig kam die Pfarrhaushälterin und sagte zum Weihbischof, dass die Nuntiatur angerufen und dringend um Rückruf gebeten habe. Das Telefonat mit der Nuntiatur dauerte circa zehn Minuten, dann kam Wagner aus dem Pfarrhof, um zum Pfarrgemeinderat zu gehen. Auf dem Weg dorthin fragte ich ihn, was das Gespräch ergeben habe. Mit einer Bemerkung deutete er an, dass er nicht Diözesanbischof werde. Der Pfarrer hatte zum Glück nichts bemerkt, sonst wäre das sicher nicht geheim geblieben. Nach der Abendmesse war beim Essen der ganze Dekanatsklerus versammelt, und in diesem Rahmen gab der Dechant seiner Hoffnung Ausdruck, dass der hier anwesende Weihbischof doch demnächst unser Diözesanbischof werden würde. Ich blickte Alois Wagner an und merkte, wie er möglichst unauffällig einige Tränen wegwischte. Zugleich dachte ich, was bist du doch für ein armer Mensch [Narr?]. Er lenkte das Gespräch mit den Priestern auf ein aktuelles seelsorgliches Thema im Dekanat, mit dem sich dann alle intensiv auseinandersetzten.

Unterlagen zu Cor Unum

Am ersten Arbeitstag nach der Visitation (9. Dezember) hat er mich gleich am Morgen ersucht, aus dem Annuario Pontificio alles zu kopieren, was über Cor Unum enthalten sei. Er kannte offensichtlich seinen neuen Aufgabenbereich nicht – und ich wusste, wo er hinkommen würde. Weiters musste ich umgehend alle Termine für den nächsten Tag absagen, weil er zeitig nach Rom fliegen musste. Ich bemühte mich, den Grund für die kurzfristige Absage so zu formulieren, dass der wahre Anlass nicht genannt, aber auch keine Unwahrheit gesagt würde. Noch am Tag seines Besuches in Rom (10. Dezember 1981) wurde er zum Vizepräsidenten des Päpstlichen Rates „Cor Unum“ ernannt.

Bereits am 15. Dezember 1981 wurde der damalige Abt des Stiftes St. Lambrecht, Maximilian Aichern OSB, zum neuen Diözesanbischof ernannt. Am folgenden Tag kam er nach Linz. Zu diesem Anlass gab es ein langes und feierliches Glockengeläute des Mariendoms. Der Weihbischof und ich saßen jeder an seinem Schreibtisch, wirklich arbeiten konnte jedoch keiner. Wagner hatte ja so gehofft, dass die Glocken für ihn als neuen Diözesanbischof läuten würden.

Nach seinem Antrittsbesuch bei Alt-Bischof DDr. Franz Sal. Zauner kam Aichern zum Weihbischof. Nachdem die beiden längere Zeit miteinander gesprochen hatten, lud mich Wagner ein, zu den beiden in sein Büro zu kommen. Aichern und ich kannten einander bereits vom Bertholdfest in Garsten im vergangenen Juli, bei dem Aichern als Abtpräses anwesend war und ich den Weihbischof begleitet hatte. Wagner hatte mich dem neuen Bischof als Sekretär und Zeremoniär vorgeschlagen, und mit dessen Einverständnis fragte er mich, ob ich diese Aufgabe übernehmen wolle; und ich sagte gleich zu.

Es war immer üblich, im Herbst den Plan zu erstellen, welche Pfarren zu welchen Terminen visitiert werden sollten. Weil so lange keine Entscheidung über die Nachfolge gefallen war, hatte ich im November in Absprache mit Wagner für 1982 einen Visitationsplan erstellt, damit sich die Pfarren darauf einstellen und allfällige Firmungstermine festlegen konnten. Diesen Plan legte ich Aichern vor. Er sagte: „Den Plan übernehme ich, wie er vorgesehen ist.“ Ich konnte dann die Pfarren davon in Kenntnis setzen.

Bei der Bischofsweihe von Maximilian Aichern (17. Jänner 1982) war ich das letzte Mal als Zeremoniär für Weihbischof Dr. Alois Wagner im Einsatz. Am Montag, dem 18. Jänner, nahm ich Abschied von ihm und übersiedelte aus dem Generalvikariat ins Büro des Diözesanbischofs.

Klaus Zapotoczky, Soziologe, Johannes Kepler Universität Linz

Weihbischof ohne Recht der Nachfolge

Für mich persönlich war die Bestellung von Alois Wagner zum Weihbischof und Generalvikar ohne die Klausel „mit dem Recht der Nachfolge“ ein Hinweis, dass die Nachfolge nach Diözesanbischof Franz Salesius Zauner – aus welchen Gründen auch immer – „offen“ gehalten werde. Zauner war seinerzeit sehr wohl zum Bischof-Koadjutor cum iure successionis bestellt worden. Meine damalige Nachfrage brachte widersprüchliche Antworten wie: „Er ist der logische und allgemein erwartete Nachfolger“; „Es ist richtig, dass es unüblich ist, einen Generalvikar zum Nachfolger eines Bischofs zu machen“; „Er benimmt sich zwar nicht besonders episkopal, aber Zauner mit seinem Motorrad tut das ja auch nicht“; „Nur die Konservativen vom Priesterkreis mögen ihn nicht“.

Über die Ursachen der „Verbannung“ von Alois Wagner nach Rom machte ich mir keine Gedanken, nicht zuletzt auch deshalb, weil ich mir im Umgang mit Groß-Institutionen im Laufe meines Lebens zu eigen gemacht hatte, falls eine direkt kaum zu ändernde Entscheidung getroffen worden war, zu überlegen: Will ich die Strukturen, die diese Entscheidung (mit-)bedingt haben, verändern oder will ich für die betroffenen Personen etwas tun?

Ist Ersteres der Fall, dann bemühe ich mich, Personen, Strukturen und Prozesse, die zur Entscheidung geführt haben, zu identifizieren und zu überlegen, ob und wie ich – auch mit Hilfe anderer – etwas tun könnte, um in (naher oder ferner) Zukunft eine ähnliche (ungünstige oder ungerechtfertigte) Entscheidung zu verhindern. Dabei bin ich mir bewusst, dass mit diesen Bemühungen in der Regel die Situation der betroffenen Personen bestenfalls nicht erschwert wird.

Will ich für die betroffenen Personen etwas tun, ist jede „Ursachenforschung“ kontraproduktiv; vielmehr muss überlegt werden, was aus der gegebenen Situation am besten gemacht werden kann. Meist gibt es viele – vor allem informelle – Möglichkeiten.

Entkoppelung von Kirchlichkeit und Religiosität: Kirche ist Staatssache, Religion ist Privatsache

Nach der „Berufung“ von Alois Wagner in den Vatikan beteuerte mir mein Uni-Kollege Herbert Schambeck wiederholt, dass er mit dieser „Berufung“ nichts zu tun habe, was ich – auch wegen anderer Erfahrungen bei Bischofsbestellungen – lange

Abb. 110: Weihbischof Wagner als Gast bei einer Veranstaltung des Cartellverbandes in Linz. Neben ihm Landeshauptmann Dr. Erwin Wenzl, Alt-Landeshauptmann Dr. Heinrich Gleißner, Landesrat Dr. Josef Ratzenböck

Zeit nicht glaubte; heute erscheint es mir aber durchaus möglich. Denn Wagner und seine zugleich offene und konsequente Haltung haben nicht nur traditionelle Klerikale in Oberösterreich gestört, sondern waren auch klerikalen Traditionalisten im Wiener I. Bezirk, die noch Ende der 50er-Jahre bei der Fronleichnamsprozession gerne sangen: „Was unsre Ruhe störet, gestatte nicht, o Herr!“ ein Dorn im Auge.

Im Anschluss an Reflexionen des Wiener Publizisten Peter Pawlowsky aus dem Jahr 1986 kann gesagt werden, dass Österreich seit der Gegen-Reformation die Einsicht in die Differenz zwischen der formell-kirchlichen und der privat-religiösen Ebene kenne und praktiziere. Das wird Katholiken, auch Amtsträgern, als „Unehrlichkeit“ oder als „katholische Doppelmoral“ vorgeworfen. Viele sehen aber diese „Entkoppelung von Kirchlichkeit und Religiosität als kritische Leistung, die das Überleben der Volkskirche für einige Jahrhunderte möglich gemacht hat“.[1]

Dies haben auch katholische Verbände wie der Österreichische Cartellverband durch Ausnahmeregelungen für verdiente Mitglieder (etwa auch einen Landeshauptmann) zu praktizieren versucht. LH Erwin Wenzl, ein Freund von Alois Wagner, verstand die Prinzipientreue des Weihbischofs, trat als Landeshauptmann von Oberösterreich zurück, ließ sich scheiden und heiratete wieder.

Aber für viele andere war eine bewusste „Absage an das entkoppelte Nebeneinander von Kirchlichkeit und Religiosität", in der Pawlowsky die Zukunft der Katholischen Kirche sieht, keine tragfähige Option. Ich war an Dostojewskis Großinquisitor erinnert und denke auch an eine Aussage des Sozialethikers der Wiener Theologischen Fakultät Rudolf Weiler, den ich nach der Vereinbarkeit von Forderungen der Bergpredigt mit seinen pragmatischen politischen Aussagen fragte: „Des geht ja gar net zsamm." Die traditionelle Ruhe des eingeübten Arrangements oder bewährten Weges sollte beibehalten werden. Alois Wagner hielt sich selbst durchaus für keinen losen Menschen, aber er war ehrlich bemüht, den Weg als ein guter Mensch zu gehen und andere auf diesen Weg zu führen.

Die Nachfolge in der Bischofskonferenz

Mich persönlich beschäftigte damals gedanklich eine ganz andere Frage: Wer könnte nach dem Ausscheiden von Bischof Wagner in Zukunft die Anliegen der Entwicklungszusammenarbeit in der Bischofskonferenz vertreten?

Abb. 111: Weihbschof Florian Kuntner (Erzdiözese Wien)

Diese Frage wurde dadurch kompliziert, dass mich Alois Wagner fragte, beinahe nötigte, seine Nachfolge als Kuratoriumsvorsitzender der ÖFSE (Österreichische Forschungsstiftung für internationale Entwicklung) zu übernehmen. Mein Einwand, es sei für die Weiterentwicklung der Stiftung besser, einen Vertreter in der Bischofskonferenz zu haben, und dies sei durch ihn deutlich gegeben, wurde durch eine Art „Kompromiss" gelöst: Der mit vielen Aufgaben ausgelastete Weihbischof Florian Kuntner – mit dem Geschäftsführer der ÖFSE Gerhard Bittner durch langjährige Zusammenarbeit in Wiener Neustadt bestens vertraut – erklärte sich bereit, in das ÖFSE-Kuratorium einzutreten, aber keine speziellen Aufgaben zu übernehmen.

Kuntner leistete allerdings der ÖFSE viele Dienste, was seine amtskirchlichen Nachfolger Dr. Alois Riedlsperger SJ und Dr. Michael Landau später deutlich weniger taten, und der Laie Heinz Hödl beschränkte sich vor allem auf organisatorische Belange. Dies führte dazu, dass sich die Stiftung von ihrem kirchlichen Ursprung immer mehr emanzipierte, ohne allerdings eine vollständig unabhängige – auch von staatlicher Unterstützung nicht abhängige – Einrichtung zu werden. Am konkreten Verhalten der staatlichen Verantwortlichen einer Einrichtung wie der ÖFSE

Abb. 112: Pectorale

PECTORALE / RING

Linz Bischofshof

Inschrift: „Best Wishes Pres. + Mr. Ferdinand E. Marcos Philippines“. Es dürfte sich dabei daher um Geschenke handeln.

Silber, Perlmutt

Abb. 113: Zauner und sein Weihbischof Wagner – gemeinsam im „Schifflein Petri“. Karikatur von Jakob Kopp

gegenüber ist deutlich zu sehen, dass Macht und Einfluss im staatsnahen Bereich weniger auf inhaltliche Argumente als auf finanzielle Abhängigkeiten gestützt werden, ein Vorgehen, das auch in anderen Bereichen bedenkliche Wirkungen zeigt.

Hingewiesen sei in diesem Zusammenhang z. B. auf die – meiner Meinung nach – unglückliche Verknüpfung von Finanzausgleichsverhandlungen und Strukturen des Gesundheitssystems in Österreich und damit verbundene Diskussions-Schwerpunkte auf finanzielle Abhängigkeiten und weniger auf inhaltliche Aspekte. Die Hauptfrage ist dann oft „Was können wir uns leisten?“ und nicht (zuerst) die Frage „Was ist inhaltlich das Wichtigste?“ Leider kann sich ein reiches Land manches leisten was inhaltlich (langfristig) kontraproduktiv wirken kann, aber für manche Beteiligten (scheinbar) Vorteile bringt.

Nicht nur in Österreich tut man sich mit Unabhängigkeit, Befangenheit, Neutralität und objektiver Lage-Beurteilung – vor allem auch im Entwicklungsbereich – schwer. Auch klare Positionen der (christlichen) Kirchen in Entwicklungsfragen – vor allem von Seiten der Österreichischen Bischofskonferenz – sind in den letzten Jahrzehnten deutlich seltener geworden. Ein zuständiger Bischof für diesen Bereich ist der Öffentlichkeit nicht bekannt.

1 Pawlowsky, Peter: *Religiosität und Kirchlichkeit in Österreich*, in: Bogensberger, Hugo / Gannor, Thomas M. / Zapotoczky, Klaus (Hrsg.): *Religion und sozialer Wandel*, Verlag Veritas, Linz 1986, S. 75 ff.

Josef Ratzenböck, Landeshauptmann von Oberösterreich a.D.

Die Gegner von Alois Wagner waren erfolgreich

Abb. 114: Landeshauptmann Dr. Josef Ratzenböck mit den beiden Bischöfen Alois Wagner und Maximilian Aichern

Dr. Alois Wagner war ein Freund, ein wirklich guter Freund unserer Familie. Viele Oberösterreicher hatten angenommen, dass der Weihbischof Wagner auch der neue Bischof von Linz werden würde. Allerdings begann die Gerüchteküche zu brodeln, und teilweise wurden absurde Namen als Nachfolger von Bischof Zauner genannt. Die vielen Anhänger von Wagner, die teilweise auch meine Freunde waren, bedrängten mich, dass ich auch als Landeshauptmann lautstark unsere Wünsche, oder besser noch Forderungen, für die Besetzung des Bischofsitzes von Linz vorbringen solle. Eine Tageszeitung berichtete sogar, dass ein Flug des Landeshauptmannes nach Rom anzudenken wäre. Tatsächlich habe ich kurz darüber nachgedacht. Ich bin aber dann zu der Einsicht gelangt, dass die Intervention eines Politikers in Rom sicher eher kontraproduktiv wäre und somit der Sache nicht dienen würde.

Die Dinge nahmen ihren Lauf, die Gegner von Wagner waren erfolgreich. Allerdings muss ich sagen, wir haben ja mit Bischof Maximilian einen sehr guten Bischof bekommen.

Mein Freund Alois Wagner war sicher enttäuscht, aber weit davon entfernt, diese Enttäuschung auch zu zeigen oder zum Ausdruck zu bringen. Als ich ihn in einem Vier-Augen-Gespräch darauf ansprach, meinte er nur lakonisch: „Roma locuta causa finita."

In Oberösterreich sagt man in solchen Angelegenheiten immer: „Wer weiß, wofür es gut war!"

Josef Pühringer, Landeshauptmann von Oberösterreich a.D.

Nichts als ein Gerücht

Als 1982 Weihbischof Dr. Alois Wagner nicht Nachfolger von Diözesanbischof DDr. Franziskus Salesius Zauner wurde, war nicht nur die Enttäuschung in Oberösterreich sehr groß, es lief auch die Gerüchteküche auf Hochtouren. Wer hat das verhindert? – war die zentrale Frage an allen Stammtischen. Bischof Wagner war in ganz Oberösterreich sehr beliebt, und zwar in breiten Kreisen des Landes – er galt als Fixstarter, als logischer Nachfolger! Der Gitarre spielende, volksnahe Seelsorger, der fortschrittliche Denker und Präsident der Diözesansynode, der das Zweite Vatikanum in Oberösterreich in Umsetzung brachte, der beliebte Vortragende und Prediger, aber zugleich auch ein mächtiger Mann in der Diözese Linz.

Er war mächtig nicht so sehr kraft seiner Funktion als Weihbischof, viel mehr als Generalvikar (Personalminister der Diözese) und damit als Alter Ego des in die Jahre gekommenen Diözesanbischofs DDr. Zauner, der immer mehr dem jungen Wagner den Vortritt ließ! Dies war auch so bei der Linzer Diözesansynode, wo er Wagner die Leitung übertrug, zwei prononcierte Laien, nämlich Edi Ploier und Dr. Inge Loidl, als Stellvertreter berief.

Wagner zählte zu den Fortschrittlichen, aber nicht um jeden Preis, er zählte nicht zu den absoluten Drängern und Stürmern in Sachen Modernität, aber zu jenen, die konsequent die Kirche nach dem Zweiten Vatikanum in Richtung Zukunftsfähigkeit umbauten; zwar mit Fingerspitzengefühl, damit es möglichst für alle zumutbar wurde, dennoch sehr konsequent.

Der Linzer Weg

Das gefiel nicht allen – das Zweite Vatikanum hatte auch in Oberösterreich nicht nur Befürworter. Wagners Art der Seelsorge, sein Lebensstil als Priester, seine Fortschrittlichkeit in vielen Fragen, das war manchen ein Dorn im Auge.

Die Spaltung, die sich in dieser Zeit in der Diözese Linz zwischen fortschrittlichen Kräften und Bewahrern um jeden Preis auftat, war in Oberösterreich besonders sichtbar. Gerade zu jenem Zeitpunkt, wo unter der Führung von Alois Wagner die Linzer Diözesansynode durchgeführt wurde. - Der „Linzer Weg“ – unter diesem Titel waren die modernen Ansagen und Seesorgepraktiken in Oberösterreich zusammengefasst worden, wurde von manchen als „böser Zeitgeist“ verunglimpft, und die Vernaderei Richtung Rom erlebte eine Blütezeit.

Bischof Wagner war wahrscheinlich das erste prominente Opfer dieser feigen Vernaderei – Maximilian Aichern litt praktisch während seiner ganzen Amtszeit darunter!

Die Vernaderer

Die Vernaderer waren meines Erachtens jene, die den Fortschritt, vor allem kirchliche Entwicklungen nach dem Zweiten Vatikanum, aufhalten wollten; vor allem Leute in bestimmten kirchlichen Gruppen und jene, die ein Nahverhältnis zu diesen hatten. Manche hatten vielleicht auch noch die eine oder andere persönliche Rechnung mit der Kirchenführung offen.

Wie in solchen Fällen üblich, wurde immer wieder gerätselt, wer die Strippenzieher dieser Verleumdungsserie gewesen sein könnten. Zu Unrecht wurde vereinfachend oft vom „konservativen Lager" geredet und damit ein politisches Nahverhältnis auch zur ÖVP-Kreisen konstruiert.

Ich war in den Achtzigerjahren Landesobmann der Jungen Volkspartei, Landtagsabgeordneter und in der zweiten Hälfte dann Landesparteisekretär, ab 1987 Mitglied der Landesregierung – also doch schon im engeren Führungskreis!

Ich kann bezeugen, dass Landeshauptmann Dr. Erwin Wenzl, der damals auch Landesparteiobmann war, ein sehr gutes, ja freundschaftliches Verhältnis zu Alois Wagner hatte. Diesem Verhältnis war auch geschuldet, dass Oberösterreich in der Landesregierung unter Erwin Wenzl als erstes Bundesland ein eigenes Referat für Entwicklungshilfe und auch ein eigenes Entwicklungshilfebudget auf Landesebene eingerichtet hat.

Das Ehrenband des CV

Wenzl fuhr mit Wagner als Weihbischof in Entwicklungsländer und unterstützte ihn in jeder Beziehung. Auch in der Zeit, als beide in Pension waren, verband sie ein freundschaftliches Verhältnis. Wenzl setzte sich ganz persönlich sehr dafür ein, dass Dr. Alois Wagner auch das Ehrenband des CV (Österreichischer Cartellverband) erhielt.

Dr. Josef Ratzenböck, der zum Zeitpunkt der Bischofsentscheidung schon Landeshauptmann war, überlegte sogar, nach Rom zu reisen, als die Entscheidung länger auf sich warten ließ, um die Entscheidungsträger wissen zu lassen, was die große Mehrheit der Oberösterreicher erwartete.

Er tat es nicht, weil er in seiner Abwägung der Argumente zum Ergebnis kam, dass dies als inakzeptable, politische Einmischung bewertet werden könnte. - „Hätte ich tun sollen“ – sagte er später, als er sah, dass Wagner nicht zum Zug kam (s. Beitrag von Dr. Josef Ratzenböck). Wir wussten ja alle nicht, dass wir mit Maximilian Aichern einen exzellenten Bischof bekommen würden.

Andere ÖVPler mit Rang und Namen waren meines Wissens ebenfalls nicht am Werk, zumindest keine Oberösterreicher! Mag schon sein, dass „sehr konservative Christen“, von denen einige auch ÖVP-Mitglieder oder Funktionäre waren, unter den Gegnern Wagners vertreten waren. – Namhafte Leute, oder gar Mitglieder der Landesparteileitung, sicher nicht!

Vielleicht ist auch der eine oder andere Funktionär in den unteren Rängen, der dem konservativen Bereich zugezählt werden konnte, in seiner Bedeutung und Wirkung deutlich überschätzt worden. Ich kann als Zeitzeuge bestätigen: In unseren ÖVP-Kreisen hatte Alois Wagner höchstes Ansehen, und seine umfassende Arbeit, sowohl in der Diözese als Weihbischof und Generalvikar, wie auch sein weltweites Engagement in der Entwicklungshilfe und vieles mehr, waren sehr anerkannt.

Alles, was da Richtung ÖVP hinein konstruiert wurde, war wirklich nur von Gerüchten getragen, die keinen Wahrheitsgehalt hatten.

Friedrich Gruber, Journalist

Unser Mann im Vatikan

Alois Wagner strebte meiner Meinung nach keine seiner Heimatkirche entzogene weltkirchliche Karriere an. Er war eigentlich ein Vertreter der in Oberösterreich über Generationen entstandenen Volkskirche – auch im Bereich seines späteren internationalen Engagements für Entwicklungshelfer.

Wagner war einer jener jungen Leute, die quasi vom Gymnasium weg zu Hitlers Deutscher Wehrmacht eingezogen wurden und nach ihrer Zeit und den Erfahrungen in Krieg und Gefangenschaft mit dem Theologie-Studium begannen, um Priester zu werden. Der hochbegabte junge Mann studierte in Rom und kam als Pfarrseelsorger, Theologie-Professor und geistlicher Assistent der Katholischen Aktion im Bereich der Jugend in die Heimat zurück. Hier prägte ihn wohl auch die Lehre des belgischen Kardinals Joseph Cardijn für die christliche Jugend: Sehen, Urteilen, Handeln. In diesem Sinn war Alois Wagner neben Eduard Ploier und Hans Bürstmayer einer der Gründerväter des Österreichischen Entwicklungshelfer Dienstes (ÖED).

Als Pastoraltheologie-Professor fand Wagner auch beratenden Zugang zum damaligen alternden Linzer Bischof Franz Zauner, der ihn offenbar schätzte. (Zu Bischof Zauner muss hier erwähnt werden, dass er ebenfalls volkskirchlich geprägt und weltweit einer der Pioniere für Volkssprache in der Liturgie war.)

Wagner wurde auf Betreiben Zauners Weihbischof in der Diözese Linz (aber kein „Bischofs-Koadjutor" mit dem „Recht zur Nachfolge", wie es das früher mitunter gab). Schließlich berief ihn Bischof Zauner aber in das einflussreichere Amt des Generalvikars.

Schon als Weihbischof spielte Wagner auch eine entscheidende Rolle bei der Einberufung und Durchführung der Diözesan-Synode unter dem Motto „Kirche um der Menschen Willen". In diesem Rahmen und in der religiösen Aufbruchstimmung nach dem II. Vatikanischen Konzil wurden landesweite Beratungen von Priestern und Laien abgehalten. Aber nicht von allen Bischöfen und Hierarchen in Österreich wurde dieser im Sinne der Volkskirche getragene Weg geschätzt.

Als nun Diözesanbischof Franz Zauner beim Papst um seinen Ruhestand ersuchte und die Frage nach dem möglichen Nachfolger entstand, setzte auch hier in Oberösterreich synodales Denken ein: Man ventilierte bei Geistlichen und Laien die Frage nach einer breiteren Mitberatung bei der Suche nach einem neuen Bischof. Dies umso mehr als ja bekannt war, dass alle möglichen Kräfte, die eigentlich nichts mit den Gläubigen in der Diözese zu tun hatten, vor der Bischofsernennung eingebunden und eingeweiht waren.

Unter dem Namen von Priestern, die damals genannt und diskutiert wurden, war natürlich auch der von Weihbischof Alois Wagner. Aber er war offenbar nicht auf der „Liste“, wurde nicht Diözesanbischof und war schließlich auch nicht mehr Generalvikar.

Was nun mit Wagner?

Nun tauchten Gerüchte und Berichte von „gewöhnlich gut unterrichteten Kreisen“ auf, dass Wagner für ein Amt in Rom vorgesehen sei. – Im Rahmen einer Konferenz der Österreichischen Kirchenzeitungen in Wien war auch Kardinal König eingeladen. Als König die Konferenz verließ, bat ich ihn, ein paar Fragen bezüglich Wagner stellen zu dürfen. Und der Kardinal bestätigte leutselig, es stimme, Weihbischof Wagner werde wohl für ein Amt in den Vatikan berufen. Ich veröffentlichte diese Äußerung dann in der Linzer Kirchenzeitung mit der vielleicht übersteuerten Feststellung, Wagner werde „Unser Mann im Vatikan“.

Die negative Reaktion des Kardinals kam sehr prompt, unbegreiflich scharf und ablehnend. Ich wurde zum Rapport beim damaligen Kirchenzeitungs-Herausgeber Josef Wiener beordert. Mit dieser Veröffentlichung hätte ich den weiteren Werdegang Wagners gefährdet und den kirchlichen Entscheidungen in solchen Fragen geschadet. Eine Antwort auf meine Frage und Ratlosigkeit, worin das begründet sei, bekam ich nicht.

Was mir blieb, war eine Reihe von offenen Fragen. Vor allem Fragen danach, was die eigentlichen Gründe für Wagners Abstieg in den vermeintlichen Aufstieg nach Rom waren. Waren es persönliche, intrigante und oder kirchenamtliche Gründe? Natürlich gab es auch Gerüchte über Freundschaften, denen wir nicht nachgingen. Wohl auch deshalb, weil es das in der intransparenten Kirche über Generationen gegeben hatte. Gerüchte, die persönlich recht unterschiedlich geprägt waren und als menschlich wahrgenommen wurden.

Diese Fragen an die Kirchenleitung vertieften sich freilich, als Alois Wagner, der Mitgestalter der Kirche in seiner Heimat bleiben wollte, von seiner Aufgabe in der Österreichischen Bischofskonferenz als Sprecher des von ihm mitgegründeten und mitentwickelten Entwicklungshilfe-Engagements unter dem Begriff „Hilfe zur Selbsthilfe“ entbunden wurde. – Das muss, so denke ich, Wagner tief getroffen haben.

Kritik an Geheimprozedur bei Bischofsnachfolge

Katholische Aktion kritisiert das Geheimverfahren der Bischofsnachfolge

Wurde Linzer Weihbischof verbannt?

Keine Klarheit über die Hintergründe der Versetzung Dr. Wagners nach Rom

Oberösterreichs Unmut machte Vatikan munter

Rom-Reise verschoben

Terminprobleme verzögern geplante Bischofs-Mission

Wagner: „Nach schwerem Abschied lohnende Aufgabe"

„Es tut mir echt leid, daß ich von Linz weggehe"

Weihbischof Wagner fordert mehr Hilfe

Österreich soll Entwicklungshilfe verdoppeln bis verdreifachen

Wolfgang Katzböck, ehem. Leiter der Pressestelle der Diözese Linz

Gerüchteküche in den Zeitungen

Zur allgemeinen Überraschung in der Diözese nahm Papst Johannes Paul II. am 12. August 1980 zwar den von Bischof DDr. Franz Zauner angebotenen Rücktritt an, jedoch ohne gleichzeitig einen neuen Bischof zu ernennen. Zauner wurde hingegen zum Apostolischen Administrator mit allen Rechten eines residierenden Bischofs bestellt. Dabei galt Weihbischof Dr. Alois Wagner als sicherer Anwärter auf den frei werdenden Linzer Bischofsstuhl. In den Medien setzte eine intensive Berichterstattung und Kommentierung der päpstlichen Entscheidung ein. Die verschobene Nachfolge-Regelung ließ in den Zeitungen die Gerüchteküche brodeln.

„Die Presse" und die „Kronen Zeitung" gingen „mit einiger Sicherheit" davon aus, dass Wagner die Nachfolge Zauner antreten werde, beziehungsweise dass er „der wahrscheinliche Nachfolger ist". In der Diözese Linz herrsche „Ratlosigkeit" – so die „Krone", die gleichzeitig Wagner als Nachfolger Kardinal Königs ins Gespräch brachte. Diese Vermutung stellte auch die „Wochenpresse" an. Die „Katholische Aktion kritisierte das Geheimverfahren der Bischofsnachfolge" – so die OÖ. Nachrichten, die KA-Präsident Eduard Ploier zitierten: „Natürlich kann die Entscheidung über eine Bischofsnachfolge nur vom Papst getroffen werden, doch mehr Mitsprache von Priestern und Laien sollte in Erwägung gezogen werden." Einen „Bischofsbonus für Wagner" titelten wenige Wochen später mehrere Tageszeitungen und zitierten dazu eine Stichproben-Umfrage der „Linzer Kirchenzeitung".

Die Gegner der Berufung

Der Herbst zog ins Land, und die Linzer Sedisvakanz zog sich weiter in die Länge. Am 28. 9. 1981 veröffentlichte das Nachrichtenmagazin „profil" einen längeren Hintergrundbericht zur Causa Linzer Bischofsnachfolge, dem eine ähnliche Analyse fünf Tage später (3./4. 10. 1981) auch in der Tageszeitung „Die Presse" folgte. Beide Medien verwiesen auf mögliche Gegner einer Berufung Wagners. „Ein Klüngel von Aristokraten, die der Industrie nahestehen, will den 57-jährigen Gottesmann nicht", so Charles Bohatsch im „profil". Der „Pazifist Wagner" habe sich eindeutig gegen Waffenexporte ausgesprochen. In beiden Medien tauchte auch der Name des „romtreuen" ÖVP-Bundesrates Herbert Schambeck auf, der enge Beziehungen zu Kardinalstaatssekretär Agostino Casaroli und zum ehemaligen Nuntius Opilio Rossi unterhalte.

Ungenannte Kritiker Wagners hielten ihm laut Hans Werner Scheidl in der „Presse" vor, zu wichtigen tagespolitischen Ereignissen allzu rasch Erklärungen vom Stapel gelassen zu haben, und ganz allgemein seine „progressive Linie". In beiden Medien wurde auch die Ablehnung Wagners durch „eine Gruppe Mühlviertler Pfarrer" erwähnt und die Rolle, die Kurt Krenn, damals noch Theologieprofessor, bei einem Frühstück mit Johannes Paul II. gespielt haben soll. Wagner-Freunde würden argwöhnen: „Wer weiß, was er dem Heiligen Vater erzählt hat?"

Nach 16 Monaten ging die Ungewissheit, ob Wagner Linzer Diözesanbischof werden oder vom Papst eine andere Aufgabe zugewiesen bekommen würde, zu Ende. Am 10. Dezember 1981 veröffentlichte der Vatikan die Personalie, dass Johannes Paul II. Dr. Alois Wagner zum Vizepräsidenten des päpstlichen Rates „Cor Unum" – der für die Koordinierung der kirchlichen Hilfs- und Entwicklungsinitiativen in aller Welt zuständig ist – ernannt habe.

Die Spekulationen über Wagners berufliche Zukunft hatten ein Ende. An ihre Stelle traten in den Medien die Vermutungen, wer nun Linzer Bischof werden würde. Auf Wagners Berufung in den Vatikan folgte eine Woche darauf die Ernennung des Abtes von Stift St. Lambrecht, Maximilian Aichern OSB, zum Bischof der Diözese Linz.

„Wurde Linzer Weihbischof verbannt?"

Es blieb der für die Meinungsbildung unbedeutenden kommunistischen Tageszeitung „Neue Zeit" vorbehalten, den skurrilsten Titel zum Bericht über Bischof Wagners Berufung an die römische Kurie zu erfinden. Als „Verbannung" haben weder Wagner selbst noch irgendein anderes Medium seine Ernennung zum Vizepräsidenten des Rates für Entwicklungshilfe „Cor Unum" bewertet.

Wagner leugnete in einer Pressekonferenz keineswegs, dass ihm der Abschied aus Linz schwerfalle. In der „Kronen Zeitung" beurteilte Dr. Bert Brandstetter – später beim ORF OÖ und schließlich auch Präsident der Katholischen Aktion Oberösterreich – den Karrieresprung als „ehrenvollen Aufstieg an die römische Kurie". Aufgrund „zahlloser Gerüchte rund um Wagner" habe ihn der Papst „ganz nahe zu sich geholt" für „Wagners Hobby: Entwicklungspolitik". Auch andere Medien bezeichneten seinen Aufstieg als „eine echte Anerkennung seines vielfältigen Wirkens für die Dritte Welt".

Franz Ivan, ehem. Präsident des Verbandes österreichischer Zeitungen (VÖZ)

An der Frauenfrage gescheitert?

Plötzlich wurde Weibischof Alois Wagner 1982 nach Rom abberufen. Niemand von uns, die wir mittlerweile voll im Beruf standen, konnten es verstehen, dass er an der Frauenfrage gescheitert sein sollte. Was immer auch geschehen sein mag, es ändert bis heute nichts an unserer Überzeugung, dass Alois Wagner ein berufener Verkünder des Glaubens und treuer Diener der Kirche gewesen ist. Viele hätten ihn lieber als Diözesanbischof gesehen denn als Verbannten im Vatikan.

Ich habe ihn im Vatikan besucht. Er kam mir entgegen im Talar mit einer Kreuzkette und seinem Kollar, von oben bis unten Mitglied der Priesterschaft. Und er quittierte sein Leben im vatikanischen Käfig mit einem gutwilligen Lächeln. Einen so tatkräftigen und lebensfrohen Menschen auf dem Abstellgleis zu sehen, tut sehr weh. Noch dazu, wenn man überzeugt ist, dass eheliche Priesterschaft nur mehr eine Frage einer (hoffentlich kurzen) Zeit ist.

Überraschend wurde Alois Wagner auf Betreiben von Diözesanbischof Maximilian Aichern (vatikanische Entscheidungen werden nur selten zurückgenommen) rehabilitiert. 1999 konnte er in seine oberösterreichische Heimat-Diözese heimkehren und wurde in Linz mit Freude und Genugtuung begrüßt. Er war ein beliebter und gern gesehener Aushilfe-Bischof. Als Erzbischof blieb er ein geselliger Kavalier, suchte die Gemeinschaft von Menschen und ging mit ihnen gemeinsam den Weg zum heilbringenden Glauben.

Gerhard Bittner, ehem. Geschäftsführer der Österr. Forschungsstiftung für Int. Entwicklung, Wien

Auf dem römischen Abstellgleis

Im Oktober 1981 kam Alois Wagner nach spontaner Ankündigung in das Afro-Asiatische Institut in Wien. Das war nichts Ungewöhnliches. Irritierend war seine Information, um 13 Uhr sollten wir Radio hören. In den Nachrichten wurde dann von seiner Berufung nach Rom berichtet. Es war für viele seiner Mitarbeiterinnen und Mitarbeiter ein Schock. Aber auch andere in Kirche und Politik waren völlig überrascht. Die Nachfolgefrage in Linz war anders als erwartet gelöst worden.

Abb. 115: Kurt Krenn, zuvor Wiener Weihbischof, wird Bischof von St. Pölten (1991)

Manche meinten / hofften, Alois Wagner wäre mit der Verantwortung für den Päpstlichen Rat „Cor Unum“[1] nur in ein römisches Wartezimmer gesetzt worden. Tatsächlich standen in Österreich für einige Diözesen Neubesetzungen an, auch absehbar für Wien. Kardinal Franz König – in Österreich als wichtiger und einflussreicher Funktionsträger im Vatikan gesehen – hatte für seine Nachfolge mit den 1977 ernannten Weihbischöfen Helmuth Krätzl und Florian Kuntner Möglichkeiten geschaffen. Aber auch Weihbischof Alois Wagner, in der Weltkirche bestens vernetzt, schien eine Option zu sein.

Es kam anders, für viele unerwartet. Die Versetzung Alois Wagners nach Rom 1982 war der erste Schritt zur innerkirchlichen Restauration in Österreich. Es folgten bald die Ernennungen mit Hans Hermann Groer in Wien, Georg Eder in Salzburg und Kurt Krenn in Wien, dann in St. Pölten. Die Bischofskonferenz war gespalten, konservative Gruppen erhielten ungeachtet ihrer Größe und innerkirchlichen Bedeutung Unterstützung. Der Papst war für dieses Milieu die bestimmende Person in Sachen Rechtgläubigkeit. Die katholische Kirche in Österreich wurde römischer.

Kirchenkrise – Gotteskrise

Selbstbewusst hatten die Konzilsväter Kardinal Franz König, Erzbischof Andreas Rohracher und Bischof Franz Zauner in ihren Diözesen Wien, Salzburg und Linz bald nach dem Konzil Synoden einberufen. Es waren umfangreiche Vorgänge, verbunden mit einer breiten Beteiligung des „Volkes Gottes". Alois Wagner war Präsident der Linzer Diözesansynode und stellte zur Beendigung fest: „Geht die Idee der Synode nach der Synode weiter? Ja. Es geht uns darum, den Partikularismus zu überwinden. Wir sprechen deshalb lieber von der partnerschaftlichen Struktur in der Kirche ... Bischof, Priester, Ordensleute und Laien sind kein vis-a-vis, sondern sind Partner in ein und derselben Kirche mit demselben Ziel, wenn sie auch eine je ihnen verschiedene Aufgabe erfüllen."[2]
Doch Mitte der 1980er-Jahre änderte sich das Kirchenklima. Vorbei die Aufforderung von Andreas Rohracher aus 1966 „... und ich erkläre öffentlich, sie (Anm. die Priester) haben das Recht und die Pflicht, eine echte und rechte Kritik zu üben. Da soll nicht das Anschaffen und Folgen sein, sondern die gemeinsame Zusammenarbeit."[3] Die Kirchenbasis begehrte auf. Das Kirchenvolksbegehren 1995 bestätigte mit etwa 500.000 Unterschriften den Unmut. Der Grazer Bischof Johann Weber berief mit dem „Dialog für Österreich" 1998 eine gesamtösterreichische Kirchenversammlung ein. Die Voten waren eindeutig in Richtung Reformen,[4] Beschlüsse, die heute 2023/2024 noch sinnvoll umsetzbar wären. Aber Rom blockierte, möglicherweise zur Zufriedenheit mancher Bischöfe. Es war der Beginn eines atemberaubenden Abstiegs der Katholischen Kirche in Österreich, beschleunigt durch Missbrauchsskandale. Vom Abstieg war die kirchliche Entwicklungspolitik nicht ausgenommen. Ebenso der sozialpolitische Bereich, auch wenn mit großer Unterstützung durch den Linzer Diözesanbischof Maximilian Aichern und die Katholische Sozialakademie – KSÖ wichtige Dokumente entstanden.[5]

Gegen das Votum der Ortskirche

Mit der Versetzung von Alois Wagner 1982 nach Rom hatte es begonnen, indem man das Episkopat schwächte. Bei aller Wertschätzung seiner Aufgaben im Vatikan: Es war ein Abstellgleis! Wie sehr hätte die Kirche in Österreich in den nachfolgenden Krisenjahren Persönlichkeiten benötigt, die mit Klarheit und Klugheit pastorale Entwicklungen vorangebracht hätten. Kardinal Franz König brachte es 1991 auf den Punkt, wenn er auf Konfliktfelder mit Rom aufmerksam machte: „Zum Beispiel bei umstrittenen Bischofsernennungen in Deutschland, Österreich und der Schweiz. Da wurde in Rom oft die Meinung, das Votum der Ortskirche und ihrer Hirten nicht genug berücksichtigt."[6]

Die heutige Ausdünnung kirchlichen Lebens, das Absinken der Katholikenzahlen von 89 Prozent 1960 auf 53 Prozent 2021 ist ein deutlicher Hinweis auf eine Kirchenkrise, die längst, wie Johannes Baptist Metz bereits 1995 geschrieben hat, eine Gotteskrise geworden ist.[7] Die Wertvorstellungen in einer säkularisierten Welt sind heute ein Grundproblem. Carlo Maria Martini[8] befasst sich im Dialog mit Umberto Eco mit diesem Thema, wenn er schreibt: „Noch einmal anders gefragt: Wie komme ich – ohne Berufung auf ein Absolutes – zu der Aussage, bestimmte Handlungen seien unter allen Umständen zu unterlassen und andere seien, koste es was es wolle, gefordert?"[9]

Noch dramatischer als bei der Anzahl der Katholiken ist der Rückgang der Gottesdienstbesucher – siehe oben. Hier ist das kirchliche Intensivsegment betroffen. Kaum noch finden sich ausreichend Kandidaten für die PGR-Wahlen. Zusammenlegungen von Pfarren bewirken vielleicht eine Pastoralökonomie, aber sind „Blaulichtpfarrer" die Lösung? Sind die Kirchen am „Nachmittag" ihres Wirkens angekommen, oder sind es nicht vielmehr Glaubenszweifel, die angesichts heutiger Erkenntnisse das Christentum in Bedrängnis bringen?[10]

Es ist zu hoffen, dass Personen, vor allem junge Menschen, Verantwortung übernehmen, Kraft und Mut aufbringen, um dies im Dialog mit engagierten Christen aller Konfessionen zu bedenken. Eine hilfreiche Voraussetzung dafür wäre ein ökumenisches Konzil, das ein der Zeit entsprechendes Glaubensverständnis und -bekenntnis ebenso zum Inhalt hat wie auf unterschiedliche Regionen, Kulturen und bestehende Konfessionen eingeht. Die aktuellen „Synodalen Vorgänge" werden Stückwerk bleiben.

1 *Cor Unum wurde als „Päpstliches Entwicklungsministerium" 1971 gegründet und 2016 aufgelöst*
2 *Roland Cerny-Werner, „Das Konzil kommt unten an – Diözesansynoden in Österreich" – Verlag Herder, 2021, S. 593*
3 *Ebd., S. 348*
4 *„Dialog für Österreich", Dokumentation der Delegiertenversammlung – Bischöfliche Arbeitsgruppe, 1998*
5 *U. a. „Sozialhirtenbrief" (1990) und „Sozialwort Ökumenischer Rat der Kirchen in Österreich" (2003)*
6 *Streitgespräch der Kardinäle König und Ratzinger, in DIE ZEIT; Ausgabe Nr. 49 – November 1991*
7 *Johann Baptist Metz, „Gotteskrise – Kirchenkrise", Vortrag „Den Gott, der umstandslos zu uns passt, gibt es nicht", Mainz 1995, in „Kirche in unserer Zeit" – Kohlhammer 1999*
8 *Martini (1927 – 2012) war von 1979 bis 2002 Erzbischof von Mailand*
9 *Carlo Maria Martini / Umberto Eco, „Woran glaubt, wer nicht glaubt?", S. 74 – Paul Zsolnay Verlag, 1998*
10 *Tomas Halik, „Der Nachmittag des Christentums", Herder 2022*

Siegfried Primetshofer, ehem. Direktor der Finanzkammer der Diözese Linz

Beschwerden hintenherum

Die offene und fortschrittliche Art von Weihbischof Alois Wagner erzeugte auch innerkirchlich bei manchen Laien und Priestern Aufregung und Kritik. Das Unverständliche war, dass man diese Kritik meist nicht offen kundtat, sondern hintenherum Beschwerden an den Vatikan abgesandt wurden, wo derartige Ansinnen ein offenes Ohr vorfanden. So musste sich Wagner öfters beim Nuntius, der von Rom damit beauftragt wurde, zu einem klärenden Gespräch melden. Bei einem dieser Gespräche nahm der Bischof auch Josef Ahammer und mich mit. Ich weiß nicht mehr, um welchen konkreten Vorwurf es sich damals gehandelt hat. Beim Gespräch konnten wir aber hautnah kirchliche Hierarchie erleben und wie Brüderlichkeit innerhalb kirchlicher Institutionen gehandhabt wird. Diese Begebenheit war alles andere als aufbauend.

Ich finde es heute noch schade, dass Alois Wagner nicht Diözesanbischof werden konnte. Vermutlich war seine fortschrittliche Art, die manch einflussreiche inner- und außerkirchliche Personen nicht vertragen haben, ein großes Hindernis. Es ist bewundernswert, wie er die Berufung nach Rom hingenommen hat. Für mich ist und bleibt Bischof Wagner eine menschlich ausgezeichnete, für Neues aufgeschlossene, innovative Persönlichkeit, welche die Kirche immer geliebt hat.

Hans Gruber, Betriebs- und Gefangenenpfarrer em.

Das war eine Info-Bombe

Abb. 116: Hans Gruber, zuerst Kaplan an der Linzer Stadtpfarre, dann Kraftwerks-Pfarrer auf der Baustelle in Ottensheim, schließlich Betriebspfarrer, nunmehr Emeritus

Im Oktober 1981 war die „Priestergewerkschaft SOG“ (Solidaritätsgruppe) zu einer Sitzung im Linzer Betriebsseminar versammelt. Während dieser Sitzung erreichte uns die Nachricht, dass Weihbischof Wagner nach Rom berufen worden sei. Das war eine Info-Bombe!

Das Besetzungs-Karussel um die Leitung der Diözese Linz zog sich bereits seit Monaten hin. Weihbischof Wagner war schon einige Jahre Generalvikar und der logische Nachfolger von Bischof Zauner. Die Verzögerung der Bestellung verhieß für Wagner nichts Gutes.

Wir aufmüpfigen SOGler weinten Wagner keine Träne nach. Wir hatten keine guten Erfahrungen mit ihm. Besonders schwierig waren die Verhandlungen, wenn es um Laisierungsansuchen von Kollegen ging. Er spielte besonders dann seine bischöfliche Macht aus, wenn der Kandidat in einer Notlage war. Das empfanden wir als besonders üblen Charakterzug.

Trotz dieser Negativ-Erfahrungen spürten wir auch Solidarität mit ihm. „So kann man mit Menschen nicht umspringen!“ Das war unsere antirömische Kurzmeldung zu diesem Ereignis! Und eine zweite Meinung – nicht ohne Schadenfreude: „Jetzt erfährt er selbst, wie unmenschlich Rom über die Menschen drüberfährt!“

Josef Weichselbaumer, Dir.-Stv. des Pastoralamtes der Diözese Linz a.D.

Ein Paket ohne Kommentar

Alois Wagner kannte ich noch aus meiner Zeit bei der Katholischen Landjugend als ehrenamtlicher Leiter im Dekanat Unterweißenbach. Das war in den 60er-Jahren, und er war da noch in der diözesanen Jugendseelsorge tätig. Später begegnete ich ihm bei der Linzer Diözesansynode, da ich Synodendelegierter war. 1973 kam ich in den diözesanen Dienst bei der Katholischen Männerbewegung. Da gab es auch immer wieder Kontakte – keine näheren Beziehungen.

1981 übernahm ich das Referat Landpastoral im Pastoralamt. Die generelle Aufgabenbeschreibung dafür bekam ich interessanterweise nicht vom Pastoralamtsleiter, sondern vom Generalvikar Weihbischof Wagner. Darin enthalten: Ich sollte mich besonders der Pfarren ohne Priester am Ort annehmen. Davon gab es schon einige, damals nur auf dem Land, und es war absehbar, dass diese rasch mehr würden. Das hat dann auch einen Großteil meiner Arbeit eingenommen. Ich hatte dort auch gute Kontakte zur Bayerischen Katholischen Landvolkbewegung und zur ICRA, der Internationalen Katholischen Landvolkorganisation. Wagner hatte diese ebenfalls und war bei den ICRA-Tagungen meist sehr aktiv dabei.

Eines Tages erhielt ich ein Paket von Wagner mit einigen Dutzend gesammelten Exemplaren der Monatsschrift der Deutschen Landvolkbewegung „Land aktiv" und mit weiteren einschlägigen Publikationen. Ohne Ankündigung, ohne Kommentar! Was soll das, dachte ich. Das ist sonst nicht sein Stil. Wenn er mir manchmal etwas schickte, war immer ein Impuls damit verbunden. Warum räumt er so zusammen? Zwei Tage danach war es klar warum: Wagner kommt nach Rom!

Edi Ploier berichtete einmal in dieser Zeit, er habe mit Wagner über die (Ab-) Berufung nach Rom gesprochen. Wagner sagte dabei, er habe als Generalvikar immer erwartet, dass Priester, die er versetzte, dem Bescheid folgten. Daran halte er sich eben jetzt auch selber.

Wagner blieb auch in Rom noch in Kontakt mit der ICRA und nahm an einigen Tagungen teil. Das Land und die Bauern lagen ihm offensichtlich am Herzen. Wohl eine Folge seiner Tätigkeit als Landjugendseelsorger.

Maximilian Aichern OSB, em. Bischof von Linz

Loyaler Bischof-Kollege

Abb. 117: Wagner gratuliert dem neuen Diözesanbischof Maximilian Aichern nach dessen Weihe im Linzer Dom

Obwohl viele zu Recht hofften, dass Weihbischof und Generalvikar Wagner Nachfolger von Diözesanbischof Zauner in Linz werde, berief ihn der Papst an die Kurie in Rom. Entscheidend dafür war wohl die internationale Bekanntheit seiner Arbeit in Österreich für die Entwicklungshilfe und mehrere überdiözesane und internationale Aufgaben der österreichischen Kirche. Bei den überdiözesanen Aufgaben von Weihbischof Wagner muss auch seine Mitarbeit bei der Erstellung des neuen Gebet- und Gesangbuches „Gotteslob" für den gesamten deutschen Sprachraum (1975) erwähnt werden.

Wagner war mir persönlich ein sehr loyaler Bischof-Kollege, schon in meinen ersten Tagen und Wochen in Oberösterreich und dann auch weiterhin in Rom und in Österreich. Bei meinem ersten Besuch in Linz – nach der Bischofsernennung – war er es, der mich nach der Pressekonferenz, die gemeinsam mit Bischof Zauner, ihm und mir stattfand, zur Vorstellung in die Landesregierung unter Landeshauptmann Dr. Josef Ratzenböck, in das Rathaus zu Bürgermeister Franz Hillinger, und in das Priesterseminar zu Regens, Spiritual, den Professoren und den Alumnen begleitete.

ERFÜLLTE PFLICHT IN ROM

„Die ganzheitliche Entwicklung des Menschen und die Notfallseelsorge müssen für den Papst ganz oben stehen."

Alois Wagner

Vincenzo Paglia, Erzbischof / Cesare Zucconi, Rom

Ein universeller Österreicher und Weltbürger

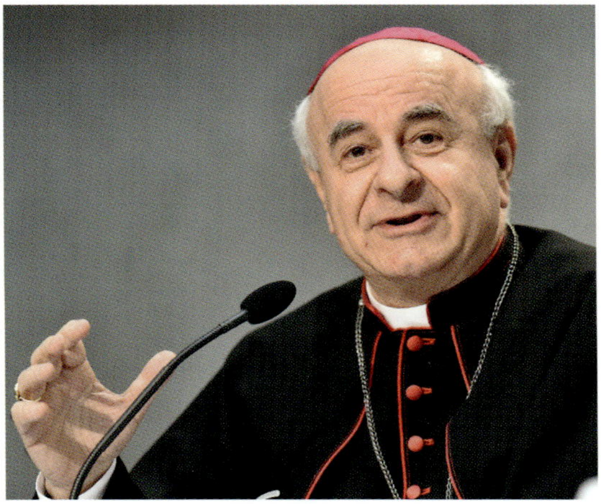
Abb. 118: Erzbischof Vincenzo Paglia (Rom)

Erzbischof Alois Wagner war fast zwei Jahrzehnte lang in gewisser Weise der Vertreter der österreichischen Kirche im Vatikan. Ein universeller Österreicher, ein Weltbürger. Seine wichtige Funktion im päpstlichen Rat Cor Unum führte ihn in viele Länder, um die Nächstenliebe und Sorge des Papstes für die Bedürftigen zu vermitteln. Cor Unum, ein Rat, der 1971 von Papst Paul VI. im Gefolge des Zweiten Vatikanischen Konzils und insbesondere der Vision und der Diktate von Gaudium et Spes ins Leben gerufen wurde, war in gewisser Weise der richtige Ort für Msgr. Wagner, der sich mit der Kirche des Konzils und ihrem Geist des Zuhörens, der Offenheit und des Dialogs mit den Menschen von heute stark verbunden fühlte. Sein Priestertum war lange vor dem Konzil gereift, aber Msgr. Wagner fand sich in dem wieder, was Paul VI. das Paradigma der Kirche des Konzils nannte, nämlich das Gleichnis vom barmherzigen Samariter.

Papst Johannes Paul II. hat dann „Cor Unum" neues Leben und neue Aufgaben gegeben, indem er 1981 den Linzer Weihbischof Alois Wagner nach Rom berief und ihn zum Vizepräsidenten ernannte. „Ich erinnere mich, dass Msgr. Wagner oft an Gottesdiensten in Santa Maria in Trastevere und an Gebetsinitiativen in der Basilika von Trastevere teilnahm, die Johannes Paul II. der Gemeinschaft Sant'Egidio anvertraut hatte, etwa in dem Jahr, in dem Msgr. Wagner nach Rom kam", schreibt Cesare Zucconi, Generealsekretär von Sant'Egidio, der christlichen Gemeinschaft für Gebet, Arme und Frieden.

Einsatz in Trastevere

Ein Freund Alois Wagners aus dieser Zeit ist Monsignore Vincenzo Paglia, heute Erzbischof und Präsident der Päpstlichen Akademie für das Leben. Von 1980 bis

2000 war Msgr. Paglia Pfarrer von Santa Maria in Trastevere. Diese Basilika grenzt an den Palast von San Callisto, dem Sitz des Päpstlichen Rates Cor Unum. „Ich erinnere mich gerne an die häufigen Besuche und die Mitarbeit von Msgr. Wagner in der Basilika", schreibt Erzbischof Paglia. Erzbischof Wagner begründete seinen Einsatz in dieser Pfarre damit, dass er einfach ein österreichisches Gemeindemitglied sei und helfen wollte. „Mit seiner gutmütigen und freundlichen Art, seinem Italienisch mit deutlichem österreichischem Akzent gewann er die Sympathie vieler", meint Erzbischof Vincenzo Paglia.

Pfarrer Paglia war dann auch kirchlicher Assistent der Gemeinschaft Sant'Egidio. Es waren die Jahre, in denen das Engagement von Sant'Egidio außerhalb Italiens wuchs, vor allem in Afrika und im Nahen Osten sowie in Lateinamerika seit dem Martyrium von Bischof Romero in San Salvador. Es gab daher viele Gelegenheiten, sich mit Msgr. Wagner zu treffen und auszutauschen, vor allem bei den afrikanischen Krisen, humanitären und Friedensinitiativen von Sant'Egidio in Afrika, angefangen bei den Friedensverhandlungen für Mosambik, die von Sant'Egidio geleitet und 1992 in Rom mit der Unterzeichnung des Friedensabkommens abgeschlossen wurden.

Aufmerksam und engagiert

Abb. 119: Dr. Cesare Zucconi, Generalsekretär der Gemeinschaft Sant'Egidio (Rom)

Seine anschließende Tätigkeit als Vertreter des Papstes bei den internationalen Organisationen in Rom bis 1999, als er aus Altersgründen aus diesem Amt ausschied und nach Linz zurückkehrte, war ein weiterer Grund für Begegnungen und Austausch mit Msgr. Wagner, der stets aufmerksam und engagiert am internationalen Geschehen teilnahm. „Ich erinnere mich noch sehr lebhaft daran, dass Alois Wagner dabei immer seinen pastoralen Zug, seinen direkten und freundlichen Zugang zu den Menschen bewahrte", schreibt Generalsekretär Cesare Zucconi. „Msgr. Wagner hat uns auch geholfen, die ersten Kontakte mit seiner Heimatdiözese zu knüpfen, aus denen bis heute viele Freundschaften entstanden sind."

Maximilian Aichern OSB, em. Bischof von Linz

Der Erzbischof unterwegs in der Ewigen Stadt

Abb. 120: Erzbischof Alois Wagner und Bischof Aichern auf dem Petersplatz in Rom

Am 20. März 1994 feierte Erzbischof Wagner seinen 70. Geburtstag. Papst Johannes Paul II. gratulierte ihm herzlich. Am 26. Oktober 1994 war er 25 Jahre Bischof und feierte in Santa Maria in Trastevere den Festgottesdienst in Anwesenheit vieler Diplomaten, Kurienmitarbeitern, Angehörigen und Leuten aus Österreich und Italien. Pfarrer Vincenzo Paglia hielt die Begrüßung. Ich musste die Predigt in italienischer und deutscher Sprache halten, Wagner selbst sprach die Dankesworte auf Italienisch und Deutsch. Die Jugendgruppe der Pfarre sang fulminante rhythmische Lieder, die bewegten. Ich selbst war damals ja während des ganzen Monats Oktober 1994 in Rom als Delegierter der österreichischen Bischofskonferenz bei der Weltbischofssynode über die Orden und Säkularinstitute. Erzbischof Wagner feierte natürlich auch einen Festgottesdienst zu seinem 25-jährigen Bischofsjubiläum im Linzer Neuen Dom am Sonntag, 6. November 1994 nachmittags, wo auch ich wieder als Prediger gebeten wurde. Seine einstigen Mitkonsekratoren Bischof Dr. Franz Žak von St. Pölten und Erzbischof Dr. James Odongo von Tororo waren anwesend. Der Hauptkonsekrator Bischof Zauner war leider schon verstorben.

In den Jahren als Erzbischof wurde er auch mit Zustimmung der Diözese Rom zu Firmungen in verschiedenen Pfarren der Stadt und zu besonderen Anlässen eingeladen. Er hielt die Gottesdienste und Ansprachen immer perfekt in italienischer Sprache. Auch diese Dienste tat er sehr gerne.

Meine Aufgaben als Sozialreferent der Österreichischen Bischofskonferenz, als Ordensreferent und Referent für die Katholische Aktion und einige ihrer Gliederungen (KABÖ, KFBÖ, KAVÖ, Hochschuljugend) führten mich auch öfters nach Rom zu Beratungen und Tagungen sowie in verschiedene europäische Länder und Städte wie Brüssel, wo ich von Wagner manche Beratung und Hilfen bekam.

Unterwegs in Rom

In Rom war Wagner – wenn es ihm nur irgendwie möglich war – viel unterwegs mit österreichischen Pilgern, hielt Gottesdienste mit ihnen, vermittelte Papstaudienzen, führte durch den Vatikan, zeigte Sehenswürdigkeiten und informierte über Hintergründe. Er bemühte sich, die Leute den „Schlag des Herzens der katholischen Weltkirche" erleben zu lassen.

Er war sehr verbunden mit der Firma August Heuberger von Peuerbach, welche mit ihren Autobussen viele Leute besonders aus Oberösterreich nach Rom brachte, und die auch die beiden Umzüge Wagners nach und von Rom bewerkstelligte.

Ich selbst wohnte bei Rom-Aufenthalten nicht bei den Benediktinern in Sant'Anselmo, wo ich einst Theologie studiert habe, sondern in der Anima, dem deutschsprachigen Priesterkolleg. Dort war Prälat Dr. Johannes Nedbal, der einst einige Jahre ein Schulkollege von mir im Realgymnasium Wien 14, Astgasse, gewesen ist, Rektor. Der Grund war die Nähe zum Vatikan; von der Anima konnte man zu Fuß zu den vatikanischen Veranstaltungsorten, besonders zur Synodenaula, gehen, vom weiter entfernter liegenden Sant'Anselmo aus muss man die öffentlichen Verkehrsmittel benützen.

Wagner lud mich immer wieder in seine Wohnung ein, vor allem an den Sonntagen zum Mittagstisch, wo Dr. Eva Tresp hervorragend kochte. Öfters ging er auch mit uns essen, und zwar zur bekannten nahen Trattoria dell'Aquila „zia Emma". An den Sonntagnachmittagen machte Wagner mit Tresp als Chauffeurin öfters Ausflüge, und sie nahmen mich unbedingt mit. So waren wir einmal in Castel Gandolfo, ein anderes Mal in der Wallfahrtskirche Divino Amore am südlichen Stadtrand von Rom, oder einmal in der Wallfahrtskirche Santuario Madre delle Grazie della Mentorella (zwischen Tivoli und Palestrina) im Kloster der polnischen Resurrektionisten, auf dessen Berg Papst Johannes Paul II. im Winter öfters zum Skifahren kam.

Ich war oft in Rom, einen ganzen Monat bei der Weltbischofssynode im Oktober 1987 „Der Laie in Kirche und Gesellschaft", und im Oktober 1994 zum Thema der Orden und Säkularinstitute, „vita consecrata". Öfters kam Bischof Wagner, der nicht Synodenmitglied war, in Sitzungspausen zu uns Synodenbischöfen, um sofort und sehr interessiert über den Interventionsvorgang informiert zu werden zu Themen, die auch seine Arbeit betrafen.

Die KAJ (Katholische Arbeiterjugend) bei der Seligsprechung von Marcel Callo

Während der Laiensynode 1987 hat Papst Johannes Paul II. den jugendlichen Arbeiter aus Rennes (Frankreich) Marcel Callo zur Freude der Synodenmitglieder seliggesprochen.
Marcel Callo wurde durch die deutsche Besatzungsmacht in Frankreich mit anderen Jugendlichen zur Zwangsarbeit nach Deutschland und von dort, weil er „viel zu katholisch" war, von den Nationalsozialisten ins Lager Mauthausen-Gusen gebracht; dort starb er nach wenigen Monaten der lebensbedrohlichen Arbeit in den Stollen von Gusen.

Abb. 121: Copygrafie (Peter Huemer) zum französischen KZ-Opfer Marcel Callo in der Pfarre Marcel Callo (Linz-Auwiesen)

Bischof Wagner und ich kamen bei der Seligsprechung dieses Märtyrers mit den Geschwistern und seiner Braut aus Rennes ins Gespräch, besonders mit seinem Bruder Jean Callo, der Priester war, und wir blieben weiterhin verbunden.

Von Oberösterreich waren zur Seligsprechung von Marcel Callo Jugendliche der KAJ mit Sepp Wall, dem späteren Bereichsleiter für Bildung und Zukunftsfragen im ÖGB Oberösterreich, gekommen. Um diese Gruppe nahm ich mich besonders an, und auch Bischof Wagner hatte seine Freude an ihrer Teilnahme. Am Nachmittag war ich dann bei der Feier der KAJ Roms in der Via Giulia und hielt dort eine Ansprache auf Italienisch über Marcel Callo und über Bischof Wagners bevorzugtes Gebet aus dem 14. Jahrhundert:

„Christus hat keine Hände, nur unsere Hände, um seine Arbeit heute zu tun. Er hat keine Füße, nur unsere Füße, um Menschen auf seinen Weg zu führen. Christus hat keine Lippen, nur unsere Lippen, um Menschen von ihm zu erzählen. Er hat keine Hilfe, nur unsere Hilfe, um Menschen an seine Seite zu bringen. Wir selbst sind Gottes Botschaft für die Menschen. Wir sind die Bibel Gottes, in Taten und Worten geschrieben."

Dann war ich von 1983 bis 2019 der Nachfolger von Wagner als österreichischer Vertreter bei den Plenarsitzungen der Italienischen Bischofskonferenz in Rom im Monat Mai. Bei diesem Anlass übergab ich 1990 Papst Johannes Paul II. persönlich den wenige Tage vorher in Österreich erschienenen Sozialhirtenbrief von uns österreichischen Bischöfen. Der Papst war sehr erfreut und nahm das Exemplar sofort an sich. Natürlich war das 100-Jahr-Jubiläum der Sozialenzyklika von Papst Leo XIII. „Rerum novarum" 1991 mit einem längeren Romaufenthalt verbunden. Ein großes Sozial-Symposion fand in Tor Vergata am Stadtrand von Rom unter Teilnahme von Politik, Wirtschaft und Arbeiterschaft aus aller Welt statt; weiters ein eigener Europakongress am 16. 5. 1991 im großen Saal am Kapitol. Da gibt es ein schönes Foto, wie wir nebeneinander sitzen: Erzbischof Luigi Poggi (Apostolischer Nuntius in Italien), Erzbischof Hélder Câmara (Olinda e Recife), meine Wenigkeit, Bischof Alois Wagner und Sozialethiker P. Johannes Schasching SJ. Bei der großen Arbeiterwallfahrt unter starker österreichischer Beteiligung am Pfingstsonntag 19. 5. 1991 zelebrierte Papst Johannes Paul II. die Festmesse auf dem Petersplatz. Er lud als Konzelebranten Sozialbischöfe aus den 5 Erdteilen ein: für Europa waren Erzbischof Santo Bartolomeo Quadri (Modena) und ich an der Seite des Papstes, ebenso der oberösterreichische Sozialethiker P. Johannes Schasching SJ, der Johannes Paul II. viel in Sozialfragen beraten hat und erfolgreicher Vorsitzender der paritätischen Kommission im Vatikan war. Er war auch einige Jahre Rektor des Germanicums und längere Zeit gesuchter Professor an der Universität Gregoriana. Bei ihm bedankte sich der Papst nach der Messe neben uns Konzelebranten in deutscher Sprache sehr für diese seine vielfältigen Hilfen.

Das Grab des Hl. Severin

Besondere Verbindungen gibt es auch zwischen den österreichischen „Donau-Diözesen" und Frattamaggiore, unweit von Neapel, wo das Grab des hl. Severin ist. Er war der große Sozialapostel in den Donauländern zur Zeit der Römerherrschaft. Als bekannt wurde, dass die Grabkapelle dringend eine Renovierung braucht, haben Oberösterreichs Landeshauptmann Dr. Ratzenböck sowie Wien und Niederösterreich Gelder gestiftet. Zusammen mit Ratzenböck, dem österreichischen Botschafter beim Hl. Stuhl Georg Hohenberg und seiner Begleitung (u. a. der spätere Botschafter beim Hl. Stuhl Martin Bolldorf) und mit Erzbischof Wagner wurden wir von der dortigen Pfarrgemeinschaft und der Ortsgemeinde festlich empfangen. Ich feierte in der Grabkapelle des hl. Severin den Gottesdienst, und wir wurden anschießend im Gemeindesaal öffentlich bedankt.

Die in Rom tätigen deutschsprachigen Bischöfe, Priester, Kurienangestellten, Professoren und Ordensleute (der spätere Linzer Bischof Dr. Ludwig Schwarz SDB war damals Professor und Provinzial an der Päpstlichen Salesianeruniversität) trafen sich öfter zu gemeinsamen Gesprächen. Da war Wagner immer dabei; auch Kardinal Paul Augustin Mayer OSB, mein einstiger Rektor und Dogmatikprofessor in Sant'Anselmo, den ich bei meinen Rom-Aufenthalten öfters besucht habe, und ebenso Kardinal Joseph Ratzinger, der spätere Papst Benedikt XVI. Mit ihm als Präfekt der Glaubenskongregation hatte ich öfter zu tun. Und jedes Gespräch endete mit einer Erörterung eines geschichtlichen Ereignisses, denn Kardinal Ratzinger war auch ein guter Historiker.

Erzbischof Wagner hatte viele gute Beziehungen zu einzelnen Kurienleuten, u. a. zum Generalrelator der Selig- und Heiligsprechungskongregation P. Dr. Ambrosius Eßer OP, mit dem auch ich immer wieder zu tun hatte: in der Causa Jägerstätter und der Causa Bischof Rudigier. Jägerstätter kam als Märtyrer bald zur Seligsprechung (2007), bei Bischof Franz Joseph Rudigier fehlen Wunder. Ich erinnere mich auch, dass ich zweimal in Rom bei einer Übergabe der Christbäume aus Oberösterreich für den Petersplatz, den Apostolischen Palast und die Papstwohnung und den Petersdom dabei war. Die erste Aufstellung eines oberösterreichischen Christbaums auf dem Petersplatz in Rom verdanken wir der Vermittlung von Erzbischof Wagner. Bei der Übergabe waren auch Mitglieder unserer Landesregierung dabei.

Bertram Meier, Bischof von Augsburg

Fünf „K" für einen Menschen und Bischof mit Hirn und Herz

„Cor unum et anima una" – „Ein Herz und eine Seele". Dieses Wort aus der Apostelgeschichte (4,23) war nicht nur das Motto des vatikanischen Dikasteriums, für das Bischof Alois Wagner von 1981 bis 1992 als Vize-Präsident gearbeitet hat: Mit großem Einsatz engagierte er sich in leitender Position im Päpstlichen Rat Cor Unum und prägte diesen maßgeblich mit. „Ein Herz und eine Seele" sollen diejenigen sein, die den Fußspuren folgen wollen, davon ließ sich auch der Mensch, Christ und Geistliche Alois Wagner zeitlebens leiten.

In einigen Strichen möchte ich seine Persönlichkeit und sein Wirken zeichnen, das ich besonders in den Jahren kennen und schätzen gelernt habe, die ich als Student am Collegium Germanicum et Hungaricum verbrachte (1980–1986). Auch nachdem ich promoviert hatte (1986–1989) und nach pastoralen Erfahrungen in meinem Heimatbistum Augsburg 1996 wieder nach Rom ans Staatssekretariat zurückberufen worden war, hatte ich immer wieder Kontakt mit dem mittlerweile zum Erzbischof beförderten Alois Wagner. Meine Ausführungen sind keine allumfassende Würdigung, sondern nur eine Skizze zur Persönlichkeit von Erzbischof Wagner. Wenn ich ihn noch einmal vor mein inneres Auge hinstelle, dann kristallisiert sich das Bild eines Kirchenmannes heraus, den ich mit fünf „K" beschreiben kann:

Kollegial

Im Studienjahr 1980/81 machte ich meine ersten Schritte im Germanicum. Besonders prägten sich mir die Gäste ein, die ins Haus kamen. Auffällig war die Tatsache, dass Anfang der Achtzigerjahre immer häufiger ein Name auf der Gästeliste stand: Weihbischof Alois Wagner aus Linz. Zwar war dieser bekannt für sein Talent als Netzwerker, doch seine vermehrten Besuche in Rom gaben uns Studenten Anlass zu Spekulationen: Ist da etwas im Busch? Könnte es sein, dass ein Posten im Vatikan auf ihn wartet? – Manches Gerücht, das mit dem Flurfunk die Runde macht, wird Wahrheit: So als Weihbischof Alois Wagner nach Rom gerufen wurde, um als Nummer 2 nach dem Kurienkardinal Etchegaray den Päpstlichen Rat Cor Unum zu leiten.

Kurienbischof Wagner wollte bewusst nicht in ein vatikanisches Appartement ziehen, sondern bevorzugte das ihm vertraute Germanicum, wo er selbst von 1947 bis 1955 als Student gelebt und gearbeitet hatte. Was ich an ihm sehr schätzte, war die Kollegialität, die er in seinem geliebten Kolleg pflegte: Er setzte sich bei den Mahlzeiten mitten unter uns Alumnen, trank mit uns einen Espresso und auch mal eine Grappa. Er war wirklich „Frater Maior“: älterer Bruder, Kollegiat mit reicher Erfahrung, die er gern mit uns teilte. Wir spürten: Er nahm Anteil am geistig-geistlichen Wachstum seiner jüngeren Brüder im Kolleg. Und bei besonderen Anlässen stand er auch gern der Kommunitätsmesse vor. Dann hatten wir ein Pontifikalamt, das unseren Zeremoniar freute!

Kommunikativ

Was Weihbischof Alois Wagner schon in Linz und darüber hinaus im Rahmen der österreichischen Bischofskonferenz pflegte, das konnte er in Rom noch mehr umsetzen: Seine Fähigkeit zur Kommunikation. Sein erster Arbeitsplatz war nicht der Schreibtisch, sondern der Gesprächsraum: Ob Aula oder Büro, ob an der Universität oder auf politischen Foren, Bischof Wagner war dort in seinem Element, wo er seine Anliegen live präsentieren konnte. Mit Enthusiasmus empfing er Einzelpersonen und Besuchergruppen, die in Rom Einblick in die Kurie und besonders in „seinen“ päpstlichen Rat gewinnen wollten. Er schaute nicht auf die Uhr und nahm dabei bloß Termine wahr; vielmehr nahm er vor allem die Menschen in den Blick, die mit ihm redeten und ihm ihre Anliegen anempfahlen.

Ob jung oder alt, gleich welcher Religion, Konfession oder politischer Ausrichtung: Bischof Wagner ging mit allen, die den Dialog mit ihm suchten, ins Gespräch. Sein Anliegen war nicht so sehr, sich selbst ins Spiel zu bringen, sondern die ganzheitliche Entwicklung des Menschen und den Frieden zu fördern: Cor unum et anima una.

Kompetent

Was Alois Wagner tat, führte er nicht einfach auf seine Priester- und Bischofsweihe zurück. Er bestand stets darauf, dass Leitungsfunktionen auf der dafür notwendigen Kompetenz beruhen sollten. Die Mitra allein genügt nicht, auch nicht der Doktorhut. Es geht um professionelle und menschliche Kompetenz. Da Bischof Wagner beides in seine Aufgaben einbrachte, war er schnell auch auf dem römischen Parkett ein anerkannter und beliebter Player. Wer mit ihm zu tun bekam, spürte schnell, dass ihm ein warmherziger und vorbereiteter Gesprächspartner gegenübertrat, eine Persönlichkeit mit Hirn und Herz. Sein Ruf verbreitete sich rasch über die Grenzen „seines“ Dikasteriums Cor Unum hinaus.

Da war es keine Überraschung, dass ihn Papst Johannes Paul II. 1992 zu seinem Ständigen Vertreter bei der Welternährungs- und Landwirtschaftsorganisation

Abb. 122: Studenten des „Germanicums" bei Erzbischof Wagner. Bertram Meier 2. Reihe hinter Erzbischof Alois Wagner

FAO ernannte: Eine Aufgabe, die er bis zu seinem altersbedingten Rücktritt 1999 engagiert ausfüllte. Seine Reden fanden Beachtung, vielleicht auch deshalb, weil es ihm gelang, die Klarheit seiner Position in österreichischem Dialekt und Akzent auf der internationalen Bühne charmant und menschlich darzustellen.

Kämpferisch

Bischof Wagner war eine „burning person". Wie er für sein Fach und die damit verbundenen Aufgaben begeistern und andere mitreißen konnte, so war ihm auch die Erfahrung nicht fremd, bei manchen – auch kurialen – Mitbrüdern mit seinen Anliegen auf Granit zu beißen. Wenn jemand explizit sagte oder durch sein Verhalten kundtat, dass Cor Unum eher eine Marginalbehörde sei und daher nicht zum „inner circle" der mächtigen Kongregationen des Heiligen Stuhls zähle, konnte der sonst milde und gesellige Bischof Wagner durchaus kantig und ungemütlich werden: „Ganzheitliche Entwicklung des Menschen und Notfallseelsorge müssen für den Papst ganz oben stehen."

Solche und ähnliche Klarstellungen gingen ihm über die Lippen, womit er sich in der Kurie nicht nur Freunde machte. Doch er blieb konsequent und ließ sich nicht beirren. So avancierte er zu einer Art von „sozialem Gewissen" des Vatikans. Wenn es heute auf Wunsch von Papst Franziskus ein eigenes Dikasterium für die ganzheitliche Entwicklung des Menschen gibt, dann ist diese Initiative des Heiligen Vaters ganz im Sinne von Bischof Alois Wagner. Er würde sich sicher darüber freuen!

Konkret

Obgleich Bischof Wagner ein Intellektueller war – einer, der sich angesichts der großen Probleme der Menschheitsfamilie den Kopf zerbrach –, war er gleichzeitig ein Mann der Tat. Aus Diskussionen mit ihm am Germanicum erinnere ich mich gut, wie er uns junge Studenten oft dazu ermunterte, nicht nur bei abstrakten theologischen Glasperlenspielen zu bleiben, sondern das erworbene Wissen in das praktische Leben herunterzubrechen. Eine für ihn typische Grundfrage bei Tischgesprächen lautete: „Was heißt das jetzt konkret?"

Er selbst ging mit gutem Beispiel voran. Bei allen Würden und Titeln war und blieb er ein „konkreter Mensch, ein sehr konkreter Priester und Bischof". Wenn Pilgergruppen aus seiner Heimat, aber auch aus Deutschland – Bayern liebte er besonders! – nach Rom kamen, dann betätigte er sich oft als Seelsorger. Wann immer möglich, zelebrierte er für die Wallfahrer Gottesdienste und stand für Gespräche zur Verfügung. Besonders gern fuhr er in die Domitilla-Katakomben an den Rand der Stadt, wo er den Wallfahrern den Grund des Glaubens erschloss. Er hatte die Gabe, mit seinen Predigten die „Freude am Glauben" überspringen zu lassen. Bei solchen Gelegenheiten durfte ich oft als Chauffeur und Zeremoniar dienen.

Ein Herz und eine Seele

Erzbischof Alois Wagner brannte für seine Aufgaben in Rom. So hat er aus dem Titel seines Dikasteriums seine persönliche Grußformel gemacht. Wenn er Leute willkommen hieß und sie nach einer anregenden Begegnung wieder verabschiedete, rief er ihnen nicht selten zu: Cor unum et anima una! Wenn das kein Motto für unsere spannungsvolle Zeit ist!

Noch eine letzte Beobachtung will ich erzählen. Oft habe ich die Eucharistie mit Bischof Alois Wagner gefeiert. Ein Detail fiel dabei besonders auf: Am Ende, bevor er der Gemeinde den Segen zusprach, pflegte er selbst auf seine Brust ein Kreuz zu machen. Erst dann erteilte er mit der Hand das Segenszeichen – so als wollte er sagen: Nur als Gesegneter kannst Du andere segnen.

Abb. 123: Bischof Wagner 1985 in seinem Büro im Vatikan

Abb. 124: Seine Wohnung hatte Erzbischof Wagner im Palazzo S. Calisto im römischen Viertel Trastevere

Maximilian Aichern OSB, em. Bischof von Linz

Im Dialog mit der Welt

Dr. theol. et Lic. phil. Alois Wagner wurde am 1. September 1969 von Papst Paul VI. zum Titularbischof von Siccenna ernannt und am 26. Oktober 1969 im Linzer Neuen Dom durch Diözesanbischof DDr. Franz Salesius Zauner zum Bischof geweiht; Mitkonsekratoren waren Bischof Dr. Franz Žak von St. Pölten und Bischof Dr. James Odongo von Tororo (Uganda).

Als Weihbischof von Linz hat Alois Wagner in der österreichischen Kirche den Entwicklungshilfedienst im Auftrag von Kardinal Franz König aufgebaut und weitere Initiativen für die weltweite Hilfe gesetzt. In vielen Fahrten nach Afrika, Asien, Australien und Südamerika hat er zahlreiche Projekte kennengelernt, unterstützt und vermittelt. International bereits bekannt wurde er am 10. 12. 1981 von Papst Johannes Paul II. als Vizepräsident in den Päpstlichen Rat Cor Unum nach Rom berufen.

Dieser Päpstliche Rat wurde 1971 von Papst Paul VI. als Vatikanische Koordinationsstelle für die Aufgabe aller Christen auf den Gebieten der Caritas, sozialen Diensten und Entwicklungshilfe gegründet. Sie leistet im Geist der Solidarität und Nächstenliebe Beiträge zur Förderung menschlicher und christlicher Entwicklung in aller Welt. Die ersten Präsidenten von Cor Unum waren die Kardinäle Bernardin Gantin aus Benin und der Franzose Roger Etchegaray. Kurienbischof Wagner beschrieb die Aufgaben so: Motor der Nächstenliebe, Anwalt der Armen, Helfer der Notleidenden und Entfalter der menschlichen Entwicklungen. Es ist ein Dienst und ein Platz des weltweiten Sich-Treffens, des Dialogs, der weltweiten Animation zur sozialen Tat sowie der Koordinierung im Dienst der Liebe, Gerechtigkeit und Solidarität. Zielsetzungen waren für ihn in all seinen Arbeitsbereichen: Die anderen anerkennen, geschwisterlich denken, teilen, zusammenhalten und zusammenarbeiten.

Dienst bei Cor Unum

Am 1. Februar 1982 begann Bischof Dr. Wagner seinen Dienst bei Cor Unum in Rom. Er wohnte längere Zeit im Germanicum. Sein Amtssitz war im Päpstlichen Palast, im 3. Stock, neben den Amtsräumen von Papst Johannes Paul II. Erst etwas später hat er im Palazzo San Callisto in Trastevere eine Wohnung erhalten und hatte dort auch seine Amtsräume. Dr. Eva Tresp, einstige Mitarbeiterin im deutschen Bundeskanzleramt in Bonn, wurde seine Sekretärin und besorgte auch den Haushalt. Wagner war sehr sprachbegabt, ebenso wie Dr. Tresp. Wenn es irgendwie ging, half Wagner in der nebenan gelegenen Pfarrkirche Santa Maria in Trastevere aus (Gottesdienste, Predigten, Beichtstuhl, Krankenkommunionen, Gespräche usw.). Bei seinen Aushilfen in dieser Pfarre und bei seiner engen Verbindung zum nahen Sant'Egidio war es ihm im Sinne Jesu sehr wichtig, die Aufgaben der Kirche zu praktizieren: Liturgie, Seelsorge, Sozialdienst. Der Pfarrer von Santa Maria in Trastevere und geistliche Assistent von Sant'Egidio war Vincenzo Paglia, der später Bischof von Terni-Narni-Amelia (Umbrien) und dann Kurienerzbischof wurde. Pfarrer Paglia war immer dankbar für die seelsorgliche Mithilfe von Kurienbischof Wagner.

Für Bischof Wagner gab es ständige Beratungsgespräche mit seinem kompetenten Team und mit anderen Kongregationen und Päpstlichen Räten, die ähnliche Aufgabenbereiche hatten. Er setzte sich für Selbsthilfe, weltweite Gerechtigkeit und Unterstützung bei Konferenzen, Gesprächen, Vermittlungen und Hilfsaktionen ein. Papst Johannes Paul II. sagte mir einmal persönlich, wie dankbar er für Wagners Entwicklungshilfedienste sei, und dass er ihn auch bald zum Titularerzbischof ernennen werde.

Päpstlicher Diplomat

Dies geschah mit 1. Oktober 1992 mit der Ernennung zum päpstlichen Diplomaten und ständigen Vertreter bei den vier UNO-Organisationen in Rom, besonders in der Welternährungsorganisation FAO, aber auch beim Internationalen Landwirtschafts-Entwicklungsfonds (IFAD), beim Welternährungsprogramm (WFP) und beim Welternährungsrat (WFC). Er meldete sich zu Wort etwa zu Bildungsprojekten, Vermeidung von Embargos, zur Waldbetreuung, zur Lehrlingsfrage, zu Sozial- und Ernährungsfragen.

In diesen Organisationen hatte Erzbischof Wagner engen Kontakt zu vielen Mitdiplomaten aus den verschiedenen Weltländern, mit denen er zahlreiche amtliche und persönliche Gespräche, auch religiösen Inhalts, führte. Er wurde auch immer wieder zu Vorträgen vor Diplomatengruppen und interessierten römischen Pfarren eingeladen. Er stand mit allen Diplomaten auf gutem Fuß, auch mit denen aus nicht-katholischen Herkunftsländern. Es wurde nicht alles gleich angenommen, was von Seiten der katholischen Kirche eingebracht wurde, aber es wurde gehört und besprochen. Im Übrigen war der Erzbischof besonders mit den jeweiligen österreichischen Botschaftern sowohl beim Quirinal als auch beim Hl. Stuhl in enger Verbindung.

Das Vertrauen des Papstes

Der Papst sagte mehrmals beim offiziellen Gespräch und bei Tisch, dass er großes Vertrauen in Wagner bei der Entwicklungshilfe und bei den diplomatischen Missionen setze. Wagner war im Auftrag des Papstes u. a. im Irak bei Saddam Hussein, zu Vermittlungen in Haiti und beim Konflikt zwischen Argentinien und Chile. Auch

Abb. 125: Erzbischof Wagner mit Papst Johannes Paul II. auf dem Petersplatz in Rom

Martin Bolldorf, Botschafter i.R., Wien

Erzbischof Wagner, wie ihn ein österreichischer Diplomat in Rom erlebte

Im Sommer 1988 wurde ich als Angehöriger des österreichischen diplomatischen Dienstes an die österreichische Botschaft beim Heiligen Stuhl versetzt und übersiedelte mit meiner Familie nach Rom. Sehr bald lernten wir dann Erzbischof Alois Wagner auch persönlich kennen. Der war ja als einer der höchstrangigen österreichischen Geistlichen im Vatikan tätig, woraus sich dann eine echte, freundschaftliche Beziehung entwickelte. Wir schätzten Erzbischof Wagner wegen seines offenen, herzlichen und unkonventionellen Zugangs zu den Menschen.

Nach seiner Tätigkeit als Weihbischof in Linz wurde Alois Wagner von Papst Johannes Paul II. 1981 nach Rom berufen und zum Vizepräsidenten des Päpstlichen Rates „Cor unum" ernannt. „Cor unum" ist als vatikanisches Leitungsorgan für die Koordination aller Werke der kirchlichen Sozial- und Entwicklungshilfe weltweit zuständig. Erzbischof Wagner, der ja schon im Rahmen der österreichischen Bischofskonferenz für Entwicklungshilfe verantwortlich war, schätzte den weltweiten Aufgabenbereich und vor allem die persönlichen Kontakte zu den ärmsten Ländern in Afrika außerordentlich. Gegen Ende unseres Aufenthaltes in Rom wurde Bischof Wagner Ende 1992 zum Erzbischof und gleichzeitig zum Ständigen Vertreter des Heiligen Stuhls bei der FAO, der Welternährungsorganisation der UNO, in Rom ernannt.

Hinaus zu den Menschen

Den eher bürokratischen Teil seiner Arbeit schätzte Erzbischof Wagner weniger. Er war kein „Schreibtischmensch", sondern musste hinaus zu den Menschen. Dort fühlte er sich wohl, kannte keine Berührungsängste und konnte auf alle Menschen, ganz gleich aus welcher Richtung sie kamen, zugehen und mit ihnen ins Gespräch kommen, auf sie eingehen. Dabei strahlte er seine freudige christliche Berufung aus – eine beneidenswerte Gabe. Er war ein wirklicher Seelsorger, dem die Verkündung der frohen Botschaft nicht nur ein Anliegen war, sondern er war auch überzeugt, damit die Menschen zufriedener zu machen.

Auch wir durften das immer wieder erleben. So sorgte er sich um die in Rom lebenden Österreicher, organisierte für sie Wallfahrten und war immer zum Ge-

Abb. 126: Erzbischof Wagner übergibt 1994 ein päpstliches Dekret an Giovanni Tedesco von der FAO in Rom

spräch bereit. Wenn er von österreichischen Pilgergruppen in Rom erfuhr, kümmerte er sich um sie, lud unzählige Gruppen in sein Büro im Vatikan ein und erklärte in seiner so typischen, bodenständigen und damit verständlichen Art die Funktionsweise des Vatikans. Er hat damit auch wesentlich dazu beigetragen, die Hemmschwellen, die oft in Österreich gegenüber den römischen Zentralstellen der Kirche bestehen, zu mindern oder gar abzutragen und hat damit auch Verständnis für die Anliegen der Weltkirche vermittelt.

Ein überzeugter Österreicher

Erzbischof Wagner war aber auch überzeugter Österreicher und hat damit wesentlich dazu beigetragen, dass manches Anliegen der österreichischen Kirche im Vatikan Gehör fand. Besonders hilfreich war seine immer vorhandene Bereitschaft, bei österreichischen Veranstaltungen, wie z. B. bei der Aufstellung österreichischer Christbäume auf dem Petersplatz, tatkräftig mitzuhelfen.

Seine Heimat ging ihm in Rom ab; ein Schicksal, das er mit vielen an der vatikanischen Kurie tätigen Geistlichen aus aller Welt gemeinsam hatte, denen dieser Dienst für den Papst und die Weltkirche oft schwerfällt, den sie aber mit großer Demut erfüllen. So verbrachte Alois Wagner seine Urlaube auch immer wieder in seiner Heimat, eigentlich immer verbunden mit einer Pfarraushilfe, und gleich nach seiner Pensionierung kehrte er wieder nach Hause zurück – leider nur mehr für eine kurze Zeit.

Dreizehnmal Halleluja

Auch wir durften seine offene Art der Diskussion oft erfahren und haben davon sehr profitiert. Außergewöhnlich war aber sein pastorales Zugehen auf die

Abb. 127: Erzbischof Wagner und Kardinal-Staatssekretär Angelo Sodano treffen sich 1997 bei der FAO-Konferenz in Rom

Menschen – er war ein begnadeter Seelsorger, der für den Glauben begeistern konnte. Er konnte Liturgie mit innerer Begeisterung und strahlender Freude gestalten und damit die Menschen nicht nur ansprechen, sondern auch tief berühren. Unvergessen für uns und unsere Kinder bleiben die Feiern der Osternacht in der Domitilla Katakombe, etwas außerhalb von Rom. Die Stimmung zuerst in der dunklen, danach nur von Kerzen erhellten Katakombe war einmalig; und vor allem das Halleluja: Da Erzbischof Wagner befand, dass wir mit zu wenig Freude singen, ließ er uns das Halleluja 13 Mal (!) wiederholen – erst dann hätten wir, so befand er, die richtige Osterfreude gezeigt. Die sichtbare Freude am Christsein war eine seiner zentralen Botschaften.

Erzbischof Wagner hat in Rom Großartiges für die Kirche und auch für das Ansehen Österreichs geleistet; schade, dass er dort sein ungeheures pastorales Engagement und sein diesbezügliches Charisma nur teilweise umsetzen konnte. Das war für ihn sicherlich nicht immer einfach zu ertragen, er tat es aber mit Würde und in Demut als Dienst für den Papst und die Weltkirche.

Franz Fischler, EU-Kommissar a.D.

Alois Wagner – ein Vorbild und Freund

Mein Interesse, Landwirtschaft zu studieren, führte mich im Herbst 1967 nach Wien an die damalige Hochschule für Bodenkultur. Bald luden mich einige Kollegen ein, doch einmal das katholische Studentenheim in der Peter-Jordan-Straße 29 zu besuchen. Und da lernte ich die Katholische Hochschuljugend kennen und wurde auch bald Mitglied, weil mich die Auseinandersetzung mit religiösen Fragen, aber auch die dort gelebten Freundschaften in ihren Bann zogen. Offenbar haben meine Diskussionsbeiträge und mein Organisationtalent bei den Verantwortlichen Gefallen gefunden, und so wurde ich zum Vorsitzenden der gesamten Katholischen Hochschuljugend Österreichs vorgeschlagen.

Drei Bischöfe in der Mengerstraße

Die Wahl fand in Wien statt, und im Laufe des Studienjahres 1969/70 lernte ich die österreichischen Hochschulstandorte und die dort ansässigen Hochschulgemeinden näher kennen. Der geistliche Assistent der KHJÖ war damals der Linzer Hochschulseelsorger Dr. Wilhelm Zauner, der übrigens später Bischof Alois Wagner an der theologischen Diözesanlehranstalt in Linz beerbte.

Abb. 128: Katholische Hochschulgemeinde in Linz/Urfahr, Mengerstraße 23 (gegründet 1969)

Der „WUTZ“, wie er von uns freundschaftlich gerufen wurde, hat dann auch nach Ablauf meiner Funktionsperiode die Vollversammlung in Linz im damals neuen katholischen Studentenheim in der Mengerstraße ausgerichtet. Dort traf ich zum ersten Mal mit Bischof Alois Wagner zusammen. Um nämlich neben den Vereinsnotwendigkeiten auch eine spannende inhaltliche Debatte führen zu können, hatte der

Abb. 129: Erzbischof Wagner als Vertreter des Heiligen Stuhles bei einer Konferenz der FAO in Rom

„WUTZ" gleich drei Bischöfe zu einem Gespräch eingeladen – nämlich den Bischof Franz Zauner von Linz, den damals neuen Bischof von Graz Johann Weber und den ebenfalls noch relativ neuen Weihbischof von Linz Alois Wagner.

Es ging um das Thema „Armut und Reichtum in der Kirche". Sehr bald entstand eine hitzige Debatte mit Bischof Zauner, der einige kritische Feststellungen zum Reichtum der oberösterreichischen Kirche sehr persönlich nahm und sich angegriffen fühlte, weil er glaubte, man würde ihn des Reichtums zeihen. Um sich zu verteidigen, hat er uns im Anschluss eine Aufstellung seiner persönlichen Ausgaben geschickt, und wir hatten große Not ihn davon zu überzeugen, dass es in der Debatte nicht um ihn, sondern um die Problematik des Missverhältnisses zwischen armen und reichen katholischen Ländern gegangen war. – Weihbischof Wagner hatte dabei zum Thema „Die Rolle der Kirche in der Entwicklungszusammenarbeit" referiert. Er machte auf mich von Beginn an einen äußerst sympathischen, aber auch ungeheuer kompetenten Eindruck.

Wir haben einander dann im Zusammenhang mit der Vorbereitung des Katholikentages 1974 zum Thema „Versöhnung" näher kennen und schätzen gelernt. – Der Initiator und Motivator dieses Katholikentages war Prälat Dr. Karl Strobl, der frühere Hochschulseelsorger in Wien. In seiner Wohnung am Stephansplatz fanden immer wieder Gespräche statt, zu denen auch Bischof Wagner eingeladen war. Es ging dabei nicht nur um den Katholikentag an sich, sondern darum, einen Prozess zu gestalten, mit dem man dem „Verdunsten des Glaubens", wie es Monsignore Otto Mauer treffend ausdrückte, etwas Wirksames entgegensetzen wollte.

Daraus entstanden dann auch die ersten Radiokollegs, die der ORF zum Thema „Glauben“ ausstrahlte, und eine große Direktübertragung einer „religiösen Show“ aus der Wiener Stadthalle; sie bildete den Höhepunkt des Katholikentages.

Wiedersehen in Rom

Nachdem ich dann im Jahr 1979 zurück nach Tirol übersiedelt war und sich Weihbischof Wagner immer mehr internationalen Aufgaben zuwandte, verloren wir einander über Jahre ziemlich aus den Augen, bis wir dann in Rom bei der FAO (Ernährungs- und Landwirtschaftsorganisation der Vereinten Nationen) – Bischof Wagner als Vertreter des Heiligen Stuhls und ich als österreichischer Landwirtschaftsminister – wieder zusammentrafen.

Dieses überraschende Wiedersehen und ein gemeinsames Abendessen boten die Gelegenheit Erinnerungen aufzufrischen, aber viel mehr noch, uns über die FAO und andere internationale Fragen auszutauschen. Man spürte, wie sehr ihm mittlerweile die Fragen der Entwicklungszusammenarbeit und insbesondere jene der Welternährung ans Herz gewachsen waren. Ich hatte ebenfalls ein offenes Ohr für diese Themen, musste aber bedauerlicherweise bekennen, dass das Engagement Österreichs in der Entwicklungszusammenarbeit gering war; und das ist leider bis heute so geblieben. – Für mich persönlich war dieses Treffen mit ein Grund, warum ich mich später für den Posten des Generaldirektors bei der FAO beworben habe.

Als früherer Präsident des Europäischen Forums Alpbach ist es mir auch ein großes Anliegen, Bischof Wagner herzlich dafür zu danken, dass er in seiner Zeit als Titularerzbischof in Rom bereit war, während seiner Urlaubstage dem Forum als geistlicher Begleiter zur Verfügung zu stehen.

Ich kann abschließend nur unterstreichen, was Bischof em. Maximilian Aichern anlässlich des 50. Jahrestages der Bischofsweihe Wagners in seiner Heimat Leopoldschlag festgestellt hat: Alois Wagner war „ein unermüdlicher Initiator“, ein Mann, der „weltweit gedacht“ hat. „Er war beliebt und populär“, und eine seiner wichtigsten Botschaften an uns war: „Lasst euch mit Gott versöhnen.“

Abb. 130: Wagner, wie man ihn nach seiner Emeritierung im Vatikan wieder in Oberösterreich erleben durfte.

Klaus Zapotoczky, Soziologe, Johannes Kepler Universität Linz

Die „Verbannung" erleichtern

Nach der Berufung von Bischof Alois Wagner nach Rom stellte sich für mich die Frage: Was kann getan werden, um die Fähigkeiten von Alois Wagner auch in Zukunft für Österreich und die Österreicher zu nützen und ihm zugleich zu helfen, die „Verbannung" leichter zu ertragen?

Diese Frage wurde vor allem auf drei ganz unterschiedlichen „Haupt-Wegen" de facto und – vorwiegend – informell „gelöst":

1. Viele „Vatikan-Besucher" und „Rom-Reisende" vereinbarten mit dem „österreichischen Erzbischof in Rom" Gottesdienste und Besichtigungen vor allem im Vatikan, aber ebenso im Vatikan-nahen Trastevere, auch Stützpunkt der durch Asyl-Werber bekannt gewordenen NGO San'Egidio.

2. Viele – vor allem oberösterreichische – Pfarren und Organisationen luden den Erzbischof zu Feiern verschiedenster Art nach Österreich ein, und Alois Wagner versuchte diesen Einladungen gerne – im Rahmen seiner Möglichkeiten – zu entsprechen.

3. Ich selbst erinnere mich daran, dass Wagner schon seit seiner Studienzeit in Rom immer wieder versucht hatte, im Sommer in Österreich zu sein, um so dem „Sommer-Rummel" und auch der Hitze in Rom zu entgehen; und auch daran, dass er in Rom Studierenden, vor allem afrikanischen Kollegen, immer wieder Möglichkeiten verschaffte, in Österreich von Familien, Klöstern und in Bildungshäusern aufgenommen zu werden, um so die Lebensweise und Gastfreundschaft der Österreicher kennenzulernen und auch Erholung zu finden.

Erzbischof Wagner und Alpbach

Viele Jahre hatte der Künstler- und Akademiker-Seelsorger Msgr. Otto Mauer (1907 – 1973) bei den Hochschulwochen in Alpbach in verschiedenen Zirkeln mit Wissenschaftlern und anderen prominenten Persönlichkeiten auch spirituelle Gespräche geführt. Otto Mauer war während der Kongresszeit Gast bei der befreundeten Familie Auer, die ein Haus hinter dem Kongresshaus besaß. Nach dem Tod von Msgr. Mauer kam mir der Gedanke, ob nicht der inzwischen zum Erzbischof avancierte Alois Wagner diese Aufgabe (weiterhin informell) übernehmen könnte und wollte. Für diese Idee konnte ich im Umkreis des Präsidenten von Alpbach vor allem den Wiener Verleger Fritz Molden und Friso Heyt, einen niederländischen

Abb. 131: Die Tiroler Gemeinde Alpbach, seit 1945 Austragungsort der Internationalen Hochschulwochen, später in „Forum Alpbach" umbenannt.

Soziologie-Professor, der in Wien studiert hatte und ein Haus in Inner-Alpbach bewohnte, gewinnen. Sie organisierten eine interreligiöse Morgen-Meditation im Rahmen des Forums und schätzten den international denkenden, sprachgewandten, ökumenisch gesinnten und offen agierenden Erzbischof.

Auch Pfarrer Franz Bachmann von Alpbach fühlte sich geehrt, als ich ihn fragte, ob er Alois Wagner beherbergen könnte. So kam Alois Wagner viele Jahre hindurch nach Alpbach, nahm an Veranstaltungen des Europäischen Forums teil, hielt Gottesdienste und diskutierte an vielen Abenden mit Professoren, Studenten und anderen Forum-Teilnehmern vor allem im Gasthof Messner, aber auch im Gasthof Jakober und anderswo.

Eine Predigt für den Kirchengegner

In diesem Zusammenhang kam es auch zu mehreren Gesprächen zwischen Alois Wagner und Hans Albert, langjähriger Professor für Wissenschaftstheorie und Soziologie in Heidelberg und Hauptberater des Europäischen Forum Alpbach. Albert war als Kritiker der Katholischen Kirche bekannt. Andreas Unterberger hatte zu einem kritischen Bericht über die Veranstaltungen des Europäischen Forums in der „Presse" auf der ersten Seite getitelt: „Der kritische Rationalismus und die Dorf-Religion in Alpbach" und damit auf den starken Einfluss von Karl R. Popper und Hans Albert auf die Gestaltung des Forums hingewiesen. Als ich Hans Albert zu einem ersten Gespräch mit Alois Wagner im Gasthof Messner gewinnen wollte, sagte er mir: „Ja weiß denn Dein Erzbischof überhaupt, mit welchem Kirchengegner er es mit mir zu tun bekommt?"

Das Gespräch verlief rau, aber herzlich, wurde fortgesetzt, und später lud Alois Wagner sogar zu einer Predigt in die Kirche ein. „Ich höre mir Ihre Predigt – von der Orgel-Empore aus – an, aber später diskutieren wir auch darüber", war letztlich der Kompromiss; dies führte dazu, dass auch andere Albert-Freunde in die Kirche kamen, dialogische Gespräche begannen und so der Besuch einer Kirche für manche eine Möglichkeit wurde.

Auf diesen drei „Haupt-Wegen" wurden die kommunikativen und pastoralen Fähigkeiten von Alois Wagner wenigstens zum Teil für Österreich und die Katholische Kirche im Land genützt. Viel mehr wäre möglich gewesen.

Maximilian Aichern OSB, em. Bischof von Linz

Volle Gästebücher

Abb. 132: Zuerst schenkten die oberösterreichischen Feuerwehren dem Papst ein gebrauchtes, später aber wurde dem Vatikan auch ein neues Löschfahrzeug von einer oberösterreichischen Delegation mit LH Pühringer, übergeben

Meine Besuche bei Alois Wagner im Palazzo San Callisto in Trastevere finden sich auch in seinen Gästebüchern wieder. Sie sind voll mit bekannten und noch mehr mit unbekannten Namen, vor allem internationalen. Auch Wagners Geschwister finden sich in seinen Gästebüchern verewigt.

Seine Wohnung und seine Amtsräume waren immer auch Treffpunkt für Kardinäle, Bischöfe, Kuriale und seine persönlichen Mitarbeiter sowie für zahlreiche Gäste aus der Heimat. Bei den „ad limina"-Besuchen von uns österreichischen Bischöfen – viermal in meiner fast 24-jährigen Zeit als Diözesanbischof – musste auch ich jeweils mehrere Tage in Rom sein.

Von Wagner kam die Anregung, dass die Vertreter der oberösterreichischen Feuerwehren bei einer Audienz dem Papst einen ganz neuen Einsatzwagen als Geschenk für den Vatikan übergeben könnten. Die herzliche Begegnung und der Dank des Papstes berührten die Feuerwehrleute sehr.

Wagners Anliegen war es auch immer, mit Priestern und Studierenden aus den sogenannten Missionsländern in Kontakt zu sein. So traf ich ebenfalls solche immer in Rom, die in Sommermonaten zum Deutschlernen nach Oberösterreich und in andere Diözesen durch Wagner vermittelt wurden. Manche jüngeren Priester, besonders aus den Missionsgebieten, aber auch aus Ländern mit vielen Geistlichen wie etwa Polen, sind jetzt überhaupt Seelsorger in unserer Diözese Linz geworden.

Helmut Wagner, Verleger

Alois Wagners Gästebuch – ein Spiegel der Welt

Bei den Recherchen für dieses Buch über Alois Wagner sind wir auf ein Gästebuch gestoßen, das unterstreicht, was Bischof Maximilian im vorigen Kapitel angesprochen hat: Die Welt traf sich im römischen Büro von Alois Wagner, dem bischöflichen Seelsorger aus Leopoldschlag im Mühlviertel. Das Gästebuch war für Besucher des Cor Unum gedacht und umfasst die Jahre 1984 bis 1987. Der Gastgeber hat es – wie er im Vorwort anmerkt – anlässlich seines 15-jährigen Bischofsjubiläums angelegt. Nach kursorischer Auswertung zeigt sich folgendes Bild:

Im Zeitraum von drei Jahren haben fast 600 Personen bei Cor Unum vorgesprochen. Darunter waren mehr als 130 Bischöfe. Mit Blick auf die Kontinente zeigt sich eine große Mehrheit aus Afrika (ca. 70). Es folgt die

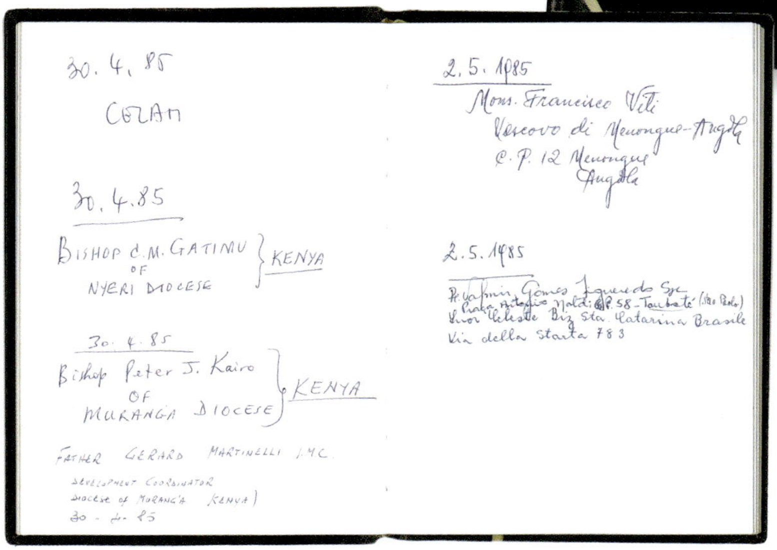

Abb. 133: Alois Wagners „Cor Unum"-Gästebuch (1984–87) mit Eintragungen von Bischöfen aus aller Welt

Gruppe der Bischöfe aus Indien/Asien (ca. 30) und Lateinamerika (ca. 20). Unter den Bischöfen findet man klingende Namen wie den brasilianischen Kardinal Aloisio Lorscheider oder Bischöfe, die zu seinen persönlichen Freunden geworden waren, wie Bischof James Odongo aus Uganda. Aber auch europäische Bischöfe aus Deutschland, Polen, der Schweiz und Kroatien nahmen Kontakt mit Cor Unum auf. Das Gästebuch zeigt, dass Häufungen von Bischofsbesuchen mit kontinentalen Bischofsynoden wie zum Beispiel einer Afrikasynode oder mit Ad limina-Besuchen nationaler Bischofkonferenzen in Rom einhergingen.

Auch Vertreter der österreichischen Kirche besuchten Erzbischof Wagner bei Cor Unum. Neben dem Päpstlichen Nuntius in Wien, Erzbischof Michele Cecchini, statteten unter anderem folgende Bischöfe dem österreichischen Erzbischof in Rom einen Besuch ab: Bruno Wechner/Vorarlberg, Reinhold Stecher/Tirol und Weihbischof Kuntner/Wien.

Im Gästebuch finden sich auch Persönlichkeiten aus Politik, Wirtschaft und Kultur, so zum Beispiel der argentinische Friedensnobelpreisträger Adolfo Perez Esquivel, der vormalige UNO-Generalsekretär Kurt Waldheim, die österreichische Künstlerin Lydia Roppolt und der Dirigent Theodor Guschlbauer. Aus dem Bereich Wissenschaft zeigt das Gästebuch unter anderem Eintragungen der Universitätsprofessoren Hans Tuppy, Walter Thirring und das Innsbrucker Nationalökonomen Clemens August Andrae. Vermittelt und begleitet waren diese Besuche meist vom Österreichischen Botschafter im Vatikan, Dr. Hans Pasch.

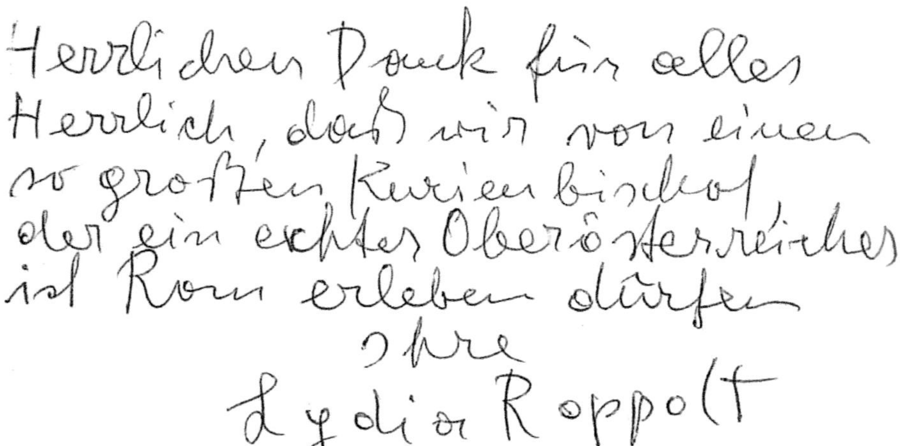
Herzlichen Dank für alles
Herrlich, daß wir von einem
so großen Kurienbischof,
der ein echter Oberösterreicher
ist Rom erleben dürfen
Ihre
Lydia Roppolt

Abb. 134: Der Eintrag der österreichischen Künstlerin Lydia Roppolt in das Gästebuch

Nicht zuletzt besuchten oberösterreichische Landsleute Bischof Wagner bei Cor Unum. So finden sich im Gästebuch Eintragungen einer Reihe oberösterreichischer Pfarrer mit Pfarrangehörigen, die Leitungsgremien der Wirtschaftskammer und der Arbeiterkammer, Abgeordnete zum Nationalrat und Vertreter der Familien Starhemberg, Thun-Hohenstein und Revertera.

Die häufigsten Gäste bei Cor Unum waren Priester verschiedener Kontinente, die in Rom zum Studium waren und Unterstützung verschiedener Art von Bischof Alois Wagner erhofften. Nicht wenige von ihnen vermittelte er während der studienfreien Sommermonate in die Diözese Linz oder in andere österreichische Diözesen zur pastoralen Aushilfe. Auf diese Weise entstanden rege Kontakte zwischen den Heimatdiözesen dieser Priester und/oder Hilfsprojekte mit Regionen der Dritten Welt .

Dass Erzbischof Wagners Wirken bei Cor Unum spürbares Echo in der Dritten Welt hatte, zeigt der Gästebucheintrag des nigerianischen Bischofs Anthony G. Nwedo (1959 – 1990): „Highly impressed with the work done here. O, quam bonus."

Gerhard Bittner, ehem. Geschäftsführer der Österr. Forschungsstiftung für Int. Entwicklung, Wien

Betriebsausflug nach Rom

5. April 1984, Betriebsausflug des Afro-Asiatischen Instituts (AAI) in Rom. Wagner bestellt mich in sein Büro im Apostolischen Palast. Er ist noch mein ÖFSE-Kuratoriumsvorsitzender. Ich habe mich beim Promi-Eingang „Portone di Bronzo“ einzufinden. Die Schweizergardisten – „Oh, Bischof Wagner, schöne Grüße“ – stellen mir Passierschein Nr. 108628 aus. Die Hellebarden werden zu meiner Ehrung mit Getöse auf den Boden geknallt, auf der Prachtstiege bin ich allein. Auch im Damasushof nur Ruhe, ich bin im Epizentrum der Weltkirche. Der Salonaufzug mit „Liftboy“ bringt mich in die entsprechende Etage. Völlige Ruhe in den weitläufigen Gängen. Ich finde Wagners Büro, ein gediegen eingerichtetes Zimmer, das an ein klösterliches Wartezimmer erinnert. Ein Fenster mit Blick über Rom. Keine Bürostruktur weit und breit, kein Telefonanruf, kein Besuch. Ich frage verlegen nach Cor Unum, dachte ich doch an eine umtriebige Einrichtung. Kurze Zeit später widmen wir uns der ÖFSE. Dann ein Spaziergang durch die Vatikanischen Gärten und den Campo Santo. Wieder verabschieden uns Schweizergardisten mit großer Herzlichkeit.

1994, die ÖFSE-Mitarbeiterschaft ist auf Rombesuch. Wagner lädt in sein Büro ein, diesmal im Palazzo San Callisto in Trastevere. Auch hier wenig Büroleben, aber die Räume deuten für den FAO (Food and Agriculture Organization)-Delegierten auf Repräsentation hin. Wagner erzählt von seinen Aufgaben. Artig fragen meine Mitarbeiter nach der eben stattfindenden Afrika-Synode, auch angesichts des Genozids im katholischen Ruanda. Ein Gespräch zu Entwicklungsfragen kommt kaum in Gang. Jeder spürt die geringe Bedeutung von Cor Unum. Beim Abgang gibt es für mich eine Schelte von Wagners Mitarbeiterin Eva Tresp. Der Erzbischof hätte eine lebendigere Diskussion verdient.

Tags zuvor hatte uns Wagner durch den Vatikan geführt. Im Wirrwarr der Gänge und Säle öffnet sich plötzlich eine Türe, und wir stehen in der Sixtinischen Kapelle – allein, überrascht und ergriffen. Wagner hatte den Schließtag für eine Privatführung genutzt. So war er.

Martin Kranzl-Greinecker, Chefredakteur

Römische Geschichten

Im Herbst 1992 begleitete ich als Kirchenzeitungsredakteur die Linzer Diözesanwallfahrt nach Rom. Insgesamt 120 Teilnehmer*innen reisten in zwei Turnussen für jeweils eine Woche in die Ewige Stadt, um dort unter anderem ihren Landsmann Dr. Alois Wagner zu treffen. Während der Reise hatte ich mit Bischof Wagner, der mich 16 Jahre zuvor in Kremsmünster gefirmt hatte, also mehrmals Kontakt – in geplanter und auch ungeplanter Weise. An drei Begegnungen sei hier kurz erinnert:

Das erste Interview mit dem Erzbischof

Die Ernennung zum Erzbischof und zum offiziellen Beobachter des Vatikans bei mehreren Ernährungs- und Landwirtschaftsorganisationen der UNO erfolgte am 1. Oktober 1992 – genau in jener Woche, als sich der erste Turnus der Diözesanwallfahrt in Rom aufhielt. Kein Wunder, dass die Begeisterung groß war und Wagner viele Glückwünsche erhielt, auch zum 40-jährigen Priesterjubiläum, das er zur selben Zeit feierte. Und in der Linzer Kirchenzeitung erschien das erste Interview mit dem Neo-Erzbischof, das ich mit ihm führen konnte – das erfüllte mich als jungen Journalisten durchaus mit Stolz.

Frau Dr. Tresp übernimmt die Regie

Auf dem Reiseprogramm stand ein Gottesdienst in der Kirche Santa Maria in Trastevere, die Bischof Wagner zur seelsorglichen Betreuung anvertraut war. Wir fanden uns also rechtzeitig auf dem Platz vor der Basilika ein und kamen mit den dort Fußball spielenden Kindern ins Gespräch. Wir kickten einige Bälle so lange hin und her, bis uns eine resolute Dame Einhalt gebot. Sie stellte sich als „Dr. Eva Tresp, Assistentin des Bischofs“ vor und erteilte mir als Begleiter zwei Rüffel: Erstens sei es unpassend, mit Straßenkindern vor der Kirche zu spielen, und zweitens möge ich bei einem Pontifikalamt keine Bluejeans tragen. Ab sofort hatte Frau Dr. Tresp die Regie des Abends übernommen und wurde erst zugänglich, als unsere Reisegruppe ein spontanes Konzert mit österreichischen Liedern für den frischgebackenen Erzbischof gab.

Der Papst fährt durch

Die dritte hier berichtete Begegnung war von besonderer Art: Mein Reiseführer-Kollege Hans Lenzenweger vom Katholischen Bildungswerk, dem eine cholerische Ader angeboren war, wollte nicht zulassen, dass während des Besuchs des

Abb. 135: Kirchenzeitungs-Leserreise (und zugleich Diözesanwallfahrt) 1992

Friedhofs Campo S. Teutonico hinter dem Petersdom plötzlich von Beamten ein Tor geschlossen und die Gruppe dadurch getrennt wurde. Er begann zu toben und beschimpfte das Wachpersonal, woraufhin er kurzerhand festgenommen wurde. Dabei hätte er nur zwei Minuten Geduld gebraucht, denn dann war jenes Auto mit dem Papst durchgefahren, für das der Weg – freilich ohne Erklärung – geräumt worden war. Einem Mitreisenden, der die Festnahme gefilmt hatte, wurde die Kamera nicht nur aus der Hand geschlagen, sondern auch weggenommen.

Hans Lenzenweger kam nach der Szene schnell wieder frei, aber die Kamera wollten die Polizisten nicht mehr retournieren. Also telefonierte ich am nächsten Morgen mit Erzbischof Wagner, der mich ja eben erst zum Interview getroffen hatte, und bat um Hilfe. Er wusste bereits Bescheid, denn der Vorfall mit den Oberösterreichern war ihm prompt zugetragen worden. Amüsiert war er darüber sichtlich nicht, aber ich solle zu ihm ins Büro kommen, um die konfiszierte Kamera abzuholen, ließ er mich wissen. Dort erhielt ich nicht nur das Gerät (natürlich war der Film herausgenommen), sondern stellvertretend für meinen Kollegen auch eine Predigt, wie man sich als Gast im Vatikan zu benehmen habe.

Peter Moser, ehem. Pressereferent von Sportbischof Kurt Krenn

Zwischen Fußballdebakel und Erdbeben

Der Doyen der oberösterreichischen Sportjournalisten Leo Strasser lud vom 23. bis 26. September 1997 zu einer Romreise der österreichischen Sportjournalisten, Sportler*innen und Sportfunktionäre. Mit dabei waren unter anderen Hubert Potyka, der Sportchef der Oberösterreichischen Nachrichten, ORF-Mann Ernst Hausleitner, ÖSV-Sportdirektor Hans Pum, Vize-Schiweltmeister Rainer Salzgeber, Schwimmeuropameisterin „Goldfisch" Vera Lischka, Ex-LASK-Fußballer Ernst Knorrek und der oberösterreichische Radsportpräsident Wolfgang Rappersberger. Als Reiseleiter konnte Leo Strasser (aus dem niederösterreichischen St. Valentin stammend) „Sportbischof" Kurt Krenn gewinnen, den er schon seit dessen Studienzeit im Germanicum in Rom kannte. Krenn hatte im vordigitalen Zeitalter damals Sonntag für Sonntag Strasser telefonisch mit den Ergebnissen der italienischen Fußballliga versorgt, sodass dieser einen Tag vor seinen Kollegen darüber berichten konnte.

Erster Höhepunkt war die Teilnahme an der Generalaudienz mit Papst Johannes Paul II. auf dem Petersplatz. Auf dem Sagrato wurde die Gruppe von Erzbischof Alois Wagner erstmals herzlich begrüßt. Mediales Aufsehen erregte, dass die St. Valentiner Sportlegende Erwin Essletzbichler dem Heiligen Vater ein selbstgeschnitztes „Fuchs und Henne Spiel" überreichte. Papstsekretär Stanisław Dziwisz bemerkte schmunzelnd, dass das Spiel auch in Polen bekannt sei. Der Papst nahm sich zwanzig Minuten Zeit für die Österreicher, die ihm auch den Vorschlag unterbreiteten, einmal olympische Spiele zu besuchen. Der Papst verabschiedete sich mit den Worten: „Grüßen Sie mir Oberösterreich!" Vergeblich gewartet wurde auf den damals für AS Roma spielenden Teamtorhüter Michael Konsel. Er bekam von seinem Trainer keine Freigabe. Ersatzmann Toni Polster, damals für den 1. FC Köln stürmend, konnte nicht mehr einspringen.

Am Nachmittag ging es zum Empfang in der Österreichischen Botschaft beim Heiligen Stuhl in die Via Reno. Botschafter Dr. Gustav Ortner brillierte sowohl als charmanter Gastgeber wie als Pianist. Mit dem „Hoamatland" wurde die oberösterreichische Präsenz in der Ewigen Stadt lautstark untermauert. – Zwischen den einzelnen offiziellen Terminen wurden natürlich auch die antiken, barocken, und kirchlichen Sehenswürdigkeiten der Ewigen Stadt gemeinsam mit Stadtführer Bischof Krenn erkundet. Auch das Kulinarium kam nicht zu kurz.

Debakel unter Flutlicht

Abb. 136: Oberösterreichs Landessportdirektor Alfred Hartl als Fußball-Teamchef einer Auswahl ober- und niederösterreichischer Athleten und Sportjournalisten gegen eine vatikanische Auswahl

Sportliches Highlight sollte das Fußballspiel gegen die „Squadra del Vaticano", eine vatikanische Auswahl werden. Das Flutlichtspiel endete mit einem Debakel. Prominentester Fan war der 87-jährige niederösterreichische emeritierte Kurienkardinal Alfons Maria Stickler. Auch seine von den Spielern erflehten Gebete konnten die 7:1 Abfuhr nicht verhindern. Sein Kommentar: „Da hilft kein Beten – nur härter Trainieren". Der in der Pause mit Galgenhumor ausgegebene Anreiz: „Wer ein zweites Tor schießt, braucht ein Jahr keinen Kirchenbeitrag zu zahlen", brachte keinen Umschwung. Landessportdirektor Bürgermeister Alfred Hartl musste bei seiner Premiere als Teamchef die von seinen Spielern vorgegebene Aufstellung nach Lebensalter hinnehmen. Der Altersschnitt des Journalistenteams lag circa 35 Jahre über dem der auf Landesliganiveau spielenden vatikanischen Auswahl. Auch der Revancheversuch beim Elfmeterschießen scheiterte mit 4:3.

Der letzte Tag begann mit einem Besuch der deutschsprachigen Sektion von Radio Vatikan in den Redaktionsräumen gegenüber der Engelsburg. Dort wurde unter Kollegen fachgesimpelt und über die für viele unbekannte Rolle des Sports im Kirchenstaat diskutiert. Dass es sogar eine eigene vatikanische Hobbyfußballliga gibt, überraschte die meisten – und wurde als Erklärung für das 7:1 Debakel herangezogen.

Die Luster begannen zu schwingen

Es folgte der Besuch bei Erzbischof Wagner in seinen Amtsräumen im Palazzo San Calisto, feierlich eingeleitet mit dem „Hoamtland"; dann berichtete er über seine spannende Arbeit als ständiger Vertreter des Heiligen Stuhls bei den in Rom ansässigen UNO-Organisationen FAO und WHO. Gestört wurde er durch zwei heftige Erdbeben im Abstand von einer halben Stunde. Die Luster an der Decke begannen zu schwingen, die Scheiben der Vitrinen zu klirren und die Sessel zu wackeln. Alle hatten ein mulmiges Gefühl. Der erdbebenerfahrene Erzbischof beruhigte die Gruppe humorvoll und vermutete das Epizentrum sofort in Umbrien. (Später erfuhren wir, dass die Beben allein in der Basilika San Francesco in Assisi drei Tote gefordert hatten.) Anschließend ging es zum Mittagessen in das leider nicht mehr bestehende Lieblingslokal des Erzbischofs, die Osteria dell'Aquila da Zia Emma im malerischen Stadtteil Trastevere. Der Bebenschock war vergessen. Alois Wagner ließ es sich nicht nehmen, seine Landsleute persönlich gekonnt zu bedienen und „Gschichtln" aus Rom und dem Mühlviertel zu erzählen sowie manches Lied anzustimmen. Sein frommer Wunsch zum Abschied: „Bleibt's so brav, wias seids!"

Beim Rückflug nach Wien wäre es beinahe zu einer fatalen Panne gekommen. Die Reisegruppe wurde zuerst irrtümlicherweise zu einer Maschine in die Ukraine (!) gelotst. Mit einer kurzen Verspätung hob der Flieger dann Richtung Heimat ab.

Günther Hansl, Sportjournalist

Ein Kardinal auf der Trainerbank

Drehen wir das Rad der Zeit ein Vierteljahrhundert zurück. Im September des Jahres 1997 machte sich eine Gruppe Sportjournalisten auf den Weg nach Rom, um in der Heiligen Stadt gegen eine Auswahl des Vatikans ein freundschaftliches Fußballspiel zu bestreiten. Eingefädelt wurde dieses Spiel von Österreichs Sportbischof Kurt Krenn, der an einem launigen Abend in Krems versprach, alles in die Wege zu leiten, um diesen Fußball-Leckerbissen zu realisieren. Was die heimischen Schreiberlinge allerdings nicht wussten: Die Gastgeber verstärkten sich mit jungen, pfeilschnellen Mitgliedern der Schweizergarde, die letztlich dafür verantwortlich zeichneten, dass das Fußballfest in einem Debakel endete. Mit 7:1 siegte die Squadra Azzurra, und auch das abschließende Elfmeterschießen ging mit 3:4 an die Italiener. Da half auch nicht das Daumendrücken von Kardinal Alfons Maria Stickler, der sich auf die Trainerbank der Oberösterreicher zu Teamchef Fredi Hartl gesellt hatte.

Abb. 137: Erzbischof Wagner servierte persönlich dem Trainer und den Funktionären

Schon am frühen Morgen holte sich die Sportjournalisten-Auswahl Kraft und Segen bei einer Audienz von Papst Johannes Paul II. vor knapp 60.000 Pilgern auf dem Petersplatz. Der Heilige Vater nahm sich rund 20 Minuten Zeit zu Gesprächen mit der Sportjournalistengruppe, die im Anschluss in der Österreichischen Botschaft beim Heiligen Stuhl von Botschafter Dr. Gustav Ortner empfangen wurde. Da durfte am Ende die oberösterreichische Landeshymne „Hoamatland" nicht fehlen, die mit Inbrunst gesungen wurde.

Zum Abschied das Rauchfangkehrerlied

Am letzten Tag der dreitägigen Reise waren die Oberösterreicher ganz unter sich. Um das Fußball-Debakel endgültig vergessen zu lassen, lud Erzbischof Dr. Alois Wagner zu einem gemeinsamen Mittagessen in sein Lieblingslokal, die Osteria dell'Aquila, eine typische Trattoria in Trastevere, einem vor allem von Künstlern bevorzugten Stadtteil gleich hinter der Tiber-Brücke. Von Trastevere aus vertrat der Oberösterreicher seit 16 Jahren als Beobachter des Heiligen Stuhls bei den Organisationen der Vereinten Nationen den Vatikan.

Ohne Dienstauto, ohne Chauffeur und ohne Sekretariat wie einst in Linz. Heimweh nach Oberösterreich? Diese Frage blieb ihm nicht erspart. „Mein Spiritual hat mir einmal im Priesterseminar gesagt, man soll nicht meckern, wenn man von der Kirche irgendwohin geschickt wird." Daran hielt sich der beliebte Mühlviertler zeit seines Lebens.

Der „Botschafter der Armen in der Welt" freute sich besonders, wenn er mit befreundeten Landsleuten die kleine Osteria von Tia und Emma besuchen konnte, wo es die beste Pasta in der Ewigen Stadt gab. Und er ging den beiden Damen für seine Freunde aus Oberösterreich auch zur Hand, servierte die köstlichen Nudelgerichte, schenkte Wein ein, sang mit den Sportjournalisten das „Hoamatland" und zum Abschied ein italienisches Rauchfangkehrerlied.

VI Magazin — Reportage — Samstag, 4. Oktober 1997 — Nachrichten

Sport-Prominenz war dem Himmel ein Stück näher

Fuchs und Henne mit dem PAPST

Von Hubert Potyka

Wenn Sie irgendwann einmal einem freundlichen, älteren Herrn begegnen und von ihm zu hören bekommen, daß er dem Papst vor 60.000 staunenden Zuschauern in Rom ein selbstgeschnitztes Fuchs-und-Henne-Spiel überreicht hat, dann halten Sie ihn nicht für völlig übergeschnappt. Wer weiß, vielleicht tragen Papst und Kardinäle in Zukunft ihre Konflikte auf eine andere Art aus – beim erbitterten Kampf um den Sieg beim Fuchs-und-Henne-Spiel.

Wenn's einer gar nicht glauben will, dann zieht Erwin Essletzbichler ein Dokument seiner päpstlichen Begegnung aus der Tasche. Ein Foto, auf dem der Heilige Vater beim Anblick von Fuchs und Henne fast noch mehr strahlt als der 63jährige St. Valentiner, der mit einer Gruppe österreichischer Sportler, Funktionäre und Journalisten in die Ewige Stadt gepilgert ist.

„Schnitz' was Lustiges", wurde der ehemalige Skirennläufer und Busenfreund von Österreichs Damenchef-trainer Karl Prehsner ein paar Tage vor der Reise nach Rom von Bekannten gebeten. Weil der Papst bei seinen wöchentlichen Generalaudienzen auf dem Petersplatz ohnehin mit Alltäglichem beschenkt wird, entschied sich Essletzbichler für Originelles, eben für ein Fuchs-und-Henne-Spiel.

Spätestens als die Blicke der umstehenden Bischöfe, Kardinäle und kirchlichen Adabeis immer neugieriger wurden und Papst-Sekretär Stanislav Dzwsiz vor einem Geschwader von Fernsehkameraleuten und Pressefotografen das Geschenk aus Österreich wie einen Rosenkranz ganz fest an sich drückte, war sich Essletzbichler seiner erfolgreichen Schnitzkunst sicher. Das Werk landete nämlich nicht so wie all die anderen Gaben frommer Pilger im päpstlichen, den Armen des ganzen Landes vorbehaltenen Ramschladen, nein, Fuchs und Henne wurde von Stanislav Dzwsiz ein sicheres Asyl in den Gemächern des Vatikans zugesichert.

Die Begegnung mit dem Papst war auch für mitgereiste prominente Sportler ein Erlebnis. Für Schwimm-Europameisterin Vera Lischka genauso wie für Skistar Rainer Salzgeber oder dessen Chef Hans Pum. Drei, die nicht nur dann ein Stoßgebet zum Himmel schicken, wenn sportlich gar nichts mehr weitergeht.

Für Pum war der Wortwechsel mit dem Heiligen Vater „ein Wahnsinnsgefühl". „Da glaubst, du bist dem Himmel ein Stück näher." Und Anita Wachters Langzeitgefährte Rainer Salzgeber war nach dem ersten Rom-Besuch in seinem Leben vom Treffen mit dem Papst genauso begeistert wie von den Sehenswürdigkeiten der Stadt, dem Kolosseum, den Basiliken, der Spanischen Treppe, der Engelsburg oder von „Radio Vatikan". Angesichts fehlender Werbeeinnahmen ein reiner Zuschußbetrieb, der ein Drittel des jährlichen Vatikan-Etats verschlingt. Trotzdem ist der Fortbestand der „Stimme der Weltkirche" mit den 70 Sprachprogrammen und die Existenz von über 200 (gutbezahlten) Redakteurinnen und Redakteuren aus aller Welt nicht in Gefahr.

Keine Glaubenskämpfer

Katholik zu sein, ist für die Anstellung bei „Radio Vatikan" genausowenig Voraussetzung wie absolute Papst-Treue. „Wir brauchen Journalisten und keine Glaubenskämpfer", meinte Radio-Vatikan-Sprecher Stefan Kempis, ein Deutscher.

Darum werden auch innerkirchliche Querelen genausowenig totgeschwiegen wie Aussagen kritischer Geister in der katholischen Kirche oder umstrittene Ernennungen von Bischöfen. „Vieles geschieht ja noch immer höchst geheim, unprofessionell. Auch das wird aufgegriffen."

Sportbischof Kurt Krenn und Peter Moser, seine „rechte Hand" im Pastoralamt der Diözese St. Pölten, öffneten im Vatikan viele Türen, die Besuchern normalerweise verschlossen bleiben. Auch die von Alois Wagner in Trastevere, einem vor allem von Künstlern bevorzugten Stadtteil gleich hinter der Tiber-Brücke. Dort vertritt der Oberösterreicher als Erzbischof und ständiger Beobachter des Heiligen Stuhls bei den Organisationen der Vereinten Nationen den Vatikan. Ohne Dienstauto, ohne Chauffeur und ohne Sekretariat wie einst in Linz.

Heimweh nach Oberösterreich? „Mein Spiritual hat mir einmal im Priesterseminar gesagt, man soll nicht meckern, wenn man von der Kirche irgendwohin geschickt wird." Daran hält sich der einstige beliebte Linzer Weih- und Sportbischof nun schon seit 16 Jahren.

Wo der Bischof serviert

Umso mehr freut sich der „Botschafter der Armen in der Welt", wenn befreundete Landsleute bei ihm vorbeischauen. Die führt er dann in sein Lieblingslokal, in die kleine „Osteria dell'Aquila", zu Tia und Emma, bei denen es eine der besten Pastas in der Ewigen Stadt gibt. Da kann's schon passieren, daß österreichische Rom-Besucher den populären Erzbischof dabei erleben, wie er selbst zupackt, das Essen und den Wein serviert.

Ja, richtig, Fußball wurde während dieser dreitägigen Pilgerreise auch gespielt. Aber da hatte Organisator Leo Strasser mit seiner ober- und niederösterreichischen Auswahl von Sportlern und Reportern die Rechnung ohne die kirchlichen Würdenträger gemacht. Anstatt, wie mit treuherzigem Augenaufschlag versprochen, ein zahmes italienisches Seniorenteam als Gegner in die Schlacht zu schicken, ließ man elf gertenschlanke, pfeilschnelle junge Männer aus allen Teilen des Vatikans, dem kleinsten souveränen Staat der Welt, um ihr Leben laufen.

Das leichtfertig auf das Spielfeld gebrüllte Versprechen von Peter Moser („Wer ein zweites Tor schießt, braucht ein Jahr keine Kirchensteuer zahlen") half bei der 1:7-Abfuhr genausowenig wie Anfeuerungsrufe des 87jährigen Kardinals Alfons Stickler, dem ehemaligen Leiter des Vatikanischen Geheimarchivs. Was der für sein Alter unwahrscheinlich fitte Österreicher während seiner 60jährigen Arbeit im Vatikan erlebt und gehört hat, würde viele Bestseller füllen – und Prominenz in Unruhe versetzen.

Tröstende Worte

Während wir Spieler mit hängenden Köpfen die römische Sandwüste verließen, versuchte uns Wolfgang Rappersberger als Schlachtenbummler zu trösten: „Ich mach' seit 20 Jahren als oberösterreichischer Radsport-Präsident aus Niederlagen Siege. Das wird mir auch bei euch gelingen."

Wie auch immer, Oberösterreichs Sportdirektor Alfred Hartl wird eine zweite und eine dritte Chance als neuer Teamchef des Sportjournalistenteams bekommen. Schließlich durfte auch Herbert Prohaska ein paar Mal verlieren, ehe sein Team langsam aber sicher doch das Siegen gelernt hat.

Da lachen ja die Hühner – der Papst begutachtete lächelnd das originelle Geschenk aus Österreich.

Alfred Hartls Taktik war nicht schlecht – aber leider nur auf dem Papier.

Der Erzbischof servierte persönlich: Alois Wagner in seinem Lieblingslokal

Päpstlicher Segen für Europameisterin Vera Lischka

Abb. 138: Eine Reportage des legendären „Sportereignisses" in den Oberösterreichischen Nachrichten am 4. Oktober 1997

Hans Spatzenegger, Kulturpublizist, Salzburg

„Hoamatland" – Klänge in Rom

Abb. 139: Mit der Schweizer Garde verstand sich Wagner besonders gut. Das öffnete ihm auch manche Tore

Dr. Alois Wagner, Professor an der Theologischen Lehranstalt in Linz, habe ich – als Leiter des Katholischen Bildungswerks Salzburg – in den 60er-Jahren kennengelernt. Kontakte im Rahmen des Katholischen Akademikerverbands und in den Vorarbeiten zum Österreichischen Synodalen Vorgang folgten. In den 70er-Jahren absolvierte ich ein Forschungsstipendium der Österreichischen Akademie der Wissenschaften in Rom. Die damit verbundene Neuordnung des Archivs von „Santa Maria del Anima" – einst eine Pilgerherberge, jetzt ein Priesterkolleg – bedingte in der Folge einige römische Aufenthalte.

In einer Mittagspause auf dem Petersplatz lief ich Bischof Alois Wagner in die Arme: Wiedersehensfreude nach längerer Zeit und sofortige Analyse der Gemengelage der Kirche in Österreich. Auch spätere Treffen folgten gerne wieder vor dem Petersdom, wo er im vielsprachigen Pilgerstrom vertraute Stimmen herauszuhören suchte. So meine damalige Deutung. Ein Anflug von Heimweh? – Bei meinem Abschlussvortrag auf Einladung des Österreichischen Kulturinstituts in Rom am 31. Mai 1984 führte Bischof Wagner zu meiner Freude und Ehre die Riege der kurialen Prälaten an
In sein für den Vizepräsidenten des Päpstlichen Rates „Cor Unum" nicht gerade übertrieben repräsentatives Büro nahm ich bei Gelegenheit auch Prälat Franz Wasner mit, seit 1967 Rektor der „Anima" (einst musikalischer Begleiter der weltberühmten „Trapp-Family Singers"). Ein oberösterreichischer Landsmann, und Wagner naturgemäß von anderen römisch/österreichischen Gesellschaften bekannt. Dabei konnte man Schwarzafrikanern begegnen, die vielleicht den Rat (oder auch die Kassa) des ausgewiesenen Entwicklungsländerexperten gesucht haben mochten.

„Servas Charly"!

So brachte ich auch noch andere Rom-Besucher zum erfreuten Gastgeber. Wie auch Dr. August Huber, der als Wohnbaugewaltiger in Ried im Innkreis dem ehemaligen Weihbischof von Linz die Aufwartung machen wollte. Um die Besuchskontrollen zu vermeiden, pflegte Exzellenz seine Gäste am Eingang des Päpstlichen Palastes in Empfang zu nehmen. Als wir die Schweizergarde passierten, grüßte Wagner einen Gardisten mit: „Servas Charly". Ausdruck dessen, wie der lebensnah gebliebene hohe Kuriale mit dem „Bodenpersonal" freundschaftlich umging. Diese Episode blieb mir und meinem Freund August ebenso unvergesslich wie die folgende Führung durch (nicht öffentliche) geschichtsträchtige Säle im Petersdom mit dem Blick von einer Loggia auf den Petersplatz ...

Kann man daraus schließen: Wie gut eine „Sauerstoffzufuhr" aus der Heimat der dünnen römischen „Höhenluft" ab und zu tat?!

Abb. 140: Erzbischof Alois Wagner – in Rom auch als Souvenier erhältlich!

August Heuberger, Reise- und Busunternehmer, Peuerbach

200 Mal mit dem Bus in Rom

Abb. 141: Oberösterreichische Pilgergruppen konnten sich auf Wagners Restaurant-Empfehlungen verlassen.

Reisebüro- und Busunternehmer KR August Heuberger aus Peuerbach erinnert sich an seine zahlreichen Romreisen – er war weit über 200 Mal in Rom! Er beschreibt einige seiner privaten Erinnerungen an Erzbischof Wagner:

Zum ersten Mal hatte ich in den Jahren von 1959 und 1960 als etwa Dreizehnjähriger in der Jungscharstunde der Pfarre Peuerbach Kontakt mit dem damaligen Jugendseelsorger Oberösterreichs Alois Wagner. Er besuchte die Pfarre Peuerbach und die damaligen Jungschargruppen und beeindruckte mich mit seinem Gesang und mit seinem Gitarrenspiel.

13 Jahre später, 1973, bin ich – inzwischen ein junger Busunternehmer – mit einer Pilgergruppe aus Kopfing in Oberösterreich nach Rom gereist. Zur selben Zeit war eine Reisegruppe oberösterreichischer Dechanten mit Diözesanbischof Franz Salesius Zauner und dem inzwischen zum Weihbischof ernannten Alois Wagner ebenfalls in der Ewigen Stadt. Zufällig waren beide Reisegruppen im selben Hotel untergebracht, und so lernten wir einander näher kennen.

Wieder einige Jahre später, 1982, wurde Bischof Wagner nach Rom berufen, in den Päpstlichen Rat Cor Unum, und ich durfte bei einer Pilgereise mit dem Autobus seine privaten Möbelstücke und Dinge mitübersiedeln in die Stadt am Tiber. – Jahre später führte ich dann den gleichen Transport per Autobus wieder zurück in die Heimat nach Linz.

In den Jahren von 1980 bis 1996 waren drei mir damals bekannte Persönlichkeiten aus Österreich im Vatikan tätig: Erzbischof Alois Wagner, Pater Johannes Schasching als hochrangiger Jesuit, und Kardinal Alfons Maria Stickler. Es war für mich und meine vielen Rompilger immer ein besonderes Erlebnis, in Rom so hochrangige Personen aus Österreich zu treffen, ihnen zuzuhören, aber auch mit ihnen in den

römischen Kirchen Messen zu feiern. Mit Bischof Wagner habe ich auch Privataudienzen von Papst Johannes Paul II. erleben dürfen.
Kardinäle und Bischöfe bekommen in Rom jeweilige Kirchen zugeteilt, für die sie dann auch verantwortlich sind. Erzbischof Wagners Kirche war Santa Maria in Trastevere, die sich in einem der ältesten Viertel Roms befindet. Ich besuchte eigentlich fast jedes Mal mit meinen Pilgergruppen diese sehr schöne Kirche, welche mit vielen Mosaiken ausgestattet ist.
Mit Erzbischof Wagner und seiner Sekretärin Dr. Evi Tresp gingen wir samt den Autobusreisenden jedes Mal in sein Stammrestaurant „Tante Emma", wo der Herr Erzbischof auch manchmal den Kellnern aushalf, wenn es erforderlich war – sehr zur Freude der Pilger!
Er hatte ein großes Mitgefühl für Obdachlose in Rom, das konnte ich immer wieder erleben. Ich brachte ihm oft warme Bekleidung mit, welche Alois Wagner dann im Herbst und Winter an die Bedürftigen verteilte.

Der beliebteste Bischof

Eine Aussage von Dr. Eva Tresp: Es werde so alle zwei bis drei Jahre im Vatikan eine Umfrage gestartet, wer der beliebteste und freundlichste Bischof sei, und Alois Wagner habe diese Umfrage mehrmals hintereinander gewonnen. – Er galt als der freundlichste und sympathischeste Bischof in Rom!

Abb. 142: Eine Urkunde für August Heuberger mit dem päpstlichen Segen des Hl. Vaters zum 50. Geburtstag – vermittelt von Erzbischof Wagner.

So wie ich ihn erleben durfte, war er sehr, sehr gerne in der Ewigen Stadt, die Italiener und das internationale Publikum, das war seine Welt. Er war sprachlich sehr begabt, und er konnte sich mit allen Menschen gut verständigen. Nach seiner Pensionierung kehrte er wieder zurück nach Österreich und Linz. Im Jahr 2000 besuchte er meine todkranke Frau fast täglich im Spital, welches gegenüber seiner Wohnung in Linz lag, und feierte dann auch das Requiem mit uns.
Alois Wagner war ein herausragender Mensch. Und ich bin dankbar, ihn gekannt zu haben, und denke gerne in Hochachtung an ihn zurück. Ich bin dankbar für seine Freundschaft mit mir und meiner Familie.

Abb. 143: Erzbischof Alois Wagner bei einer Fürhrung durch vatikanische Gebäude. Hier innerhalb des Benediktions-Balkons im Petersdom

DER LEBENSABEND IN LINZ

*„Sei auch Du ein Stern,
der leuchtet!“*

Alois Wagner

Hans Gruber, Betriebs- und Gefangenenpfarrer em.

Späte Wiedergutmachung

Alois Wagner kam als Erzbischof und Pensionist nach Linz zurück. Er zog als Ruheständler mit seiner „Haushälterin" in den Domherrenhof ein. Ich traf die beiden manchmal im Stadtzentrum auf ihrem Einkaufsweg. Ein bevorzugtes Geschäft für ihren täglichen Bedarf war das Passage-Kaufhaus in der Landstraße.

Abb. 144: Das Linzer „Passage-Kaufhaus" (errichtet 1963) vor seinem Umbau (2000)

Eines Tages rief mich der Erzbischof überraschend an: Wir müssten von der Betriebsseelsorge dringend einen Protest organisieren, denn das Kaufhaus soll geschlossen werden. Das Personal würde auf die Straße gestellt. Eine Verkäuferin hätte das weinend seiner Partnerin erzählt. „So eine Gemeinheit! Da müsst ihr etwas machen!"

Ehrlich gestanden, die Schließung des Einkauftempels war nicht gerade im Fokus der Betriebsseelsorge. Die heftige Mahnung des Erzbischofs war jedoch ein wichtiger Impuls für Aktionen. – Als Erstes verteilten wir Flugzettel an die Einkaufs-Kundinnen. Es wurde ihnen mitgeteilt, dass ein gutgehendes Unternehmen des Gewinnes wegen geschlossen werde. Ein sehr großer Teil des Verkaufspersonals waren langjährige Angestellte und im fortgeschrittenen Alter. Einen neuen Job zu finden, werde für sie aus diesem Grund sicher nicht leicht.

Unsere Flugzettel Aktion war zwar eine wichtige Information, verhinderte aber die Schließung nicht. Damit die Verkäuferinnen nach dem letzten Verkaufstag nicht einfach traurig und leise das Haus verlassen müssten, organisierten wir gemeinsam mit den Betriebsrätinnen und der Gewerkschaft ein „Schließungsfest". Das Geschäft wurde zwei Stunden früher geschlossen und der Betrieb endete mit Dankansprachen und Musik. Traurig blieb es allemal, aber die Leistungen der Leute wurden wenigstens gewürdigt. Und überdies: Der Erzbischof war mit seiner Partnerin als Ehrengast geladen!

Johannes Riedl, Landesschulratspräsident a.D.

Entfremdung in Rom

Abb. 145: Am 8. August 1965 traute der Jugendseelsorger Alois Wagner persönlich das Ehepaar Erna und Johannes Riedl

Dr. Alois Wagner hat meine Frau Erni und mich von der Verlobung an freundschaftlich und geistlich begleitet. Bei der Verlobung haben wir fröhlich gesungen, er hat die Gitarre gespielt und unsere Heiratsabsicht gesegnet. 1965 sollte es so weit sein. Die sogenannte Brautlehre hat meine evangelische Frau als streng und fordernd erlebt. Am 8. August, dem heißesten Tag des Jahres 1965, haben wir uns in der Kirche St. Konrad auf dem Froschberg in Linz getraut.

Dr. Wagner hat unseren Bund, assistiert vom späteren Leiter des Pastoralramtes Josef Wiener und dem späteren Generalvikar Mag. Josef Ahamer, gesegnet. In seiner Predigt hat Dr. Wagner jenes Gedicht von Anna Moosdorf interpretiert, das wir auf unsere Einladung zur Hochzeit drucken ließen. Wir können nachhören, was er uns mitgegeben hat, weil die Hochzeitsfeier aufgezeichnet worden ist:

Ich habe einen Schnee gehäuft.
zwischen dich und mich.
er schmolz unter deinem Lächeln.
Ich habe einen Berg gesetzt.
zwischen dein Wort und meins
er versank unter deinem Schritt.
Ich ließ fließen Ströme des Zorns.
sie verrannen.
Ich blies an die Feuer der Zweifel.
sie erloschen.
Ich rüttelte am Tor deiner Gewißheit
du standest fest.
Ich streute in deinen Wein
süß wie Sonne
das bittere Satz meiner Wahrheit
du trankst ihn mit Lust.
Hoch in deinen wolkenlosen Himmel
fliegt ein bunter Vogel
dein Schrei.

Anna Moosdorf

Das Gedicht „Bitte" von Hilde Domin hat meine Frau bei unserer ökumenischen Goldenen Hochzeit ausgewählt und vorgetragen, nachdem ich selbst unser Hochzeitsgedicht von Anna Moosdorf rezitiert hatte. – Dr. Wagner hatte dieses 50-jährige Ehe-Jubiläum nicht mehr erleben können. Wie hätte er dieses Gedicht „Bitte" interpretiert?

An unserem ersten Hochzeitstag hat er uns einen liebenswürdigen Brief mit einem Geldgeschenk geschickt. – 1969 und 1971 hat er unsere Söhne Daniel Joachim und Clemens Matthias getauft. In der Kapelle der Pädagogischen Akademie der Diözese hat er sie als junger Weihbischof gefirmt. Es würde ihn, so wie meine Frau und mich, schmerzen, dass sie als Erwachsene ihre Kirche verlassen haben.

Während der Zeit von Dr. Wagner als Kurienerzbischof in Rom sind unsere Kontakte dünner geworden. Immer wieder hatte er uns nach Rom eingeladen, aber wir sind der Einladung leider nicht gefolgt. Nach seiner Rückkehr nach Linz im Jahr 1999 sind die Begegnungen ohne Anknüpfung an die frühere Zeit zufällig geblieben. Dazu passt, dass wir 2002 verhindert waren, an seinem Begräbnis teilzunehmen.

Wir werden eingetaucht
und mit dem Wasser der Sintflut
gewaschen,
wir werden durchnäßt bis auf die
Herzhaut.
Der Wunsch nach der Landschaft
diesseits der Tränengrenze
taugt nicht,
der Wunsch, den Blütenfrühling
zu halten,
der Wunsch, verschont zu bleiben,
taugt nicht.
Es taugt die Bitte,
dass bei Sonnenaufgang die Taube
den Zweig vom Ölbaum bringe.
Dass die Frucht so bunt wie
Blüte sei,
dass noch die Blätter der Rose
am Boden
eine leuchtende Krone bilden.
Und dass wir aus der Flut,
dass wir aus der Löwengrube
und dem feurigen Ofen
immer versehrter und immer heiler
stets von neuem zu uns selbst
entlassen werden.

Hilde Domin

Klaus Zapotoczky, Soziologe, Johannes Kepler Universität Linz

Unser Vatikanist

Mit der „Pensionierung" von Erzbischof Wagner in Rom und seiner Rückkehr nach Oberösterreich änderte sich für ihn vieles grundlegend, ohne dass dies von seinem Umfeld deutlich wahrgenommen worden wäre. Seine „Ruheplätze am Wasser" in Österreich, die ihm immer wieder – vor allem im Sommer – viel Freude bereitet hatten, wurden nun zum Alltag. In Linz war er nun nicht mehr der hohe Gast, der gerne beherbergt wurde, sondern der Rückkehrer, für den eine Wohnung zu finden war. Fast konnte der Eindruck entstehen: Der Prophet ist endgültig in seine Heimat zurückgekehrt ...

Zwar kam es immer wieder zu – auch spontanen – Gesprächen, etwa beim Mittagstisch im Kolpinghaus oder bei Ausflügen z. B. nach Hallstatt; nicht nur „über Gott und die Welt", sondern auch über „Kirche um der Menschen willen" im Gegensatz zu „Menschen um der Kirche willen", als deren „Opfer" sich manche engagierte Christinnen und Christen vermehrt vorkommen. Aber das Leiden an der Kirche nahm auch für den Erzbischof zu, vor allem als er seinen persönlichen Freund Dietmar Kaindlstorfer durch dessen unerwarteten Tod verlor. Kaindlstorfer war ein Mittelschulprofessor aus Linz, mit dem Wagner viele Kulturreisen unternommen hatte.

Die Kirche ist immer jung

Wagner blieb aber seiner Kirche und seinem Verständnis von Kirche („Kirche sind wir alle") treu und war auch überzeugt: „Die Kirche ist immer jung", d. h. sie hat Regenerationskräfte unerwarteter Art. Zugleich müssen in der Kirche viele Unterschiedliche beheimatet werden, gerade auch die, welche sich nicht zugehörig, sondern fremd fühlen; aber auch solche, die sich – aus welchen Gründen immer – als die Besseren oder die schlechteren Christen sehen. Marx hat die „Entfremdung des Menschen durch die Lohnarbeit" thematisiert, Wolfgang Hollegha ein Fortschreiten der Entfremdung bedauert, und Neil Postman hat auf die Entfremdungsmöglichkeiten durch die Unterhaltungsindustrie hingewiesen. Fremdheit hat aber viele Aspekte, wie Alois Wagner selbst beschrieben hat.

Ein spezifisches Fremd-Werden kann dadurch zustandekommen, dass man, wie das bei Alois Wagner „normal" war, als „unser Römer" oder „unser Vatikanist" bezeichnet wird, und so etwas „freundlich" und „besonders" Gemeintes zu einer gefühlten Distanzierung werden kann. Dass Distanzen lebensentscheidend sein können, musste Erzbischof Alois Wagner erfahren, als ihm mitgeteilt wurde, dass ein

– durchaus behandelbarer – Tumor zu nahe an den Nerven seiner Wirbelsäule sitze, dass er nicht wirksam bekämpft werden könne. So brach Alois Wagner ein Tumor das Kreuz, und er verstarb – viel zu früh – im 78. Lebensjahr.

Den vielen Entwicklungshelferinnen und Entwicklungshelfern, die durch ihn ihren Weg gefunden haben, und vielen anderen, die ihn schätzen, und allen, die nach Orientierung suchen, bleiben als Motto die Grundsätze, die er zu betonen nicht müde wurde: Gott-Vertrauen, Menschlichkeit, Lebensfreude und Einsatzbereitschaft.

Abb. 146: Dr. Alois Wagners legendäres Lächeln

Eduard Pesendorfer, Landesamtsdirektor a.D.

Die letzte Messfeier mit uns Kürnbergern

Abb. 147: Katholische Österreichische Studentenverbindung „Kürnberg" im Österreichischen Cartellverband

Erzbischof Dr. Alois Wagner feierte einige Jahre in der Adventzeit mit dem Linzer Zirkel der K.Ö.St.V. Kürnberg im ÖCV (Katholische Österreichische Studentenverbindung im Österreichischen Cartellverband) vor einer kleinen Adventfeier zur Einstimmung auf Weihnachten eine Heilige Messe. Ich war ihm jeweils beim Anlegen und nach der Messe beim Ablegen der Messgewänder behilflich.

Bei seiner krankheitsbedingt letzten Messfeier stellte ich – ich hatte im Schott-Messbuch mitgelesen – fest, dass er sowohl die feststehenden Texte als auch die veränderlichen wie z. B. Orationen, Lesung und Evangelium inhaltlich korrekt, nicht aber vollkommen wortwörtlich wie im Messbuch vorgesehen vorgetragen hatte.

Nach dem Gottesdienst sagte er mir auf meine Frage, ob er ein anderes Messbuch zur Verfügung habe, er sei mit seinen Augen auch mit Brille nicht mehr in der Lage, die Buchstaben des Messbuches zu lesen. Er müsse daher die Texte auswendig vortragen. Für mich war das sehr berührend. – Eine Umfrage bei den Messteilnehmern ergab, dass keiner etwas bemerkt hatte.

Abb. 148: Pontifikalringe

PONTIFIKALRINGE

Linz Bischofshof

Vier Pontifikalringe, drei davon von Bischof Wagner. Jener links oben mit dem blauen Stein wurde von ihm getragen.

Silber, teils vergoldet, ein blauer Stein

Maximilian Aichern OSB, em. Bischof von Linz

„Ein Stern, der leuchtet“

Während Wagners römischer Dienstzeit weilte er als heimatliebender Mensch, wenn es ihm möglich war, vor allem im Sommer in Linz und Oberösterreich, und besonders gerne in Hallstatt. Er wohnte weiterhin in seiner bisherigen Wohnung im Linzer Bischofhof und half bei Firmungen und Feiern in Pfarrgemeinden aus.

Mit der Erreichung seines Alters von 75 Jahren im Jahr 1999 endete Wagners Dienstzeit in Rom. In den letzten Jahren war er nicht mehr sehr gesund, auch hatte sich die Sehkraft seiner Augen sehr geschwächt. Frau Dr. Tresp besorgte eine Schreibmaschine mit großen Buchstaben und schrieb seine von ihm diktierten Reden und Predigten mit dieser Maschine, worüber er sehr froh war.

Nach seiner Rückkehr nach Linz nahm er Wohnung im Linzer Domherrenhaus. Frau Dr. Tresp war weiterhin seine Sekretärin und betreute den Haushalt. Sie starb 2013, nachdem sie die letzten Jahre bei den Marienschwestern in Bad Mühllacken verbracht hatte.

In Oberösterreich hielt Erzbischof Wagner viele Vorträge in Pfarren und anderen kirchlichen und weltlichen Institutionen, blieb immer mit den österreichischen Einrichtungen der Entwicklungshilfe verbunden, mit der MIVA, Caritas, Laienorganisationen, mit Frau Lonny Glaser in Wien, die sich für Priester und Theologiestudenten im damaligen Ostblock einsetzte, und mit den Afro-Asiatischen Instituten. Auch war er der gesuchte geistliche Begleiter beim sommerlichen Symposion in Alpbach.

Privat zelebrierte er bei den Barmherzigen Brüdern gegenüber dem Domherrenhaus. Sehr gerne habe ich Wagner angeboten, an Festtagen, wenn er hier war, als Hauptzelebrant und Prediger im Dom zu agieren. So auch am 6. Jänner 2002, wo er eine hervorragende Predigt hielt und die Gläubigen aufforderte: „Sei auch du ein Licht, ein Stern, der leuchtet!“ - Dann musste er sich im Spital der Barmherzigen Schwestern einer Operation unterziehen, die an sich gut ausging. Aber er erwachte nicht mehr aus der Narkose. Ich besuchte ihn öfters in der Intensivstation des Krankenhauses. Man merkte an Bewegungen, dass er vieles verstand, aber sich leider nicht mehr artikulieren konnte.

Alois Wagner starb am 25. Februar 2002 im 78. Lebensjahr und wurde dann am 7. März im Linzer Neuen Dom beigesetzt. Schon am Vorabend gedachten wir im Dom seiner bei einer Vesper. Am Begräbnistag kamen etwa 2.000 Menschen in

Abb. 149: Beisetzung Erzbischof Wagners in der Bischöfe- Gruft der Krypta des Linzer Mariendoms. Das Begräbnis wurde vom ORF übertragen.

den Dom. Kardinal Christoph Schönborn hielt die Erste Einsegnung und das Requiem. Prediger und Verleser der Papstbotschaft war ich. Konzelebranten waren die österreichischen Bischöfe. Die Einsegnung in der Domkrypta hielt Kardinal Franz König. Papst Johannes Paul II. schickte Kardinal Jan Pieter Schotte CICM als päpstlichen Vertreter zum Requiem; nach seinem Wien-Flug stieg dieser aber irrtümlich in St. Pölten aus dem Zug und nahm deshalb nicht teil. Am 1. Jahrtag, dem 25.2.2003, hielt Wagners einstiger Germanicum-Kollege Kardinal Friedrich Wetter, Erzbischof von München und Freising, in dankbarer Gesinnung im Dom Requiem und Predigt.

Erzbischof Alois Wagner ist auf die Menschen zugegangen. Alle bemerkten seine Gläubigkeit. Er war zu allen freundlich, gesprächsbereit, gastfreundlich und weltoffen. Die Kirche bei uns und weltweit hat er mitgeprägt. Vieles, das auf ihn zurückgeht, hat auch heute seine positiven Auswirkungen. Sein Wahlspruch „Meine Liebe gehört Euch allen" hat sein Leben und Wirken geprägt.

BEGEGNUNGEN MIT ALOIS WAGNER

„Meine Liebe gehört Euch allen“

Alois Wagner

Alois Gruber (†), Landesveterinär-Direktor a.D.

Der jugendlich gebliebene Lois

Wagner Lois war aus der Rieder-Zeit ein Freund. Er war zwei Jahre älter, aber durch die ‚weltanschauliche Verwandtschaft' waren wir vor allem über die Katholische Jugend und den Jugendkaplan Jakob Pramhas in Ried eng verbunden. Diese Freundschaft wurde auch in Linz noch sporadisch gepflegt.

Ich erinnere mich an eine Episode mit ihm: Er war vermutlich noch nicht Weihbischof, aber unglaublich agil, „trawig" (= eilig) und „nebenberuflich" als Jugendseelsorger noch in den Bergen.

Einmal trafen wir einander in der Linzer „Bim", und er klagte, dass er keine Zeit für einen Arztbesuch habe; aber demnächst müsse er etwas tun, weil die Schmerzen in der Brust bei manchen Bewegungen unerträglich seien. – Als ‚Viechdoktor' griff ich unter seine Jacke und tastet seine Brust ab. Er schrie. Ich: „Du bist ein Narr! Eine Rippe ist gebrochen. Du musst wenigstens einen Gurt anlegen."

Etwas zerknirscht berichtete er, dass er an einer Bergwoche – ich glaube am Großvenediger – teilnehmen wollte. Er konnte aber erst verspätet anreisen und musste alleine zur Hütte aufsteigen, es dunkelte schon. So sein Originalton: „Es war ein unglaubliches Sauwetter, es stürmte und regnete aus Schaffeln und plötzlich hörte ich ein Grollen, ein Rumpeln. Ein Erdrutsch! Ich warf mich unter einen bergseitigen Felsen am Wegrand, und über mich ging eine Stein- und Schlamm-Lawine. Ein Teil traf mich noch. Da hatte ich schon heftige Schmerzen. Vor allem die Kletterübungen am Seil konnte ich eines Tages gar nicht mehr mitmachen." – So war unser weltoffener – dafür gab es viele Beispiele – und jugendlich gebliebener Lois!

Alois Wagner erkämpft 1971 mit 47 Jahren auf der 13. Seelsorger-Sport-Woche als erster österreichischer Bischof das Goldene Bundessportabzeichen!

Aufgenommen am 15. 1. 2002 in Linz und ediert von Gottfried Gansinger

Anneliese Ratzenböck, ehem. Landesobfrau der Goldhaubenfrauen

Jesus ist für alle gestorben

Abb. 150: Bergleute, Feuerwehren oder Goldhauben-Gruppen: Wagner hatte für alle aufmunternde Worte

Erzbischof Wagner war ein großer Freund der OÖ. Goldhaubengemeinschaft, und wann immer es ihm möglich war, hat er auch gerne Festmessen bei Zusammenkünften der Goldhaubengruppen zelebriert.

So geschah es in Niederthalheim im Bezirk Vöcklabruck, dass sich viele hundert Frauen in der Tracht für einen Festzug in die Kirche versammelt hatten. Ich hatte damals einen großen Wohltäter Oberösterreichs bei mir, um ihm ein bisschen oberösterreichische Kultur zu vermitteln. Es war dies der Präsident der englischen MS-Gesellschaft, Samuel Palmer mit seiner Sekretärin.

Sehr beeindruckt von diesem festlichen Moment kam Samuel Palmer zu mir und sagte, er habe eine Bitte – er sei Methodist, aber er möchte hier in diesem Rahmen bei der Festmesse vom Erzbischof die Hl. Kommunion empfangen. Ich sagte: „Das kann ich aber nicht beurteilen, ob das möglich ist, da gehen wir beide jetzt zum Erzbischof und fragen ihn."

Mit Samuel Palmer und seinem Wunsch ging ich zu Erzbischof Wagner und sagte: „Samuel Palmer ist Methodist, und er hat den ungeheuren Wunsch, von dir die Heilige Kommunion zu empfangen." Alois Wagner dachte kurz nach und antwortete dann: „Ok, Jesus ist für alle gestorben – er kann die Kommunion empfangen!"

So geschah es dann auch bei der Festmesse. Unser englischer Freund war so gerührt, dass er die Kommunion unter Tränen empfing. Ich war überzeugt, dass es eine ganz richtige Entscheidung des Erzbischofs war.

Klaus Zapotoczky, Soziologe, Johannes Kepler Universität Linz

Katholischer Bischof zu Gast im evangelischen Erbhof

1969 sollte der neue, dynamische Weihbischof von Linz Dr. Alois Wagner zu einer Feier im ur-evangelischen Thening in einen evangelischen Bauernhof eingeladen werden. Der Hof hatte viele Jahrzehnte hindurch als Ort für geheime Gottesdienste gedient. Alles war sorgfältig für den Bischof-Besuch vorbereitet worden, nur den Altbauern hatte man zunächst nicht informiert. Als dieser erfuhr, dass geplant sei, den katholischen Weihbischof in seinen Erbhof einzuladen, soll er gesagt haben: „Seit Jahrhunderten hat kein Katholik die Schwelle unseres Hofes überschritten, warum sollte dies jetzt ein katholischer Weihbischof tun?"

Abb. 151: Ökumenische Brüderlichkeit mit dem Brust-Kreuz: Wagner in offizieller Funktion u. a. mit dem damaligen evang. Bischof Herwig Sturm (rechts) und dem Superintendenten Hans-Jörg Eichmeyer (links)

Die konzertierten Bemühungen, den Altbauern von den geänderten Umfeld-Bedingungen in Sachen Ökumene zu überzeugen und vielleicht auch die Tatsache, dass Wagner früher Landjugend-Seelsorger gewesen und als offener, leutseliger Mensch bekannt war, führten dazu, dass der Altbauer zu guter Letzt der Einladung des Bischofs zustimmte. In der Folge freundeten sich Altbauer und Bischof bei gelegentlichen Besuchen des Bischofs am Hof an.

Als nun 1982 der Altbauer erfuhr, dass „sein" Bischof nicht die Nachfolge als Diözesanbischof der Diözese Linz antreten, sondern nach Rom gehen sollte, machte er sich auf den Weg in den Bischofshof nach Linz und soll dort Alois Wagner gefragt haben: „Bischof, ist es wahr, dass Du uns verlässt und nach Rom gehst?" Wagner soll geantwortet haben: „Es war ja nicht mein Wunsch nach Rom zu gehen, sondern der Papst hat mich nach Rom berufen, und in der Katholischen Kirche hat ein Priester dem Wunsch des Papstes Folge zu leisten." Die Antwort des Altbauern soll gelautet haben: „Dann geh mit Gott, aber dass'd ma fein christlich bleibst." Die tief verankerte Rom-Skepsis bei evangelischen Christen (und nicht nur bei diesen) kam so deutlich zum Ausdruck. Zugleich aber auch eine Portion „Enttäuschung", den beliebten Seelsorger und verständigen Menschen zu verlieren. Nicht nur bei diesem evangelischen Altbauern.

Hans Gruber, Betriebs- und Gefangenenpfarrer em

Hungerstreik im Bischofshof

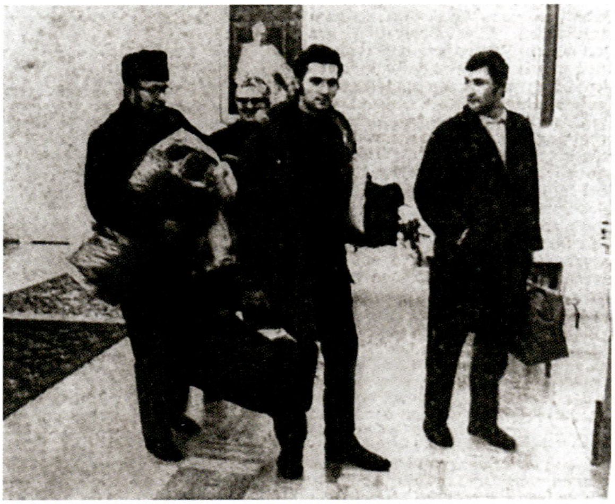

Abb. 152: Den Hungerstreik von vier Kaplänen im Linzer Bischofshof konnte Wagner nach 48 Stunden beenden

Während der Diözesansynode Im November 1971 konnte der Vorsitzende Weihbischof Wagner noch nicht wissen, dass ihm im Dezember eine viel schwierigere Aufgabe zufallen würde:

Diözesanbischof Zauner hielt in seiner Tischlade die von Rom erledigte Laisierung eines heiratswilligen Priester-Kollegen zurück. Der Bischof wollte einen Wohnungswechsel des Priesters erzwingen. Monatelange Verhandlungen blieben ergebnislos. Vor Weihnachten 1971 ergriffen vier junge Priester die Initiative zu einem „gewaltfreien Widerstand". Sie postierten sich vor der Wohnungstür des Bischofs mit Luftmatratzen zu einem 48-stündigen Hungerstreik. (Der Autor dieser Zeilen war einer von ihnen.)

Weibischof Wagner, der gerade in Oberösterreich unterwegs war, wurde als Vermittler herbeigerufen. Dieser reagierte so, wie wir ihn kannten: Er eröffnete das Gespräch mit einer Drohung. Wir seien kirchenrechtliche Rechtsbrecher! Als er merkte, dass das bei uns Vieren ohne Wirkung blieb, schlug er versöhnliche Töne an. Er erwirkte, dass wir den Ort wechselten: Von der Wohnungstür weg in einen Sitzungsraum. Außerdem versprach er, mit Bischof Zauner zu verhandeln. Dies blieb ohne Ergebnis.

Der Hungerstreik wurde 48 Stunden durchgezogen. Die kirchliche Resonanz war enorm. Es gab Pro und Kontra! Das Ergebnis der ganzen Aktion war ein Kompromiss: Der Bischof gab die Heiratserlaubnis heraus. Allerdings bekam der laisierte Kollege keine kirchliche Anstellung. Den vier Hungerstreiklern wurde ein „Karriere-Stop" angedroht. – Es blieb eine leere Drohung. Weihbischof Wagner war nicht nachtragend!

Siegfried Primetshofer, ehem. Direktor der Finanzkammer der Diözese Linz

Der Streik der Kapläne

An ein Ereignis, das auch großes öffentliches Interesse hervorgerufen hat, kann ich mich noch sehr gut erinnern. Wie üblich hielt Weihbischof Wagner kurz vor Weihnachten im Gefangenenhaus in Suben mit den Insassen eine Weihnachtsfeier ab. Gleich nach Ende der Feier wurde er gebeten, umgehend im Bischofshof bei Generalvikar Weinberger anzurufen. Dies tat er und erfuhr dabei, dass vier Kapläne vor dem Generalvikariat auf dem Gang einen unbefristeten Hungerstreik abhalten wollten. Wagner wurde gebeten, möglichst rasch nach Linz zu kommen. Wir fuhren sogleich zurück. Nach längerer Diskussion konnte Wagner die Streikenden dazu bewegen, ihren Streik in den Festsaal des Bischofshofes im 1. Stock neben unseren Büros zu verlegen. Außerdem hatte es den Vorteil, dass in meinem angrenzenden Büro eine Waschgelegenheit bestand.

VON TAG ZU TAG — OÖ. NACHRICHTEN 7

Linz: Vier Priester im Hungerstreik
Streitfall um Zölibats-Dispens

LINZ (OÖN-mb). Seit gestern nachmittag, 16 Uhr, befinden sich vier katholische oberösterreichische Kapläne im Linzer Bischofshof in einem auf 48 Stunden befristeten Hungerstreik. Die vier jungen Seelsorger wollen mit ihrer für Österreich bisher einmaligen und aufsehenerregenden Initiative die Aufmerksamkeit des Klerus und der Öffentlichkeit auf den Fall des in den Laienstand zurückgetretenen ehemaligen Kaplans Johann Achleitner (38) aus Wels lenken, der auf Grund einer Bestimmung des Kirchenrechtes wegen seiner Laisierung seinen Wohnsitz in Wels aufgeben oder seinen Dienst als Religionsprofessor an der Höheren Technischen Lehranstalt in Linz quittieren muß. Gegen diese wohl gesetzmäßige, aber in ihren Augen zu buchstabengetreue Vorgangsweise protestieren die vier Kapläne.

Der Hungerstreik, der trotz intensiver Verhandlungen von Generalvikar Prälat Weinberger und Weih-

scheinende Vorgangsweise im Fall Achleitner vorzugehen.

Die Vorgeschichte begann damit,

plan ausgefolgt, doch die Möglichkeit, weiter im kirchlichen Dienst als Lehrer zu verbleiben, verweigerte man nach dem Buchstaben der gesetzlichen Bestimmungen.

Dagegen richtet sich die Protestaktion der vier Kapläne, die mehrene Gründe ins Treffen führen. Der entscheidendste ist die Tatsache, daß eine Dispens vom Verbot der weiteren kirchlichen Dienste im Ermessen des Bischofs läge, falls das durch die Laisierung hervorgerufene öffentliche Ärgernis gar nicht besteht. Und das scheint nach einer Stellungnahme des Pfarrsynodenrates Wels-Heilige Familie (wo Achleitner zuletzt wirkte) auch nicht der Fall zu sein: Denn in dieser Stellungnahme wird betont, die Pfarre

Abb. 153: Der Hungerstreik in der Medienberichterstattung

Bei diesem Streik ging es meiner Erinnerung nach darum, dass ein Priester, der sich laisieren ließ, laut Vorschrift nicht mehr in der Pfarre, wo er als Seelsorger tätig war, wohnen durfte. Nach wenigen Tagen konnte eine Lösung gefunden werden. Der Streik wurde beendet. Diese Vorschrift ist aber sehr bald gefallen.

Zum Leidwesen von Alois Wagner haben sich Anfang der 1970er-Jahre doch einige Priester laisieren lassen. Er führte mit diesen oft längere Gespräche. Wenn aber trotz allem der Entschluss feststand, war der Bischof dabei behilflich, dass das Laisierungsverfahren relativ zügig vorgenommen wurde. Viele der laisierten Priester blieben damals als Religionslehrer oder Religionsprofessoren im kirchlichen Bereich tätig. Unter Papst Johannes Paul II. dauerten Laisierungsverfahren dann oft sehr lange, und sie waren überdies mühsam.

Franz Kogler, ehem. Leiter des Katholischen Bibelwerkes der Diözese Linz

Alois Wagner, der Diplomat

1978 war ich im Dekanat Molln in der Katholischen Jugend sehr engagiert und wurde als Vertreter des Dekanats in den diözesanen Pastoralrat gewählt. Als Schüler einer Höheren Technischen Lehranstalt saß ich etwas verloren auf gleicher Höhe mit vielen Priestern und der Diözesanleitung. In der zweiten Sitzung am 10. März 1979 meldet sich unter TOP 6 („Bericht Pastorale Maßnahmen für unbesetzte Pfarren" – was offensichtlich schon damals ein Thema war!) Rektor Karl Wild (Bildungshaus Schloss Puchberg) mit der Anregung zu Wort, doch die Zulassung der „viri probati" als Anliegen in Rom vorzubringen.

Wenn ich mich recht erinnere, kam es schlagartig zu einer lebhaften Diskussion. Als Techniker (ohne Lateinkenntnisse und aus einer vom Stift Kremsmünster betreuten Pfarre kommend) hatte ich keine Ahnung, worüber da so heftig – wie ich das Gefühl hatte – gestritten wurde. Mein vom Alphabet vorgegebener Sitznachbar, P. Fidelis Löscher, entnahm als mein ehemaliger Religionslehrer in Bad Hall offensichtlich meinen Blicken, dass ich nicht ganz mitbekommen hatte, was da diskutiert wurde, und klärte mich flüsternd auf.

Schließlich kam es zur Erhebung eines Meinungsbildes, das eine Mehrheit für die Eingabe dieses Anliegens in Rom ergab. Diözesanbischof Zauner betonte daraufhin, dass er das Ergebnis sehr wohl zur Kenntnis nehme, aber darauf bestehe, dass bei der Eingabe dazugeschrieben werde: „Der Bischof von Linz schließt sich diesem Votum nicht an." Offensichtlich wollte er sich so kurz vor dem Erreichen der Altersgrenze nicht noch einmal mit Rom einen Schlagabtausch liefern.

Ein kurzes Gespräch unter vier Augen zwischen dem Vorsitzenden Dir. Eduard Ploier und Weihbischof Alois Wagner ergab, dass dieses Meinungsbild aus Rücksicht auf den Bischof zurückgezogen wurde. (Das Protokoll des Pastoralrates ist zu diesem Tagesordnungspunkt „deutlich weniger spektakulär", wie mir der Direktor des Diözesanarchivs mitteilte.)

Josef Weichselbaumer, Dir.-Stv. des Pastoralamtes der Diözese Linz a.D.

„So dumm können nur die Deutschen sein ...“

Sepp Rottenaicher aus der Diözese Passau war leitend im Katholischen Landvolk Bayerns tätig. Wir sind bis heute befreundet. Er schilderte mir kürzlich eine kleine Geschichte aus einem ICRA-Kongress (Internationale katholische bäuerliche und ländliche Vereinigung):

„Eine besonders nette Anekdote im Zusammenhang mit Alois Wagner habe ich noch vom ICRA-Kongress 1995 in Gödöllö / Ungarn (an dem auch Kommissar Franz Fischler teilnahm) in Erinnerung: Im Streit, ob es nun auch Ministrantinnen geben dürfe, wandten sich einige konservative deutsche Bischöfe an den Vatikan um Auskunft. Erzbischof Alois Wagner im kleinen Kreis am Abend: ‚So dumm können nur die Deutschen sein, offiziell anzufragen. Natürlich mussten wir laut CIC (canon iuris canonici) Nein sagen.‘ Heute kann man darüber natürlich nur lachen – sicher auch in Österreich.“

Abb. 154: Ministrantinnen? – Besser nicht im Vatikan anfragen

Karl Hutterer, ehem. Caritasangestellter

Ein Bischof verleiht sein Auto

Alois Wagner habe ich immer als einen Bischof erlebt, der Fröhlichkeit ausgestrahlt hat und auf die Menschen zugegangen ist. Als Caritas-Mitarbeiter habe ich Dr. Alois Wagner als einen volksnahen Bischof gekannt, der dank seiner vielen Fähigkeiten Großes für die Diözese und die Weltkirche geleistet hat.
Ich durfte ihn auch als besonders hilfsbereiten Menschen erleben. Er borgte mir, weil ich noch kein eigenes Auto besaß, liebenswürdigerweise öfters seinen Fiat 600 und meinte, dass die Mühlviertler zusammenhalten müssten. Er stammte ja aus Leopoldschlag und ich aus Pfarrkirchen im Mühlkreis. – Bischof Wagner hat in der Pfarre St. Theresia in Linz meine Tochter Andrea gefirmt. Auf einem Foto ist sie rechts von Bischof Wagner zu sehen, links von ihm die Firmpatin, die Frau meines Schwagers.
Als Alois Wagner dann als Vizepräsident des Päpstlichen Rates Cor unum nach Rom versetzt wurde, war ich traurig, weil auch ich wie viele andere ihn gerne als Diözesanbischof gesehen hätten. – Nach einigen Jahren traf ich ihn wieder in Linz. Er war entweder auf Heimaturlaub oder hatte dienstlich hier zu tun. Ich war inzwischen schon etwas ergraut. Der Erzbischof kam auf mich zu und sagte: „Grüß Gott, graue Eminenz!" Ich war ganz erstaunt, aber er meinte, dass dies als Kompliment gedacht sei. Er war nicht nur ein hoher kirchlicher Würdenträger, sondern auch ein humorvoller Mensch.

Zu meinem 35-jährigen Caritas-Dienstjubiläum hat mir Caritas-Direktor Josef Mayr das Buch „Das Bistum Linz von 1945 bis 1995" geschenkt. Da kommt sogar mein Name als Leiter der Öffentlichkeitsarbeit vor. Mit Dr. Johannes Ebner und Dr. Monika Würthinger vom Diözesanarchiv habe ich viel zusammengearbeitet. Als Frau Würthinger in Pension ging, hat sie mir zwei Exemplare des inhaltsreichen Buches „Mission und kirchliche Entwicklungszusammenarbeit aus Oberösterreich" geschenkt. – Ein Thema, das Erzbischof Alois Wagner sein ganzes Leben lang beschäftigt und erfüllt hat!

Abb. 155: Die Tochter des Autors, Andrea, im Bild rechts von Bischof Wagner zu sehen

Siegfried Primetshofer, ehem. Direktor der Finanzkammer der Diözese Linz

Das Kreuz mit dem Kreuz

Neben offiziellen Pfarrbesuchen war Weihbischof Wagner oft unterwegs, um in Pfarren, Betrieben oder anderen öffentlichen Einrichtungen Segnungsfeiern zu halten. Dies geschah auch des Öfteren gemeinsam mit dem Superintendenten der evangelischen Kirche. Bei solch einer gemeinsamen Segnung und Eröffnungsfeier in einem größeren Betrieb gab es folgende erheiternde Begebenheit:

Abb. 156: Was bedeutet das „+" vor der Unterschrift des Bischofs?

Zur Eröffnung war auch der damalige Handelsminister Josef Staribacher geladen. Nach der Feier wurden die Ehrengäste gebeten, sich in das Gästebuch einzutragen. Weihbischof Wagner ließ dem Herrn Superintendenten den Vortritt. Danach unterschrieb er selbst. Wie dabei üblich, setzte der Bischof vor seine Unterschrift ein Kreuzzeichen. Als Nächster wurde der Minister (freundlicher Spitzname: „Happy Pepi") gebeten. Dieser deutete das Kreuzzeichen als „und". So setzte auch er eines vor seine Unterschrift. Dieses Missverständnis wurde dann im Nachhinein natürlich noch öfters in lustiger Weise erwähnt.

Heidemarie Wagner, Friseurmeisterin, Linz

Ich habe dem Herrn Bischof den Kopf gewaschen

Anfang der 1970er-Jahre war ich Lehrmädchen in einem Friseursalon in der Herrenstraße gleich neben dem Bischofshof. Wir hatten zahlreiche geistliche Herren als Kunden, auch den Weihbischof Alois Wagner. Wenn der in das Geschäft kam, war es gleich lustig: „Mädels, was ist los, wie geht's euch, gehts euch gut?“ Und wenn du ihm dann die Haare gewaschen hast, hat er gefragt: „Woher sind Sie, Fräulein – aus Reichenthal? – Ah, das ist ja in der Nähe von mir da oben.“ Er war einfach ein lieber Mensch, hat sich bei uns wohlgefühlt, und wir haben ihn auch recht mögen – ein fescher Mann, und ich glaube, es hat ihm bei uns Damen schon gefallen.

Ich war damals noch Lehrling und durfte dem Bischof nicht die Haare schneiden. Aber ich durfte ihm die Tür aufhalten, wenn er gegangen ist, darauf hat die Chefin Wert gelegt. Und ich habe dem Bischof die Haare gewaschen, ich habe ihm sozusagen regelmäßig „den Kopf gewaschen“. Als Kunde war er unkompliziert und hat keine Ansprüche gestellt. Er hat immer gesagt: „Ist schon gut, passt schon!“

Wir hatten ja auch andere geistliche Herren als Kunden, Bischof Zauner war ebenfalls bei uns. Diese Herren waren aber etwas reservierter und ernster. Bischof Wagner war dagegen einfach der Gaudi-Meister! Das merkt man sich einfach, und ich war sowieso ein Fan von ihm. Es war für uns eine Ehre, wenn er gekommen ist.

Ich habe dann seinen weiteren Lebensweg verfolgt. Als es geheißen hat, der Bischof Wagner geht nach Rom, da war uns recht leid um ihn. Aber er wollte offenbar Karriere machen, und es war für ihn natürlich ein Aufstieg. Wer bekommt schon die Chance und die Ehre, in den Vatikan zu kommen?

Als er dann in Rom war, habe ich ihn zufällig wieder getroffen. Bei einer Rom-Reise waren wir – einige Damen – im Petersdom und haben uns umgesehen. Ein Bereich war abgesperrt. Es gab eine Messe, und einige Bischöfe sind vorbeigezogen. Und auf einmal sehe ich: „Meine Güte, das ist ja der Bischof Wagner!“ Wir haben ihm gedeutet: „Bischof Wagner, wir sind aus Österreich!“ Das hat er verstanden. Er hat genickt und gelächelt und uns ganz verstohlen zugewinkt. Das war ein richtig tolles Erlebnis.

Bischof Wagner war schon ein Mann mit Ausstrahlung und immer mit einem Lächeln unterwegs, ich würde sagen: mit einem verschmitzten Lächeln.

Konrad Rohrhofer, ehem. Vorsitzender der Kath. Arbeitnehmerbewegung (KAB)

Der Bischof und die Autostopperinnen

Es ist ein kalter Wintertag im Advent 1974, an dem wir uns zur Sitzung des Diözesanvorstandes der KAB Oberösterreich in Attnang-Puchheim treffen. Ein besonderer Gast hat sich diesmal dazu angemeldet – Weihbischof Dr. Alois Wagner. Er lädt Diözesansekretär Hans Riedler und mich als Diözesanvorsitzenden ein, in seinem Auto, das er selbst steuert, mitzufahren. Nach der interessanten Sitzung ist es spät geworden, und so machen wir uns gegen 23 Uhr auf den Heimweg. Der Bischof schlägt vor, über die Bundestraße nach Linz zu fahren.

Als wir schon in der Nähe von Linz sind, stehen in der Dunkelheit zwei heftig winkende Autostopperinnen am Straßenrand. „Waren da jetzt nicht Autostopper?" fragt er mich, der ich hinten sitze. Als ich bejahe, fährt er einige Meter im Retourgang zurück. Zwei junge Damen drängen sich nun zu mir auf die Rückbank. Die eine zur anderen halblaut: „Hast die Nummerntafel g'sehn, des is a Besserer." Nun entwickelt sich ein interessantes Zwiegespräch. Der Bischof: „Wo kommen's denn so spät noch her?" „Wir waren bei der Tante auf Besuch", sagt die eine. Der Bischof darauf: „So, so, und wo wollt ihr hin?" „Nach Kleinmünchen, wenn's geht." Nun der Bischof: „Kennen's den Pfarrer von Kleinmünchen?" „Na, mit die Pfarrer fang i mir nix an", erklärt die Gesprächigere. Der Bischof wird nun missionarisch: „Wenn's dem Herrn Pfarrer Neuwirth einen schönen Gruß ausrichten, fahr ich euch nach Kleinmünchen." Die Antwort darauf: „Da müsst i ja in die Kirchen geh'n". „Ja eh" sagt der Bischof.

Jetzt mische ich mich ein und frage die beiden, ob sie wissen, von wem sie einen Gruß ausrichten sollen. Nun wird der Bischof aktiv, streckt die Hand mit dem Bischofsring nach hinten und sagt: „Ich bin der Bischof von Linz." Die unerwartete Reaktion einer der Damen: „Wos, des gibt's a." Bischof Wagner gibt nicht auf: „Na, was ist jetzt, richten Sie dem Herrn Pfarrer einen Gruß aus?" „Mit dieser reichen Kirche hab ich nix zu tun", sagt nun wieder die Gesprächigere. Jetzt ist der Bischof leicht empört: „Welche reiche Kirche?" „Nau die Klöster, die Wälder, die die Kirche hat", erklärt sie weiter. „Da können wir etwas runter beißen", wird der Bischof ungehalten.

Inzwischen sind wir nahe der Linzer Unionkreuzung, und das Gespräch wird abrupt abgebrochen, als die Damen sagen, sie möchten aussteigen. „Gruß an den Pfarrer Neuwirth!" ruft der Bischof ihnen noch nach, sie verschwinden im Schneetreiben. „Das waren aber zwei lustige Damen, die Sie da mitgenommen haben", sage ich zum Bischof. Er murmelt etwas Unverständliches.

Johann Hainzl, ehem. Ordinariatskanzler der Diözese Linz

Ein umgänglicher Domplatz

Abb. 157: Das Foto zeigt nicht die jüngste „Neugestaltung" des Domplatzes, sondern den Abbruch der Bauhütten nach Vollendung des Baues

Der Zugang von der Rudigierstraße zum Mariendom war früher einmal von einem Bretterzaun und einem eher dichten Baumbestand begrenzt. Entlang der Stifterstraße befand sich eine Mauer (Höhe circa zwei Meter). So war der Dom nicht umgehbar und zudem bei Dunkelheit beziehungsweise in der Nacht kaum sichtbar, weil es keine eigene Beleuchtung gab.

Weihbischof Wagner hatte gegen Ende der 1970er-Jahre die Idee, im Hinblick auf das 200-Jahr-Jubiläum der Diözese 1983/1985 den Dom besser umgehbar und besser sichtbar zu machen und so die Kathedrale stärker ins Bewusstsein der Bevölkerung zu bringen. Dazu war es für ihn auch notwendig, die Stadt Linz einzubinden. So ersuchte er Kanonikus Gottfried Schicklberger, mit seinem Schulkollegen Hugo Schanovsky Kontakt aufzunehmen. Dieser war als sehr kulturaffin bekannt und zunächst Vizebürgermeister, ab 1984 Bürgermeister.

In Zusammenarbeit von Diözese und Stadt Linz wurde dann schrittweise die Umgebung des Doms neu gestaltet. Neue Wege wurden angelegt, die bestehenden alten Häuser entlang der Herrenstraße entfernt, eine Tiefgarage und das Domhotel errichtet. Schließlich erhielt der Domplatz samt seiner Umgebung 2009 einen neuen Anblick. Seit 2011 findet dort vor der großartigen Kulisse des Doms die Reihe „Klassik am Dom" mit großem Erfolg statt. Die Vision des Weihbischofs Alois Wagner von einem „umgänglichen" Mariendom war Wirklichkeit geworden.

Klaus Zapotoczky, Soziologe, Johannes Kepler Universität Linz

Beten, arbeiten und leben

Eine Veranstaltung mit Alois Wagner in Freiburg im Breisgau ist mir in besonders guter Erinnerung:

Abb. 158: Ein idyllischer Platz in den Vogesen

Bischof Wagner fragte bei einem gemeinsamen Frühstück, wer mit ihm am vorgesehenen freien Nachmittag in die nahen Vogesen fahren möchte; er hielte bei diesem schönen Wetter einen solchen Ausflug für empfehlenswert, weil er diesen Teil des Elsass aus früheren Aufenthalten gut kenne. - Stark interessiert, melde ich mich; denn für mich waren Informationen aus erster Hand über die geplante Hochschule für Sozial- und Wirtschaftswissenschaften Linz wichtig. Ich hatte für diese eine Beschäftigungsanfrage, und auch die weitere Arbeit am Entwicklungsschwerpunkt ließen Details interessant erscheinen.

Doch es kommt ganz anders. Der Ausflug in die Vogesen wird für mich und wahrscheinlich auch für die anderen eine Begegnung mit der Natur, ein Erlebnis sowie eine Erfahrung des Zu-Sich-Kommens, des Sich-Selber-Findens. Das kam so:

Zu fünft fuhren wir um 14 Uhr los, hatten bald den Rhein überquert und strebten dem Bergland zu. Nach etwa 15 bis 20 Kilometern Fahrt kamen wir in einen kleinen Ort, Alois Wagner kaufte dort in einem kleinen Geschäft Baguettes, Käse und Wein, und weiter ging es bergwärts. Nach weiteren circa 15 Kilometern Fahrt durch waldiges, unberührtes Gebiet kamen wir an einen kleinen See, in dessen Nähe wir parkten und uns dann auf einer aus dem Kofferraum hervorgeholten großen Decke niederließen.

Alois Wagner verteilte die Aufgaben des Brot- und Käse-Schneidens und hatte auch ein Schweizer Taschenmesser dabei, holte aus dem Auto fünf kleine Becher – und bald genossen wir gemeinsam Brot und Käse, tranken Wein dazu und erfreuten uns am Duft der Bäume, dem weichen Gras, dem glitzernden Wasser des Sees und unserer Gemeinschaft. Hier wurde mir bewusst: Dieser Mann versteht es, Beten, Arbeiten und Leben menschennah und naturverbunden zu verknüpfen und so zur umfassenden Entfaltung von Menschen beizutragen. Ich vergaß meine Informationsinteressen und erlebte einen der schönsten, erholsamsten und friedlichsten Nachmittage meines Lebens: Dank Alois Wagner.

Später lernte ich während der internationalen Hochschulwochen im Stift Kremsmünster und noch später bei meinen Teilnahmen am „Kloster auf Zeit“ während der Karwoche in Kremsmünster und in Subiaco: Dieses Verbinden von Gebet, Arbeit und Leben macht die benediktinische Spiritualität aus, die dem Lebensgefühl vieler Österreich seit Jahrhunderten entspricht.

Ein Wort zum Schluss

Dieses Foto zeigt Diözesanbischof DDr. Franz Sal. Zauner (Bildmitte), selbst einst Student am Germanicum, in Rom. Ihm zur Seite die beiden Linzer „Germaniker" Alois Wagner (links) und Johannes Singer (rechts) Anfang der 1950er-Jahre, während die beiden ihre Studienzeit in Rom absolvierten.

Abb. 159: DDr. Franz Sal. Zauner (Bildmitte), ihm zur Seite Alois Wagner (links) und Johannes Singer (rechts)

1980, 30 Jahre später, standen beide auf dem von Bischof Zauner in Rom eingereichten Dreiervorschlag für seine Nachfolge als Diözesanbischof von Linz. Ernannt wurde ein anderer, Maximilian Aichern. Johannes Singer hatte kategorisch abgelehnt. Alois Wagner wäre, soviel lässt sich aus den Zeitzeugenberichten sagen, gerne Linzer Diözesanbischof geworden. Er musste zur Kenntnis nehmen, dass in Rom anders entschieden wurde. Auch der Moment seiner Enttäuschung ist im Buch festgehalten.

Was immer spätere biografische Forschungen zu Tage bringen werden: Wer meint, dieses sicher markante Ereignis in seinem Leben hätte Alois Wagner persönlich blockiert, dem fehlt es an Kenntnis seiner Person, der hat Alois Wagner nicht wirklich verstanden. Er (Alois Wagner) hatte wohl die nur wenigen Menschen anhaftende Fähigkeit, produktiv mit je verschiedenen Lebenssituationen umzugehen. Alles, was er für die Diözese Linz (Stichwort Diözesansynode) getan und für die österreichische Kirche (Stichwort Österreichischer Entwicklungsdienst) geleistet hat, und schließlich alles, was er nach seiner Übersiedlung nach Rom für die Weltkirche gewirkt hat, all das verstärkt den Eindruck, er habe es mit Freude getan. Alle Zeugnisse von Bischöfen aus der sogenannten Dritten Welt, alle Berichte (ober-) österreichischen Besucher in Rom schildern herzliche Begegnungen mit Wagner. Und auch an den aus Rom zurückgekehrten Erzbischof Alois Wagner erinnern sich die oberösterreichischen Katholikinnen und Katholiken als einen Mann der herzlichen Begegnung. Sein im Buch mehrmals erwähntes Lächeln war nicht aufgesetzt, sondern kam vom Herzen.

Diözesanbischof Manfred Scheuer und Bischof Maximilian Aichern würdigen ihn daher zu Recht als einen bedeutenden oberösterreichischen Bischof. Auch Johannes Paul II. hielt, wie Bischof Maximilian Aichern weiß, auf Wagner große Stücke. So schließen wir dieses Erinnerungsbuch an einen großen Oberösterreicher mit diesem Wort von Papst Johannes Paul II. zu Erzbischof Wagner, das uns Bischof Maximilian überliefert hat: „Der ist wichtig, den brauchen wir!“

Die Herausgeber

Erzbischof Dr. Alois Wagner – Die Lebensdaten

1924	20. März: Alois Wagner wird als erstes von fünf Kindern einer Kleinlandwirtsfamilie in Leopoldschlag, Bezirk Freistadt, geboren. Seine beiden Brüder gründen später Familien, die zwei Schwestern treten in die Schwesterngemeinschaft der Franziskanerinnen von Vöcklabruck ein.
Ab 1930	Besuch der Volksschule in Leopoldschlag und der Hauptschule des Marianums in Freistadt.
1936	Bischöfliches Gymnasium Kollegium Petrinum in Linz. Wegen der Zwangsauflösung des Petrinums 1938 Wechsel an das Gymnasium Ried im Innkreis. 1944 sogenannte Kriegsmatura. Anmeldung zum Theologiestudium in Linz.
1944	Im Jänner Einberufung zur Wehrmacht. 13. August 1944: In der Normandie gerät er in britische Kriegsgefangenschaft. Im Lager Colchester in Südostengland Möglichkeit für einen kleinen theologischen Vorlesungsbetrieb.
1946	30. Juli: Entlassung aus der Gefangenschaft, Beginn des Studi ums an der Philosophisch-Theologischen Lehranstalt in Linz.
1947	26. Oktober: Übersiedlung in das Collegium Germanicum-Hungaricum in Rom und Studium an der Päpstlichen Universität Gregoriana. Dem Baccalaureat und Lizentiat der Philosophie und der Theologie folgt am 6. Mai 1955 der Abschluss des Doktoratsstudiums.
1952	10. Oktober: Priesterweihe im Kollegium Germanicum in Rom. Primiz am Tag darauf in der Basilika St. Paul vor den Mauern in Rom. Heimatprimiz am 5. Juli 1953 in Leopoldschlag.
1953–1955	Kooperator in Sandl, jedoch freigestellt zum Studium in Rom.

1955–1958	Hilfspriester in Wimsbach-Neydharting, Kooperator in Mattighofen und ab 1. 9. 1956 Kooperator an der Stadtpfarre Steyr, zugleich Religionslehrer am Bundesrealgymnasium in Steyr.
1958	1. September: Diözesanseelsorger der Katholischen Jugend Land/Burschen (bis 1962). Noch im September 1958 Zentralseelsorger der Katholischen Landjugend Österreichs (bis 1968).
1959/1960	Gründung des Entwicklungshelferdienstes. Erster Vorsitzender (bis 1968). Dann Geistlicher Assistent des Österreichischen Entwicklungsdienstes (ÖED). Von 1963 bis 1979 acht Projekt- und Informationsreisen nach Afrika, Latein- und Südamerika.
	Gründung der Katholischen Glaubensinformation in der Diözese Linz. Ab 1967 bis 1981 Vorsitz in der Arbeitsgemeinschaft der Katholischen Glaubensinformation Österreichs.
1960–1966	Gesamtverantwortlicher Diözesanjugendseelsorger in Linz. 1963: Landesjugendtag „Auch du bist Kirche" in Linz.
1962	5. November: Ernennung zum Professor für Pastoraltheologie an der Philosophisch-Theologischen Lehranstalt Linz.
	Gründung des Beirates für Priesterfortbildung.
1964–1968	Geistlicher Assistent des Katholischen Bildungswerkes.
Ab 1966	Mitarbeit am Aufbau des Österreichischen Katholischen Bibelwerkes.
1969	1. September: Ernennung durch Papst Paul VI. zum Titularbischof von Siccenna und zum Weihbischof von Linz. Bischofsweihe am 26. Oktober im Linzer Dom.
	Funktionen in der Österreichischen Bischofskonferenz (chronologisch):
	Referent für das „Gotteslob" (1969), Referent für Entwicklungshilfe und Vorsitzender der Koordinierungsstelle für Internationale Entwicklungsförderung, Vertreter der Österreichischen Bischofskonferenz im Rat der Europäischen Bischofskonferenz, erster

	stellvertretender Vorsitzender des Österreichischen Synodalen Vorgangs (1974).
1970	7. März: Präsident der Linzer Diözesansynode (bis 1972).
1973	1. August: Bischof Zauner ernennt seinen Weihbischof zum Generalvikar der Diözese Linz (bis 16. Jänner 1982)
1977	Ernennung zum Pressesprecher der Österreichischen Bischofskonferenz
1980	13. August: Papst Johannes Paul II. nimmt den Rücktritt von Diözesanbischof Franz Zauner an, ernennt ihn aber gleichzeitig zum Apostolischen Administrator der Diözese. Weihbischof Wagner wird davon offiziell nicht in Kenntnis gesetzt.
1981	10. Dezember: Ernennung zum Vizepräsidenten des Päpstlichen Rates COR UNUM für die Anliegen der Weltkirche im Bereich des sozial-karitativen Dienstes, mit Sitz in Rom.
1982	1. Februar: Antritt des neuen Amtes im Vatikan.
1992	1. Oktober: Ernennung zum Erzbischof und gleichzeitig zum Ständigen Beobachter des Heiligen Stuhles bei den in Rom ansässigen internationalen Organisationen der Vereinten Nationen für Welternährung, Landwirtschaft und Forste (FAO, IFAD, WFP und WFC).
	21. Dezember: Landeshauptmann Josef Ratzenböck überreicht Erzbischof Alois Wagner das Große Ehrenzeichen des Landes Oberösterreich.
1994	20. März: Papst Johannes Paul II. übersendet Erzbischof Wagner ein herzliches Glückwunschschreiben zur Vollendung des 70. Lebensjahres.
	26. Oktober: Feier des silbernen Bischofsjubiläums mit einem Festgottesdienst in der Basilika Santa Maria in Trastevere.
1994–1998:	Erzbischof Wagner betont vor der FAO das Recht der Menschen auf das tägliche Brot (1994), richtet einen Appell an die Unter-

nehmer, mehr zum Erhalt der Wälder beizutragen (1997), und fordert vor dem Weltrat der FAO mehr Ausbildungsplätze für Lehrlinge (1998). Bei einer Konferenz des Welternährungsprogramms WFP der Vereinten Nationen fordert er, mehr Geld für Entwicklung und weniger für Waffen zur Verfügung zu stellen (1999).

1999 1. Oktober: Beendigung des Dienstes im Vatikan und Rückkehr in die Heimatdiözese.

2000/2001 Erzbischof Wagner spendet in Oberösterreich insgesamt 1.842 Firmungen.

2002 6. Jänner: Letzte Predigt beim Dreikönigs-Festgottesdienst im Linzer Dom zum Thema: „Sei Licht, sei Stern für deine Mitmenschen".

25. Februar: Erzbischof Wagner stirbt im Krankenhaus der Barmherzigen Schwestern in Linz.

7. März: Abschiedsgottesdienst im Linzer Dom mit zahlreichen Bischöfen aus dem In- und Ausland und 2000 Gläubigen. Beisetzung in der Bischöfe-Gruft im Linzer Dom.

Verzeichnis der Autorinnen und Autoren

Die kursiv gesetzten Funktionen weisen auf die besondere Beziehung zu Alois Wagner hin

Aichern Maximilian OSB, geb. 1932, em. Diözesanbischof, Dr. theol. h. c., Bischof der Diözese Linz 1980–2005; Abtkoadjutor des Stiftes St. Lambrecht (ab 1964), Abt des Stiftes St. Lambrecht (ab 1977); Publikationen: Umverteilung und Katholische Soziallehre (Mitautor) (1983), Sozialhirtenbrief der katholischen Bischöfe Österreichs (Initiator) (1990), Sozialwort des Ökumenischen Rates der Kirchen Österreichs (Initiator) (2001), Maximilian Aichern – Bischof mit den Menschen (Mitwirkender) (Autorin: Christine Haiden) (2005), Kirchen und Kapellen in den Pfarren der Diözese Linz: eine kunstgeschichtlich-pastorale Dokumentation (= Neues Archiv für die Geschichte der Diözese Linz: 14. Jahrgang, 2001), Aufmerksame Solidarität (= FS für Bischof Maximilian Aichern zum siebzigsten Geburtstag. Hrsg. von Peter Hofer (2002).

Birngruber Klaus, geb. 1978, Mag. Dr. phil., M. A., Direktor des Linzer Diözesanarchivs (Diözesanarchivar) seit 2017; Ehrenamtlich: Mitglied des Seelsorgeteams der Pfarre Reichenthal; Publikationen: Zahlreiche Publikationen zur Linzer Diözesangeschichte, Archivgeschichte und regionalen Kirchengeschichte Oberösterreichs.

Bittner Gerhard, geb. 1949, Entwicklungspolitik; *Generalsekretär des Afro-Asiatischen Instituts (AAI) (1978–1991), Geschäftsführer der Österr. Forschungsstiftung für Internationale Entwicklung (ÖFSE) (1978–2010)*; weitere Funktionen: Gründungsvorsitz Oikocredit Austria (1990–2002), Oikocredit international (2002–2006), Direktor „Österreichische Kommission Iustitia et Pax“ (1994–2003), IUPAX-Europapräsident (1999–2002); Publikationen: „Internationale Studierende – ein Beitrag zur Demokratieentwicklung“, ÖFSE-Edition 9, 1999, „NGOs in der EZA – Rolle, Aufgaben und Chancen in der EU“ mit Hans Bürstmayr in „Dimensionen“ (2000), „Österreichische Entwicklungszusammenarbeit – Band 2“, Entwicklungspolitische Literatur und Periodika in Österreich ÖFSE, 2008.

Bolldorf Martin, geb. 1948, Botschafter i. R., *Diplomat, Tätigkeit an der Österr. Botschaft beim Hl. Stuhl in Rom (1988–1994)*, seit 1968 aktive Tätigkeit im Malteser Hospitaldienst Austria (von 1997 bis 2001 als dessen Kommandant), Obmann der „Bischof DDr. Stefan Laszlo Gesellschaft“ und der „P. Johannes Schasching SJ Gesellschaft“.

Fischler Franz, geb. 1946, Dipl. Ing. Dr., EU-Kommissar a. D., Bundesminister a. D.; *Vorsitzender der Katholischen Hochschuljugend Österreichs* (Ende der 1970er-Jahre); weitere Funktionen: Präsident des Ökosozialen Forums, des Instituts für Höhere Studien in Wien und des Europäischen Forums Alpbach u. a. m.; Publikationen: Erinnerungen (2006), Europa – der Staat, den keiner will (2006), Europäische Union, Staaten, Regionen: Wo sehen wir unsere Identität? Festvortrag anlässlich der 9. Severin-Akademie am 10. Jänner 2007 (2007).

Gansinger Gottfried, geb. 1938, Prof. h. c, Buchhändler, Publizist; *enge familiäre Verbindung mit Alois Wagner und der Jugendgruppe um Kaplan Jakob Pramhas in Ried im Innkreis;* 2001 Gründung der OÖ. Volksbildungswerkes Ried i. I., über 200 zeitgeschichtliche Veranstaltungen, Engagement bei den Pfadfindern; Publikationen: VerGegenKunft – Die Geschichte des Nationalsozialismus in Ried im Innkreis im Spiegel der zeitgeschichtlichen Aktivitäten 2002–2013 (2013), Nationalsozialismus im Bezirk Ried im Innkreis – Widerstand und Verfolgung 1938–1945 (2016); Fremdvölkisches Kinderheim Utzenaich (1944–1945) (2019).

Gruber Alois (†), geb. 1926, Dr. vet., Landesveterinär-Direktor OÖ.; *Mitglied der Jugendgruppe Jakob Pramhas in Ried i. I.*

Gruber Johann, geb. 1938, Pfarrer, Lic. theol., Mag. rer. soc. oec.; Betriebs- und Gefangenenpfarrer (seit 1973 bzw. 1969), *Teilnehmer an der Linzer Diözesansynode 1970–1972;* weitere Funktionen: Freundschafts-Comité Argentina-Austria; Publikationen: „Steh auf und geh“, Theologie der Befreiung der Betriebsseelsorge Oberösterreichs (2013), „Beinahe lebenslänglich“ – 50 Jahre Häfenpfarrer (2019).

Hainzl Johann, geb. 1955, Mag. theol., Ordinariatskanzler (2009–2019); *Sekretär und Zeremoniär Weihbischof Wagners (1977–1982);* ehrenamtlich: Diverse Aufgaben in der Pfarre Altenberg; Publikationen: Beiträge „Die Diözese Linz im Spiegel der Zahlen“ und „Die Pfarrstruktur des Bistums Linz im 20. Jahrhundert“ im Sammelband „Das Bistum Linz von 1945 bis 1995“, Hrsg. J. Ebner, M. Würthinger und R. Zinnhobler (1995), Fünf Artikel zur Geschichte der Pfarre Altenberg im Heimatbuch der Gemeinde Altenberg (1995).

Hansl Günther, geb. 1952, Konsulent, Journalist; Fußballspiel der oö. Sportjournalisten 1997 in Rom.

Heuberger August, geb. 1946, Kommerzialrat, Reisebüro- und Busunternehmer in Peuerbach; *regelmäßige Pilgerfahrten und Transporte nach Rom zu Erzbischof Wagner;* ehemaliger Ministrant/Katholische Jungschar.

Hintersteiner Thomas, geb. 1970, Mag. theol., *Bischöflicher Zeremoniär (u. a. für Erzbischof Wagner)* und Bischöflicher Sekretär (für Bischof Maximilian Aichern); weitere Funktionen: Chorleiter Singkreis Pichling, Organist, Kantor; Organisation und Leitung der Rom-Ministrantenwallfahrten.

Höglinger Clemens (Johann) OPraem., geb. 1947, Mag. theol., Ordenspriester, Pfarrer in Altenfelden; *auf Vermittlung von Erzbischof Wagner kam es zum Österreich-Aufenthalt von Frederick Tusingire (Priester aus Uganda) in Altenfelden;* weitere Funktionen: Geistliche Begleitung der Dritte Welt-Gruppe EWA Rohrbach, KMB-Obmann Dekanat Alten Felden bis 2022.

Hutterer Karl, geb. 1940, Caritasangestellter, Referat für Öffentlichkeitsarbeit/ Dokumentation, Presse-Archiv, SOS-Gemeinschaft; *von 1969 bis 1982 regelmäßige dienstliche Kontakte mit Bischof Wagner;* Caritas-Haussammler; Publikationen: Caritas-Jahresberichte, Caritas-Mitarbeiterzeitung.

Ivan Franz, geb. 1941, Mag. phil., Professor für Deutsch und Geographie an der HTL in Wien 1, Geschäftsführer der Wochenzeitung „Die Furche“ (1999–2001), Verlagsleiter und Geschäftsführer der Tageszeitung „Die Presse“ (2000–2004), Präsident des Verbandes österreichischer Zeitungen (VÖZ) (2001–2004); *Zentralführer der KJSÖ und Bundessekretär der KJÖ in den 1960er- und 1970er Jahren;* Haupt- und ehrenamtlich Funktionär im Katholischen Jugendwerk (KJWÖ), Generalsekretär des Katholischen Zentrums für Massenkommunikation (1975–1979), Generalsekretär des Österreichischen Katholikentages (1974), Organisator des Papstbesuches von Johannes Paul II. (1983), Obmann des „Marswiese“-Sportzentrums der Erzdiözese Wien (1994–2023); Publikationen: Zahlreiche anlassbezogene Aufsätze und Artikel in Zeitschriften und Zeitungen.

Katzböck Wolfgang, geb. 1941; *Leiter der Pressestelle der Diözese Linz (1969 – 2003);* ehrenamtlich: Chorsänger; Publikationen: Redaktion „Nachrichtendienst der Diözese Linz“; Redakteur des „Jahrbuches der Diözese Linz“ 1979 bis 2004; Redakteur des Dokumentationsbandes der Linzer Diözesansynode 1970–1972 „Kirche um der Menschen willen“ (1973), Redaktion verschiedener Festschriften, u. a. über die Gesamtrestaurierung der Stiftskirche und der Bruckner-Orgel des Stiftes St. Florian 1992–1996, mehrerer Schallplatten-Dokumentationen, u. a. „50 Jahre Linzer Dom“ 1974.

Kern Wilhelm, geb. 1955, Mag. theol., Priester, *Kurat in Leopoldschlag und Sandl;* weitere Funktionen: Unterstützung von Projekten in der Entwicklungszusammenarbeit und Korrespondenz (1988–1992), Notfallseelsorge; Publikationen: Pfarrblatt und Jahrbücher.

Kogler Franz, geb. 1958, Mag. Dr. theol., em. Leiter des Katholischen Bibelwerks Linz, Referent in der Bibelpastoral; *Nachfolger bei der von Wagner gegründeten Glaubensinformation, den Linzer Fernkursen und beim Bibelwerk;* weitere Funktionen: Mitglied im Pastoralrat; Publikationen: Herders Neues Bibellexikon (2008), Linzer Bibelausstellung „Expedition Bibel“, Haus- und Familienbibel (2019), Goldenes Verdienstzeichen des Landes Oberösterreich (2023).

Kranzl-Greinecker Martin, geb. 1963, Mag. theol., Journalist, Chefredakteur der Caritas-Fachzeitschrift „Unsere Kinder“ (seit 2002); *Redakteur der Linzer Kirchenzeitung (ab 1988), langjährige Tätigkeit in Katholischer Jungschar und Jugend (u. a. Diözesanvorsitzender);* weitere Funktionen: Vertreter der Katholischen Kirche im Bundesvorstand des Mauthausen Komitees Österreich; Publikationen: Fenster ins Leben (gemeinsam mit Matthäus Fellinger und Claudia Mitscha-Eibl, 1999), Die Kinder von Etzelsdorf. Notizen über ein Fremdvölkisches Kinderheim (2005), Elementare Methodik und Didaktik. Handbuch für Ausbildung, Studium und Beruf (Hg., 2023).

Lammerhuber Hubert (†), geb. 1933, Bautechniker, *Missionshelfer in Bolivien 1960–1965.*

Liebletsberger Leopold, geb. 1937, Molkereiangestellter (Expedit/Verkauf) in Rohrbach i. M., *Missionshelfer in Bolivien 1963–1967;* weitere Funktionen: Dritte Welt Gruppe „Eine Welt für alle“ (EWA) Rohrbach, Mesner (Pfarrkirche Rohrbach i. M.).

Mayr Josef, geb. 1931, Prälat, Bischofvikar, Domkapitular, *Mitglied der Jugendgruppe Jakob Pramhas in Ried i. I. während der NS-Zeit, KAJ-Diözesanjugendseelsorger zeitgleich (und als Bürokollege) mit Alois Wagner in seiner Funktion als Diözesanjugendseelsorger der Katholischen Jugend/Land (ab 1960),* Teilnehmer an der Diözesansynode 1970–1972 u. a. m.; weitere Funktionen: Zentralseelsorger der KAJ-Mädchen, Rektor des Katholischen Jugendwerks/Wien, Leiter der Betriebsseelsorge der Diözese Linz, Rektor der Caritas der Diözese Linz; Publikationen: „... mehr wert als alles Gold der Erde“. Anfänge und Entwicklung der Katholischen Arbeiter- und Arbeiterinnenjugend in der Diözese Linz [Mitherausgeber] (2012), Helmut Wagner: Arbeitswelt, Soziales und Diakonie. Drei Schwerpunkte einer Ortskirche am Beispiel der Diözese Linz seit 1945 [Josef Mayr zum 85. Geburtstag] (2016).

Meier Bertram, geb. 1960, Dr. theol., Bischof von Augsburg, *Student am Collegium Germanicum et Hungaricum in Rom (1980–1986);* Publikationen: Die Kirche der wahren Christen: Johann Michael Sailers Kirchenverständnis zwischen Unmittelbarkeit und Vermittlung (1990) (Dissertation), Mehr Glauben wagen (2001), Kirche

– Gemeinschaft mit begründeter Hoffnung! Domprediger-Homilien. Festgabe zum 60. Geburtstag. Hg. von Harald Heinrich und Gerda Riedl (2020).

Moser Peter F., geb. 1962, kirchlicher Angestellter; Pressereferent von Sportbischof Kurt Krenn, Kirchenmusiker und vielfacher „Notnagel"; Publikationen: Artikel im St. Pöltner Diözesanjahrbuch.

Nösslböck Ulrike, geb. 1954, Altenfelden; *Nichte von Erzbischof Alois Wagner.*

Paglia Vincenzo, geb. 1945, Erzbischof, Präsident der päpstlichen Akademie für das Leben und Großkanzler des päpstlichen Instituts Johannes Paul II.; *Pfarrer in Santa Maria in Trastevere (1980–2000),* Geistlicher Begleiter der Gemeinschaft Sant'Egidio; Publikationen auf Deutsch: Das Wort Gottes jeden Tag (jedes Jahr eine neue Fassung), Die sieben Worte Jesu am Kreuz (2011); Bruder Tod – In Würde leben und sterben (2017).

Pesendorfer Eduard, geb. 1947, Dr. iur., Landesamtsdirektor a. D.; *Kontakt insbesondere wegen Pfarrerzuteilung bzw. bei Pfarrvisitation,* als Landesamtsdirektor und über den Österreichischen Cartellverband ÖCV; weitere Funktionen: Obmann des Pfarrkirchenrates, des Pfarrgemeinderates und der KMB Traunkirchen (1977–1987); Publikationen: Überlegungen zur mittelfristigen Verwaltungsentwicklung – Memorandum des Führungsforums Innovative Verwaltung vom Dezember 1999 (gemeinsam mit Gerhard Steger) (1999), Wirkungsorientierte Verwaltung (gemeinsam mit Paul Gruber) (2003); Wirkungsorientierte Landesverwaltung in Oberösterreich (2006).

Primetshofer Siegfried, geb. 1945, Mag. theol., Direktor der Diözesanfinanzkammer (1999–2010, Dir. Stv. seit 1988); *Sekretär und Zeremoniär Weihbischof Wagners (1970–1977);* weitere Funktionen: Fachausschuss für Finanzen Pfarre Eferding, Publikationen: Kirchliches Finanzwesen in Österreich. Geld und Gut im Dienste der Seelsorge (= Mitautor) (Hans Paarhammer, Hrsg.) (1989).

Pühringer Josef, geb. 1949, Dr. iur., Landeshauptmann von Oberösterreich (1995–2015); Obmann der Jungen ÖVP Oberösterreich (1974–1983) und Religionslehrer; Weitere Funktionen: Vorsitzender von Pro Oriente, Vorsitzender von Pro Mariendom, Publikationen: Was mir wichtig ist. Im Gespräch mit Christine Haiden und Hubert Feichtlbauer (2009), Oberösterreichs Stifte. Inseln für Seele und Leib (Hrsg.) (2009), Auf den Menschen kommt es an. Reichersberger Pfingstgespräche 2007–2011 (Hrsg.) (2012).

Ratzenböck Anneliese, geb. 1934, Ehrenkonsulentin, Journalistin; Landesobfrau der Goldhaubenfrauen, dort vielfache Spendenaktionen für die Dritte Welt;

Publikationen: Gang durch den Advent (1985); Mit herzlichen Grüßen Euer Dr. Josef Ratzenböck – Geschichten, Kuriositäten und Anekdoten (1986); Durchs Leben, durchs Jahr – aktuelle Bräuche in Oberösterreich (2008).

Ratzenböck Josef, geb. 1929, Dr. iur., (Seniorenbund-Ehrenlandesobmann), Landeshauptmann von Oberösterreich 1977–1995, *persönliche Freundschaft mit Alois Wagner, begonnen bei dessen Ernennung zum Weibischof in Linz.* Publikationen: Mit herzlichen Grüßen Euer Josef Ratzenböck oder Wer glaubt, daß ich nichts zu lachen hatte, irrt. Geschichten, Kuriositäten, Anekdoten (1996), Politik und Gesellschaft (Artikel) (2009).

Riepl (geb. Moser) Martina, geb. 1950, Mag. phil., Beamtin im Ruhestand; zuvor Professorin für Deutsch und Geschichte an einer BHS in Ried im Innkreis; *Jungscharmädchen während Wagners Tätigkeit als Kooperator und Jungscharseelsorger in der Stadtpfarre Steyr;* Publikationen: Gedächtnisblatt für Josef Karl Moser im Gedächtnisbuch Dachau / dachauer forum e. V. [Moser-Josef_internetversion.pdf (gedaechtnisbuch.org)] (2019), Gedächtnisbuch Oberösterreich / oeaD erinnern.at [Arbeitsdatei Linz J. Moser 6.cdr (ku-linz.at)] (2020), Gildengeschichte 1923–1945 mit Blick auf die NS-Verstrickungen der IKG, in: IKG: Der Geist. Die Kunst. Das Leben. 100 Jahre Innviertler Künstlergilde 1923 – 2023. S. 27–46 (2023).

Riedl Johannes, geb. 1937, Dr. phil, Amtsführender Präsident des Landesschulrates für OÖ a. D. (1989–2001), Direktor der Päd. Akademie der Diözese Linz (ab 1981), *Diözesansekretär und Diözesanführer der Katholischen Jungschar und Katholischen Jugend 1960–1965;* weitere Funktionen: Landesobmann des Christlichen Lehrervereins, Vorsitzender des Katholischen Akademikerverbandes; Publikationen: Leistungsbeurteilung konkret. In der Schule der 10- bis 14-Jährigen (1980), Erziehen heißt eingreifen! Gedanken zur Schule der Zukunft (Mitautor) (1997), Festschrift für Dr. Johannes Riedl. 70 Jahre Präsident a. D. Dr. Johannes Riedl (2007).

Rohrhofer Franz Xaver, geb. 1938, Dr. iur. Prof. h. c.; Publizist, Journalist, Chefredakteur (ORF OÖ, Neues Volksblatt); weitere Funktionen: Vorsitzender des oö. Journalistenforums (AG Kath. Journalisten), Vizepräsident der Katholischen Aktion (KA) der Diözese Linz, Publikationen: Heinrich Gleißner – Lehrjahre eines Landeshauptmanns (2012), Fronten und Brüche – Ständestaat und Katholische Kirche (2007), Die 68er in Oberösterreich (2008).

Rohrhofer Konrad (Kurt), geb. 1936, Konsulent, Prof. h. c., Bankangestellter i. R. (Werbeleiter); *Diözesanvorsitzender der Katholischen ArbeitnehmerInnenbewegung der Diözese Linz (1971–1976);* weitere Funktionen: Gründungs- und Kollegiumsmitglied der Bischöflichen Arbeitslosenstiftung der Diözese Linz.

Scheuer Manfred, geb. 1955, Dr. theol., Bischof von Linz (seit 2016), Bischof der Diözese Innsbruck 2003–2015, Prof. für Dogmatik an der Theologischen Fakultät Trier (2000–2003), Spiritual im Linzer Priesterseminar (1988–1996), 1974 Matura am Bischöflichen Gymnasium Petrinum und Eintritt ins Linzer Priesterseminar; Publikationen: Selig, die keine Gewalt anwenden. Das Zeugnis des Franz Jägerstätter (2007), Kraft zum Widerstand. Glaubenszeugen im Nationalsozialismus (2017), Der Bischofshof im Visier der NS-Gauleitung. Die Bischöfe von Linz und ihre verfolgten Mitarbeiter des Bischöflichen Ordinariates 1938–1945 (Herausgeber, 2019).

Schicho Josef, geb. 1938, Dr. theol, Dr. phil, Journalist, *Chefredakteur der Linzer Kirchenzeitung (1968–1979), Herausgeber der Katholischen Glaubensinformation.*

Schicho Walter, geb. 1945, Dr., *em. Univ. Prof. für Afrikawissenschaften und Entwicklungsforschung;* seit 1970 Forschungstätigkeit zur österreichischen Entwicklungshilfe, Kirchenchor; Publikationen: Handbuch Afrika (3 Bände) (1999/2001/2004), Geschichte Afrikas (2011).

Spatzenegger Hans, geb. 1939, Dr. iur., Kulturpublizist, Katholisches Bildungswerk Salzburg (ab 1964), Leiter des Konsistorialarchivs (ab 1966), Synodaler Vorgang, Archivarbeiten Anima Rom; Publikationen: Mitherausgeber Geschichte Salzburgs (1984), Erzbischof Rohracher (2010), Geschichte des Salzburger Pressvereins (2003).

Spitzlinger Roland, geb. 1944, Professor, Erwachsenenbildung, Leiter des Bildungszentrums St. Magdalena In Linz; *Diözesansekretär der Katholischen Mittelschuljugend (KMJ) / Katholische Studierende Jugend (KSJ) 1964–1966.*

Steinmaßl Franz, geb. 1952, Mühlviertler Geschichtsarbeiter und Kleinverleger; *Büro-Mitarbeiter im Österreichischen Entwicklungsdienst (ÖED) 1974–1979;* weitere Funktionen: Arbeitsgemeinschaft Katholische Jugend (AKJÖ)-Vorsitzender 1980–1983; Publikationen: Das Hakenkreuz im Hügelland (1988), Arsen im Mohnknödl (1992), Das Mühlviertler Jahr 1945 (2016).

Stögner August, geb. 1939, KonsRat, Pfarrer in Hallstatt (1981–2004), Aushilfen in Obertraun; *Bischof Wagner verbrachte viele Urlaube in Hallstatt* und übernahm die Urlaubsvertretung des Pfarrers.

Wagner Alois, geb. 1958, Wirtschaftskammer OÖ/Bereichsleiter Abteilung Infrastruktur, Bau und Büro; *Neffe von Erzbischof Wagner,* Chauffeur bei Fahrten zu Vorträgen und Firmungen in Oberösterreich (1990–2002); Mithilfe bei der Kirchensanierung in Leopoldschlag.

Wagner Heidemarie, geb. 1965, Friseurmeisterin in Linz-Urfahr; *Friseurlehrling in der Herrenstraße* in Linz neben dem Bischofshof (1971–1974).

Wagner Helmut, geb. 1956; Mag. DDr., Hochschullehrer i. R., Historiker, Verleger, Eigentümer und Betreiber des Wagner Verlags; Publikationen: Der NS-Kirchenkampf in den Pfarren (1998); Dr. Johann Gruber. Priester – Lehrer – Patriot (1889 – 1944) (2011); Arbeitswelt, Soziales und Diakonie. Drei Schwerpunkte einer Ortskirche am Beispiel der Diözese Linz seit 1945 (2016).

Wassermair Josefa (†), geb. 1934, Kinderdorf-Mutter; *Missionshelferin Südafrika 1966–2006.*

Weichselbaumer Josef, geb. 1942, Dir. Stv. im Pastoralamt der Diözese Linz (1996–2003), *Abteilungsleiter Pfarrgemeinde (ab 1966), Referent für Landpastoral, Pfarr- und Dekantsjugendleiter, Diözesansekretär der Katholischen Männerbewegung (1976–1980),* weitere Funktionen: Vorsitzender der Arbeitsgemeinschaft Kath. Jugend und Jungschar der Diözese Linz, sechs Jahre Vizepräsident der Katholischen Aktion der Diözese Linz.

Wimmer Walter, geb. 1943, Dr. theol., em. Pfarrer der Pfarre St. Konrad/Linz, Domkapitular, *Vorsitzender des Priesterrates der Diözese Linz (1985–2015);* Publikationen: „Linzer Weg" – Ein Irrweg? Kritische Stellungnahmen in einer schwierigen diözesanen Zeit (1985–2015) (2019), 50 Jahre Pfarrkirche St. Konrad/Froschberg 1961–2011 [Festschrift zum Kirchweihjubiläum, Herausgeber], Verwandelter Alltag. Wie Therese von Lisieux „die geringfügigsten Handlungen benutzen und sie aus Liebe tun" (1986).

Winkler Franz, geb. 1934, Kommerzialrat, Kaufmann (Winkler Markt); *Dekanatsführer der Katholischen Jugend im Dekanat Gallneukirchen (1958–1961);* viele Jahre KMB-Obmann und Pfarrgemeinderat in der Pfarre Altenberg, Arbeitskreis „Christ und Wirtschaft" in der Diözese Linz.

Zapotoczky Klaus, geb. 1938, Dr., em. Universitätsprofessor für Soziologie, Politische Soziologie und Entwicklungsforschung; *Mitglied des Kuratoriums der ÖFSE (Österr. Forschungsstiftung für Entwicklungszusammenarbeit 1982–2015, davon als Nachfolger von Erzbischof Dr. Alois Wagner Vorsitzender 1985–2012, Mitglied des Dekanatssynodenrates und des Vorstandes des Diözesan-Synodenrates 1969–1971,* „Dozent" an der Deutschen Landjugendakademie Klausenhof für Soziologie und Entwicklungspolitik 1964-1966, zuständig für die Ausbildung von „Experten in Übersee" (Entwicklungshelfer), Mitglied der KAJÖ seit 1954, der KHJÖ (seit 1958) Primus Wien, Vorsitzender-Stellv., Mitglied des PAK (Politischer Arbeitskreis) des

Sozialreferats der Diözese (1966 bis zur Auflösung), ehrenamtlicher Mitarbeiter am IKS (Institut für Kirchliche Sozialforschung) 1969 bis zur Auflösung durch die Bischofskonferenz. Publikationen: Wechselwirkungen zwischen Mensch und Gesellschaft, 3. stark erweiterte und überarbeitete Auflage, Linz 2016. Mit Christian Pracher / Herbert Strunz (Hrsg.): Gemeinschaft und Engagement. Eckpfeiler zum Weiterdenken, Wien/Berlin 2017. Vom Wort zur Tat. Spiritualität für alle Menschen guten Willens, Linz 2017.

Zucconi Cesare, geb. 1962, Prof. Dr., *Generalsekretär der Gemeinschaft Sant'Egidio (seit 2008)*, lehrt an der Friedrich-Schiller-Universität in Jena. Deutschsprechendes Mitglied der Gemeinschaft Sant'Egidio; Publikationen auf Deutsch: Christus oder Hitler. Das Leben des seligen Franz Jägerstätter (2011); Jerzy Popieluszko, 1947 – 1984. Das Martyrium eines Priesters im kommunistischen Polen (2020).

Nachweis der Abbildungen

Die Herausgeber haben sich bemüht, für alle Abbildungen die tatsächlichen Rechteinhaber ausfindig zu machen und Abdruckgenehmigungen einzuholen. Wo dies nicht möglich war, bitten wir eventuelle Rechteinhaber, mit dem Verlag Kontakt aufzunehmen.

DAL= Diözesanarchiv Linz

Archiv der Stadt Linz: 144, 157

Böhm Alois privat: 61,

Bittner Gerhard privat: 59, 62

Caritas der Diözese Linz: 53

Croes Rob/ Anefo - http://proxy.handle.net/10648/ac2391c8-d0b4-102d-bcf8-003048976d84, CC0, https://commons.wikimedia.org/w/index.php?curid=74595984, gemeinfrei: 42

Diözesanarchiv Linz (DAL): 3 (M II 748), 4, 6, 7, 20, 22, 100, 139 (Personalia Wagner Alois), 8 (M II 1228), 12 (M II 1582), 21 (Personalia Dopf Franz), 24 (Album 79), 25 (Album 79), 26 (M II1228), 28 (M I 5690), 33 (Personalia Steinbock Johann), 41 (M I 1466), 48 (M I 5859), 50 (M I 4859), 52 (M I 4872), 63 (M I 5526, Foto: Johann Gürer, Wien), 69 (M II 11963), 72 (M I 6214), 77 (M I 1963), 78 (M II 1582), 79 (M II 1448), 82 (M I 4231), 83 (M I 5667), 84 (M I 3346), 85 (Vignette Archivschachtel), 86 (M I 4880), 88 (M I 1023), 89 (M I 5690), 97 (M I 4119), 98 (M I 3649), 101 (Album 168), 107 (M I5527), 108 (I 5527), 113 (M II 1212), 117 (M II 1135), 125 (M II 1450), M (I 5670), 127 (M II 1493), 130 (M II 748), 133, 134 (Foto Wagner Verlag), 149 (M I 5582), 150 (M I 5684), 151 (M I 3286), 156 (M II 1963), 159 (M I 2811)

Diözese Linz: 31, 32, 45 (Foto: Michael Moder), 80 (Foto: Michael Moder), 91-96, 112 (Foto: Michael Moder), 121, 128, 148 (Foto: Michael Moder)

Erzdiözese Wien: 46, 60, 111, 154

Furche, Die: 55

Gansinger Gottfried Bildarchiv: 15, 16,17

Gruber Hans privat: 116

Gürer Johann, Wien: 106

Horizont 3000: 56

Höglinger Clemens privat: 73

Hutterer Karl privat: 155

http://www.oldsalvatorians.com/magazines/special-opening61/archbishop%27s-letter.shtml

https://westbergholt-pc.gov.uk/wp-content/uploads/2017/08/Camp-186-at-Berechurch.jpg

https://donau-radweg-etappen.com/wp-content/uploads/2016/06/Neuer_Dom_Linz_DFdB-1024x681.jpg

https://www.kath.ch/wp-content/uploads/sites/2/2015/05/Paglia.jpg 118

https://www.bistum-muenster.de/startseite_aktuelles/newsuebersicht/news_detail/domgedanken_am_23_august_mit_prof_dr_cesare_zucconi 119 https://imprendoitalia.it/palazzo-san-callisto/ 124

https://kuernberg.at/kuernberg-geschichte/ 147

Heuberger August privat: 141, 142

Hintersteiner Thomas privat: 87

Katholisches Bibelwerk der Diözese Linz: 47

Katzböck Wolfgang privat: 76, 110, 123, 143

Kranzl-Greinecker Martin: 135

Linzer Kirchenzeitung: 49, 81, 146

L´Osservatore Romano: 29, 132

Liebletsberger Leopold privat: 67, 68

Marktgemeinde Leopoldschlag (Heimatbuch): 51, 120

Meier Bertram Bischof privat: 122

Moder Michael: 38

Naturschutzbund Österreich 36

Niederösterreichische Nachrichten (NÖN): 115

Nösslböck Ulrike privat: 9, 10

Oberösterreichische Nachrichten (OÖN): 131, 136, 137, 138, 152, 153

ÖED (Rundbrief): 58

Photo Courtesy: 11

Pressestelle des Landes Oberösterreich: 30, 114

Riedl Johannes privat: 66, 145

Schicho Josef privat: 90

Spitz Franz, Ansichtskartenvertrieb: 54

Steinmaßl Franz (bzw. ÖED): 64, 65

Stögner Alois privat: 27

Von Zumthie - Eigenes Werk, Gemeinfrei, https://commons.wikimedia.org/w/index.php?curid= 4436683 71

Wagner Alois: 1, 2, 5, 13, 14

Wagner Verlag: 43, 57 (Foto: Cesar, Bareiras), 140, 158

Wassermair Josefa privat: 70

Winkler Franz privat: 34, 35, 74, 75

Wir sind Kirche: 109

Johann Gruber / P. Alois Riedelsperger SJ / Anna Wall-Strasser (Hgg.)

Wie im Himmel so auf Erden

Maximilian Aichern - 23 Jahre Sozialbischof

Linz: Wagner Verlag 2013.
hardcover, 234 S., zahlr. farb. Abbildungen
ISBN 978-3-902330-91-8
Preis: 22,00 Euro

Das Buch beinhaltet 36 Beiträge von Menschen, die in sozialen Fragen mit Bischof Maximilian Aichern zusammengearbeitet haben. „Sozial" ist hier weit gefasst. Es beinhaltet die Zusammenarbeit mit den Sozialpartnern, aber auch die ökumenischen Kooperationen. Es geht um diözesanes Engagement wie auch um das Miteinander von Bischof zu Bischof.

Was die Herausgeber/Herausgeberin bewegte, war die Absicht, die vielfältigen Qualitäten des Bischofs in den verschiedenen Formen der Begegnung zu beschreiben. Dies ist durch die unterschiedlichen Beiträge ehrlich und herzlich gelungen.

Maria Prieler-Woldan

Lebensbild

Bischof Richard Weberberger OSB

Von Kremsmünster nach Brasilien

Linz: Wagner Verlag 2015
Softcover mit Einklapper, 198 S.,
zahlr. farb. Abbildungen
ISBN 978-3-903040-07-6
Preis: 26,00 Euro
Subskriptionspreis: 24,00 Euro

DDr. Richard Weberberger, Benediktiner aus dem oberösterreichischen Stift Kremsmünster, brach 1974 in den Nordosten Brasiliens auf – in ein begonnenes Missionsprojekt des Stiftes, das zu scheitern drohte. Fünf Jahre später wurde er im Alter von 39 Jahren zum Bischof der neu gegründeten, riesigen Diözese Barreiras geweiht, die er dann drei Jahrzehnte leiten sollte.

Weberberger wandte sich mit den Jahren immer stärker einer befreienden christlichen Theologie und Praxis zu. In Landkonflikten ergriff Bischof Richard zugunsten der Kleinbauern Partei und baute, zusammen mit Ordensleuten und LaienmitarbeiterInnen eine Kirche der Armen – statt für die Armen – auf.

Richard Weberberger verstarb 2010 im 71. Lebensjahr nach kurzer schwerer Krankheit in Linz. Dieses Buch zeichnet sein bewegtes Leben nach, sein persönliches und spirituelles Wachstum und die vielfältigen sozialen und pastoralen Projekte vor Ort.